NEW 蓝狮子策划
MADE-IN-CHINA

MOOK 01

新国货浪潮

NEW MADE-IN-CHINA

商 战 里 的 中 国 史

新华出版社

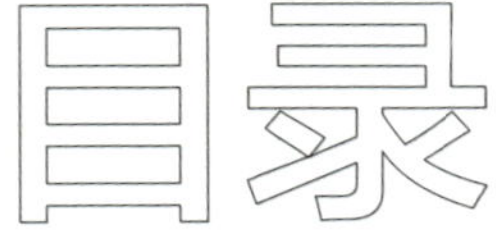

目录

新国货启示录

新国货报告

卷首语

乘风破浪的新国货

近年来，我们一直倡导“新国货”，举办“让日本看到中国匠”各类活动，发布新匠人指数与榜单，出版新国货图书和杂志，甚至发起成立新国货新匠人促进会，最近还设立了“金物奖”。种种为“新国货”的鼓与呼，是基于我们对产业的观察与研究——未来十多年里，“新国货运动”将会形成一个巨大的浪潮，并诞生带有强烈中国文化元素的超级品牌。

中国的国货运动是一场持续了百年的商战史，其起落和演变正是国运与经济发展相生的镜像。

第一次国货运动始于1905年。彼时，因美国政府拒绝《排华法案》期满自动废止的要求，国内发动起声势浩大的抵制美货运动；3年后的抵制日货推动国货运动更进一步。两次抵制运动，孕育出双妹、百雀羚等一批国货品牌。当民族的生存因外在压力而受到威胁时，寻找“民族自我认同感”的努力便会自发形成，在商品前冠以“中国”二字，正是时代的写照。但民族认同的一时激情，并不能形成坚实和完整的发展生态，国货崛起终究在战乱中付之一炬。

第二次国货运动始于1984年。从建国到改革开放初期很长一段时间，中国工业有产业而少消费品品牌。直至改革开放的1984年，既是中国企业家元年，亦为第二次国货运动的起点。柳传志、张瑞敏、李东生及南存辉等一大批企业家，宛如“众神创世纪”，开始了中国制造的星辰大海。然而，迈入20世纪90年代，外资企业蜂拥而入，凭借强大的技术、资本与品牌优势碾压中国市场。原本恣意生长的国货一度遍野血红。譬如，国货家电被挤压不到20%的份额，不甘沉沦的中国家电企业，发起了“杀敌一千，自损八百”的惨烈价格战。由此，国货历经一次次大混战，完成了品牌逆袭与产业重构，涅槃重生。

第三次国货运动，发端于2015年的国家供给侧结构性改革，与前面两轮国货运动有所区别：前两次国货运动分别强调日用品和生活电器的替代，而第三轮国货运动强调生活方式的引领。今日的国货，可谓新国货，是第二次国货运动破茧式迭代，是“中国崛起、民族自信和产业复兴”三重共振所形成的趋势。

应该看到，经过改革开放四十年的财富积累，以“80后”“90后”为主的年轻消费群体，愿意为中国文化、为中国品牌买单。这股新浪潮的背后，是新一代消费群体审美的迭代，也是产业品质与技术的迭代，更是以互联网电商为代表的新连接方式的迭代，这些都是与以往国货运动全然不同的特点。

蓝狮子制作的这期MOOK（杂志型图书），以三次国货运动中的商战故事为脉络，尝试搭建国货的成长模型，其内容的全面和准确还有待继续深化与优化。但这是一次值得鼓励的有益探索，特别对正在发生的新国货浪潮做了案例挖掘与价值萃取，如书里写到“好太太”从一根晾衣竿起家，在东方独有的晾晒文化中，持续微创新，开辟出百亿级的细分市场。相信类似的场景，会在新国货浪潮中不断上演。

这是一个时代的大潮，我们必须勇敢地跳进去，乘风破浪！

吴晓波

大国风物

执笔 / 王千马

1904年，美国圣路易斯举办了世界博览会，当时清政府派了一个代表团参加，圈了50平方米的地方，做了一个中国村。当时，他们带的是茶叶、丝绸、陶瓷等。其他国家带的是什么呢？是西门子的电报机、奔驰的汽车、美国通用的第一辆汽车、可口可乐。

参加完世博会后，清政府于1905年在天安门外前门的一幢楼里，开办了劝业场，希望能够推动国货发展，推动老百姓从事商业的活动。

也就是在那一年，清政府宣布废除科举。

每年的四五月间，是武夷山岩茶的好日子。武夷山风化的土壤通透性能好，钾锰含量高，这个“臻山川精英秀气所钟”、酸度适中的沙砾上种植出的独一无二的茶叶，正式进入采青阶段。接下来等待它的，是倒青、做青、炒青、揉捻以及烘焙等工序。在茶农耐心的制作下，它最终从枝头上的那点翠绿，变成“具岩骨花香之胜”的茶饮。除了岩茶之外，武夷山还有著名的“正山小种”，前者属于半发酵的乌龙茶，后者则是全发酵的红茶。发酵程度的区别，决定着它们在颜色、香味和茶汤上虽有着较大的不同，但它们都曾一度陶醉了这个世界。

早在17世纪时，荷兰人就发现了中国的这种魔叶。这个“海上马车夫”在1607年便首次采购武夷茶，经爪哇转销欧洲各地，整个欧洲都为中国茶叶痴狂。鸦片战争之后，英国强迫中方签订《南京条约》时，硬要在广州、厦门、宁波、上海四个通商口岸之外再加一个福州，原因之一就在于通过福州来收购价廉物美的红茶！

此时的中国，是世界的向往之地。除了茶叶，一船一船中国产的宝贝被运往了世界，与此同时，香料和白银也源源不断地运送到中国，让这个缺银的国度，居然摇身一变成了“白银帝国”。

在这些宝贝中，还有佛山铁锅。由于当地的铁匠掌握了独特的铁锅铸造技术，加上材料选用的是两广（广东、广西的合称）地区如罗定、东安（云浮）最好的生铁，所以佛山铁锅曾引得万船来朝；当然，更多的是我们熟悉的瓷器。葡萄牙是第一个从中国大批进口瓷器的国家，真正使中国瓷器在欧洲传播开来的，却是在茶叶上收获暴利的荷兰人。从1602年到1682年，他们一共装运了1200万件中国瓷器。

更不用说丝绸。“锦官城”，成都的知名地标锦里，据称是当年织锦工人居住的地方，流经成都城的锦江，正是因为织女濯锦而名；和蜀地有得一拼的，是处长江水系所交织的杭嘉湖平原的湖州。在湖州有一古镇，叫南浔，其镇郊有七里村（即现在的辑里村），因村子东头有穿珠湾和西塘桥河流过，水质很好，都是澄碧重水，所以其产丝，皆光润柔韧，银光闪闪，紫光可鉴。1848年录入英语的“Tsatlee”一词，就是根据“七里”音译而成，指代生丝。1851年，“七里丝”在首届英国伦敦世博会上夺金，英国维多利亚女王亲自颁发金质大奖章，这是中国荣获世博会首枚金牌大奖……

随着时代的发展，历史的钟摆开始从东方文明摆向了西方文明，以往的荣光，逐渐露出了隐忧。这里忧自有二：一是自给自足、消费低下的封建集权社会，即使出现一些代表中国先进生产力的物品，也只有外循环，而没有构成有效稳定的内循环；二是中国虽然有一些代表着先进生产力的物品，但它们都建立在低效的农业文明基础上，很难抵御高效的大工业化生产。

在相当长时间内，中国的产品受益于闭关自守的单向输出，而没有遇到太多的惊涛骇浪。但是，随着西方资产阶级在工业革命之后对市场的拓展，中国一旦被卷入全球化的生产和消费，一切都将面临严重的挑战，所有的价值也将面临重构。就像西方的工业革命让以棉花为主的纺织行业得到了大规模的迅速发展，在丝绸面前，因为物美价廉无疑更符合“个人的经济原则”；与此同时，辛亥革命之后人民去辫易服，也导致人们“争购呢绒，竞从西制”，最终“外货畅销，内货阻滞”。这种命运的浮沉，是国运，也是中国从农业社会向近代化转变的一个显性特征。这无疑是近代化给中国带来的一个剧痛。

世界潮流浩浩荡荡，顺之者昌、逆之者亡。1921年，革命先行者孙中山先生在上海首先提出了“开放主义”的主张——在他看来，近代中国所以贫弱，除了帝国主义掠夺压迫这一外部原因外，在内部还有政治腐败、闭关自守和长期养成的孤立性等原因。“民国建立以后，孙中山一再向人们宣传‘中国数千年来，本一强大之国，惟守旧不变，故不及欧美各国之强盛’。我国以前‘事事不能进步，均由排外自大之故。今欲急求发达，则不得不持开放主义’。”某种意义上，这种开放亦是未来新中国改革开放的先声。虽然开放带来的是竞争，但唯有竞争，才能破局。

只是在“国破山河在”的语境中，这种竞争有点像是“降维打击”，结果是洋货倾销，而中国市场则是一片 “得意洋洋”：洋火、洋布、洋油……这让郑观应在《盛世危言》中感慨“华民生计，皆为所夺矣”。为此，国人多次掀起“抵制美货”“抵制日货”的浪潮。可以说，它既是国货面对压迫的应激反应，也是民族情绪勃发下的救亡图存。在捍卫自身存在和尊严的同时，只有努力地提升自身的水平，才能真正站稳脚跟——正如民国政府工商部在工商政策中规定：“维持国货，抵制外货，是非保护旧工业不为功。然维持国货，非仅予保护所能济也。必有改良之方法，以授国人之嗜好，而后得以达维持之目的。”某种意义上，抵制洋货和发展国货是相辅相成的硬币两面。在《盛世危言》中，郑观应倡导“以商立国，以工翼商”“习兵战不如习商战”——这在推崇“士农工商，商为末业”的传统中国，无疑振聋发聩。

在郑观应看来，西方列强侵略中国的目的是要把中国变成它们的“取材之地、牟利之场”，遂采用“兵战”和“商战”的手段来对付中国，而商战比兵战的手法更为隐秘，危害更大，所谓“兵之并吞祸人易觉，商之捭可敝国无形”。主张“西人以商为战，……彼既以商来，我亦当以商往”。既然要“以商往”，国货不可不自强，不然自己都无法成为别人的对手。正是得益于这种自省，尽管戊戌变法只历百日而终，但自晚清开始的洋务运动，却得到自上而下的推行。各地的劝业运动、抵货运动也风起云涌，它们在与洋货誓死竞争、捍卫自己存在的同时，也在努力搭建自身的工业化体系。

这一时期的国货运动，政府由于处于内外交迫之中，作用发挥得并不明显。他们没有放下大帝国的架子，也没有放松对社会各阶层尤其是新兴商人的管控；在制度政策上仅限于细则和提案，在政策落实方面也没有表现出积极的态度。相比而言，新兴商人以及一些社会团体表现得更活跃——他们不仅引进国外先进设备，也对引进外国技术人才持积极肯定的态度。此外还积极宣传要引进国外先进的经营管理方式，认为："科学之方法，不可不采用也；竞争之工具（指广告），不可不利用也；专门之学识，不可不研究也；经济之管理，不可不讲求也。然后能改良出品，推广销路。"中华国货维持会、上海机制国货工厂联合会、中国实业会、中国实业共济会，当然还少不了成立于1902年的上海总商会等团体的出现，也为国货的发展提供了有力的"助推"和支撑。

正是这种合力，改变了国货自身的处境，从以前还停留在家庭化、作坊化、手工化的区域性国货产品，通过工业化、商业化，以及金融化，跃升为具有一定市场规模的商品。它们不再是像以前瓷器、茶叶、丝绸那样，只能输出，或者供应高端人群的需求，而与更普通更广泛的消费者息息相关；同时改变了商人逐利的固有形象，也改变了这个群体在帝国政治话语体系中受贬抑的地位。更重要的是，国货努力冲破自我封闭的樊笼，推动了中国近代化的转型。即使是以抵制为目的的一些运动，反过来也促进了中国人民国民意识的增强，推动了人民对公共事务的广泛参与，从而促进国家政治的现代化。尽管在风光之后便是看似无尽的低谷，但我们的国货正在涅槃重生。

胡雪岩：
生丝大战变生死大战

胡雪岩的失败，是依附于旧体制的传统工商业的失败，也是旧中国整体的失败。这一切都有待更先进的有识之士，以艰苦卓绝的毅力和践行，来厘清方向和破局。

1882年春，胡雪岩正在四处广发定金采购蚕丝，他一定想不到，自己收购的蚕丝，将成为勒住自己脖子的缰绳。

胡雪岩是中国历史上著名的红顶商人。他不仅会投资经营，而且会投资人——从当时的浙江巡抚王有龄，到晚清的中兴名臣左宗棠，他都下足了功夫。这无疑帮助了他。在以从杭州便开始经营的钱庄为本业之后，他的业务范围扩展至当铺、房地产，也触及盐业、茶业、布业、航运、粮食买卖和中药行，甚至军火等事业，当然也有丝绸业。只是，胡雪岩再努力，他在丝绸上也发不了太大的财。因为他遇到了自己这辈子最大的对手——背后是西方势力的外国洋行，它们在坚船利炮的支持下，在中国开始落地生根，甚至反客为主。以前它们需要中国的物产，还得通过中国的代理人，但现在它们直接把洋行开在了各地的租界，甚至联合起来掌控中国物产出口的定价权。

生丝也不例外。

胡雪岩一直试图冲破这种垄断。他敏锐地捕捉到了洋行的死穴——难以控制生丝的生产源头。所以，他打算通过控制货源，来提高自己与洋行之间的议价权。他动员起自己庞大金融帝国中的每一个铜板，前前后后将上千万两白银投入这场中国国货史上前所未有的大决战中。

当时左宗棠正坐镇两江，明里暗里施以援手，不仅命上海道台关闭驻沪外商丝厂，而且晓谕茧产地，增抽外商厘金以限制供应。甚至，就连他的商业对头，也是左宗棠官场对头李鸿章门下的盛宣怀，也在暗中帮助他进行收购——似乎兄弟阋于墙而外御其侮。这一度逼得外国洋行虚火上升，就连和“国企”上海机器织布局逐利的美商华地玛

（William Shepard Wetmore），也只能知难而退，寻求与中方合资。

但命运在这时来了个大转折。

随着生丝大量囤积，胡雪岩的压力越来越大。这需要支付高昂的成本，比如对加盟丝商的利益补偿、高价收购生丝、提高定金比例、不菲的货栈费用、巨大的融资成本，还有运输、保险、人工全都要钱。惊人的资金占用使得胡雪岩的现金流处于日益脆弱的危险之中。而此时的左宗棠偏偏从两江总督的任上再次被召入军机处。让人意想不到的是，盛宣怀此时迫不及待地跳出来，但这一次，他递过来的刀，没有刺向洋行，反而捅在了胡雪岩的身上。

盛宣怀曾在中国商业史上创造了11项“中国第一”：第一个民用股份制企业轮船招商局；第一个电报局中国电报总局；第一个内河小火轮公司；第一家银行中国通商银行；第一条铁路干线京汉铁路……但他与胡雪岩的关系实属交恶。

现在机会来了。因为电报归自己控制，所以盛宣怀能轻而易举地“窃听”掌握胡雪岩的商业秘密情报。与此同时，他自己也干起了收购生丝的生意，一边向胡雪岩的客户出售，一边联络各地商人和洋行买办不买胡雪岩的生丝。这样一来，当初求着胡雪岩将生丝卖给自己的洋行们（日本的新机株式会社为吃进胡雪岩的生丝，甚至开出了市价外加1000万两佣金的总价，但胡雪岩却没有见好就收），变得也没那么着急了。除了进丝渠道的缺口没有被堵住，对胡雪岩更致命的问题，又出现了。之前，胡雪岩在傍上左宗棠之后，曾为他各项征战办理借款，其中包括从汇丰银行借的数百万两银子，以各省协饷作担保，每半年还一次。尽管每次本息都高达数十万，但只要协饷一到，上海道台派人将钱送来，就不会没钱给。

这一次，盛宣怀找到上海道台邵友濂，直言李鸿章有意缓发这笔协饷，先拖个20天再说。这一拖，就把胡雪岩拖得够呛。没办法，胡雪岩只得动用自己阜康票号的银子，用来救急。只是，当数十万两银子陆续离开阜康票号时，盛宣怀开始了第二步动作，他托人到票号提款挤兑，并四处放风，说胡雪岩囤丝赔了血本，阜康倒闭在即。这一下，阜康就热闹了，越来越多的人误听误信，上门挤兑。此时的欧洲蚕丝丰收，洋行转而寻求收购欧洲本土生丝。胡雪岩此时再想割肉抛丝，也无处可抛。当然洋行也愿意收，但现在轮到人家定规矩：先货后款，半年后再结账。这无疑是远水解不了近渴。

不过，给予胡雪岩庞大商业帝国最致命一击的，还是来自汇丰银行的大买办席正甫。他利用自己在上海金融界的影响力，斩断了胡雪岩在资本市场上的一切融资通道——尽管席正甫和盛宣怀同是江苏人，但他和胡雪岩并没有竞争关系，相反胡雪岩也是他的重要客户，所以关系一直保持得不错；但这一次，他必须站在盛宣怀一边：因为汇丰银行背后的“老板”，正是这些外国洋行们。

也许胡雪岩到死也没想到，洋行之所以能牢牢控制着中国生丝出口的定价权，也是因为他们通过汇丰银行，把控了上海乃至全中国的金融权力。

走投无路的胡雪岩，除了廉价卖掉自己积存的生丝，最终还得将自己的地契和房产也给押了出去。至于旗下的产业，阜康票号因挤兑彻底倒了，耗资近百万建起的胡氏豪宅和胡庆余堂，前者仅以1万元的价格抵给他人，后者变卖还债。1885年11月，胡雪岩忧愤之中离开了人世。胡雪岩的失败，无疑昭示着传统国货数千年来的荣光，就此沦陷。如果说盛胡之间的矛盾折射出的是中国官僚体制下惯有的内耗，但席正甫加入战局，则更加鲜明反映出国货在当时所面临的“主要矛盾”——越发强势的国际资本和国际势力，让他们已经很难挣到话语权，哪怕像胡雪岩这样的大商人，最终也丢盔卸甲不堪一击。

而在这些国际资本和国际势力背后，除了坚船利炮，还有更为先进的工业生产方式和金融手段。比起中国“肥水不流外人田”、由财东承担无限责任的票号、钱庄，银行的开放与股份制，让它体量更大更灵活，也更适应工业化生产和消费的竞争和需要。

大概也是看到了银行“降维打击”的可怕，盛宣怀尽管成了胜者，他还是在给皇帝上的第一道奏折《条陈自强大计折》中，除了提出练兵、理财和育人是中国的三条自强之路，还给出了一些可以具体实施的方案。后来他创办了中国通商银行，也算得上是亡羊补牢吧。

直到20世纪30年代，这一举措还有不绝的“回声”。

“30年代以后，一些金融界人士更从总结国货运动发展的经验中引出银行界应该有更积极投入的结论。他们提出：‘吾国之国货运动，由来已久，仁人志士，呼号不绝。然其成效，或限于一时，或限于一地，其不能行之远而宏其效者，岂策动者之力有所不逮？’经过思考，他们认为国货运动之所以策动力不足，就在于‘产销金融各方，未能打成一片，各行其是，力量分散’。”在集中力量办大事的理念下，时任中国银行总经理张公权邀集上海部分实业界人士在1932年3月间开始举行“星五聚餐会”，借聚餐之便，交流情况，联络感情，共同商讨关于提倡国货、促进产销的政策。“经过不断地交换意见，国货界人士一致认为：提倡国货，必须有生产、销售和金融三方力量地通力合作，建立较健全的国货推销网。”[1]于是，中华国货产销协会得以在1932年成立。

某种意义上，国货要想走出被动、挨打的局面，除了自身要努力改良之外，还需要相应的现代化工业以及金融支撑，而这是关乎着国家进步的结构性问题。

胡雪岩的失败，是依附于旧体制的传统工商业的失败，也是旧中国整体的失败。这一切都有待更先进的有识之士，以艰苦卓绝的毅力和践行，来厘清方向和破局。

① 潘君祥：《近代中国国货运动研究》，上海：上海社会科学院出版社，1998

状元办厂：
张謇的工业化探索

在张謇的以身作则之下，让中国很多士人认识到，经商不可耻，无须再局促于科举一途。“各地的监生、举人有感于地方贫瘠，纷纷办厂自强。”一些实业家更是为此所激励。

张謇的成功，让人发现在盛宣怀等人“官办”之外，来自商办的力量同样巨大。这也让中国的城市，乃至国货的生长，打开了一个“新世界”。

42岁那年，张謇下海了，此时距离他刚刚“大魁天下”才一年。

状元下海办厂，是千百年来的一个天大的新鲜笑话。自从唐太宗李世民开科取士，自诩“天下英雄尽入吾彀中矣”以来，殿试折桂是中国书生一生中最大的荣耀。然而，张謇经商却颠覆了所有的光荣。他好像是往天下士人心中重重砸下了一个大锤，其震撼效应难以形容。

或许是多年来的游学经历，让他看透了这个社会的荒谬。

此时的老大帝国早已在洋人的坚船利炮之下不堪重负，但是高高在上的统治者却不以为意，骄横依旧。1894年甲午海战之际，慈禧从颐和园移驾紫禁城。文武百官出城迎驾，匍匐路旁。因逢暴雨，个个衣帽尽湿，年过八十的张之洞堂兄张之万更是久跪不能起身。然而，慈禧乘轿经过时，竟连头也没有抬一下。张謇正在这一群人之中，目睹此景，心死如灰。

张謇（1853年7月1日—1926年8月24日），中国近代实业家、政治家、教育家、书法家。
张謇主张 “实业救国”，是中国棉纺织领域早期的开拓者，一生创办了20多家企业，370多所学校，为中国近代民族工业的兴起、教育事业的发展作出了宝贵贡献。毛泽东评价他：（中国）最早有民族轻工业，不要忘记南通的张謇。

与此同时，《马关条约》的签订，让中国多了一道枷锁的同时，还给中国带来了更深重的危机：在《马关条约》中，除了“认明朝鲜国确为完全无缺之独立自主国”，也就是放弃对朝鲜的管辖权，还割让台湾岛及其附属岛屿、澎湖列岛与辽东半岛给日本；赔偿日本2亿两白银，而且“开放沙市、重庆、苏州、杭州为通商口岸，允许日本人在通商口岸开设工厂”。此前，西方要求割地或者开放口岸，大多位于沿海，现在日本却将自己的魔爪沿着长江伸进了中国的内陆。而且，任由日本人在内地设厂，危害更甚于洋货倾销给国货带来的伤害——在日记里，张謇痛心疾首“几罄中国之膏血，国体之得失无论矣”，认为只有发展民族工业，尤其要发展棉纺织业和冶铁工业（即“棉铁主义”），才能抵御列强侵略。

张謇要办一个纱厂，他起名大生，取自《易经》的“天地之大德曰生”，寄托了张謇的理想——天地间最大的政治是国计民生。日后的张謇，以“大”为情怀，创办的企业中有不少以“大”为名，如上海大达轮步公司、大聪电话、大生南仓库、大储一栈等。

创办“大生纱厂”的经历，对张謇来说，就是负重前行，对国货来说，就是艰难“出圈”史。

状元办厂，雷声很大，但实际上却很窘迫。

张謇选择建厂在南通。那个时候，上海的“西风”还没有吹拂到这里。它是封闭的、瘦小的，在江苏还属于比较落后的地区。但它位于长江的入海口，扼守门户。随着长江泥沙的冲积，出海口也越来越向东延伸。南通就是一座不断成长的城市，只待张謇为自己点上第一把火。张謇的创业资金只有2000两白银，没有大官巨贾的支持。所

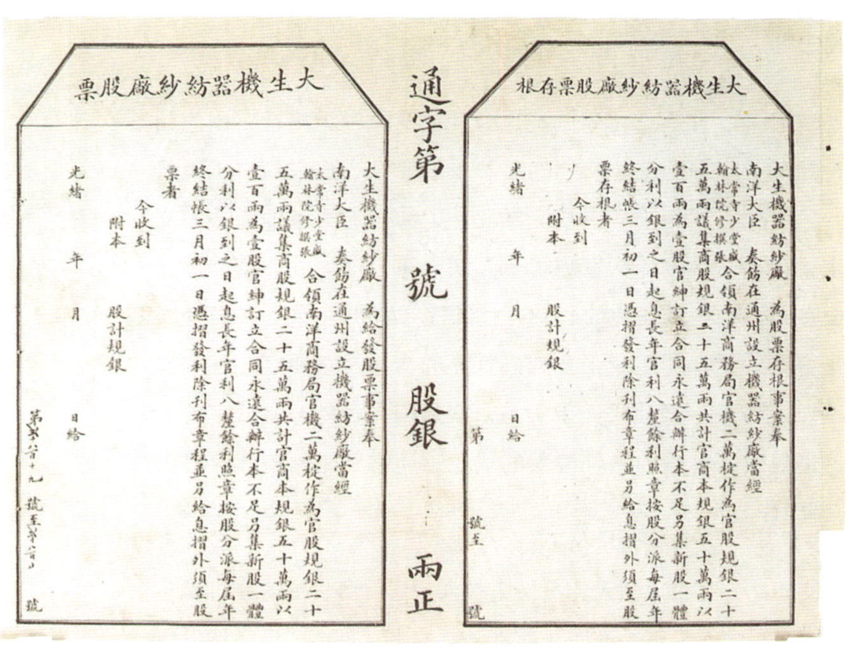

大生機器紡紗廠股票存根

大生機器紡紗廠　為股票存根事案奉
南洋大臣　奏飭在通州設立機器紡紗廠當經
太常寺少堂盛 翰林院修撰張 合領南洋商務局官機二萬錠作為官股規銀二十
五萬兩議集商股規銀二十五萬兩共計官商本規銀五十萬兩以
壹百兩為壹股官紳訂立合同永遠合辦行本不足另集新股一體
分利以銀到之日起息長年官利八釐餘利照章按股分派每屆年
終結帳三月初一日憑摺發利除利布章程並另給息摺外須至股
票存根者
今收到
附本　股計規銀
光緒　年　月　日給
第　號至　號

通字第　號　股銀　兩正

大生機器紡紗廠股票

大生機器紡紗廠　為給發股票事案奉
南洋大臣　奏飭在通州設立機器紡紗廠當經
太常寺少堂盛 翰林院修撰張 合領南洋商務局官機二萬錠作為官股規銀二十
五萬兩議集商股規銀二十五萬兩共計官商本規銀五十萬兩以
壹百兩為壹股官紳訂立合同永遠合辦行本不足另集新股一體
分利以銀到之日起息長年官利八釐餘利照章按股分派每屆年
終結帳三月初一日憑摺發利除利布章程並另給息摺外須至股
票者
今收到
附本　股計規銀
光緒　年　月　日給
第　號至　號

大生机器纺纱厂股票及存根

以，大生纱厂从一开始就很有现代企业的气息。他拟订了一份《通海大生纱丝厂集股章程》，公开向社会集股60万两，分6000股，每股100两，预计每股每年可以获利22两，他打算以两个月为期，沪股40万两，通股20万两，相应设立沪通董事各三人，在上海、南通、海门三处完成认购。

“1896年春，张謇选定水陆交通方便的唐家闸为厂址，由通州董事先付款购买土地施工建厂。然而沪董的股款一直未到，工程只好停滞。”为此，他奔走于南京、湖北、上海、通海各地，心力交瘁。后来，还是张之洞给张謇想了个办法，将自己为湖北南纱局订购的堆放在上海杨树浦江边的4.08万枚纱锭“官机”作价50万两股金加入张謇的纱厂，还促成张謇与盛宣怀的合作——盛宣怀答应代筹25万两营运资金。但让人无奈的是，盛却因为各种考量放了他的鸽子。这也导致张謇身为名气很大的状元，还常常跑到黄浦滩对天长叹，流眼泪。

但即使如此，甚至以状元的身份去求人，忍受各种侮辱和讥讽，和从前入不了眼的人为伍，说些从前不会说的事，常感“以爵然自待之身，溷秽浊不伦之俗”，但认定目标的张謇，还是顽强地坚持了下来，而且拿出了很多让人眼前一亮的东西。

直到1899年夏天，一座拥有2.04万枚纱锭的近代化纱厂在南通唐家闸建成。5月23日，第一批“魁星”牌白棉纱出了厂，当日开动纱锭6000锭。到1900年2月，大生纱厂就赚回利润2.6万两白银。

多年之后，有人认为张謇之所以成功，是因为身上具有三样内核：一是“信仰工业文明，推动工业化的发展”。他的建厂，显然不是小打小闹，而是立足于工业化。除了因祸得福得到了“官机”，他还引进了不少英国器械，这也是中国最早引进的一批外国纺织设备。

二是“信仰城市文明”，他对南通城市的设计也非常具有前瞻性，采用一城三镇的独特设计。其中，他将唐家闸作为主厂区的同时，将天生港作为港口区，然后再把狼山作为私宅、花园和风景区。城镇之间，是郊区的田园和住宅。这种模式因此被誉为“田园城市”模式，城市与乡镇各自独立，又相辅相成，使得城市远离污染，乡镇自由发展。

一如英国规划理论家霍华德（E.Howard）在《明日：真正改革的和平之路》中提出的类似规划理念，重点在于化解城市发展的工业化与居住环境的环保之间的矛盾，以此建立一条隔离带。这样的布局、这样的安排、这样的构思全是由张謇及其助手自行规划、自行设计的。

三是“信仰企业文明，推崇企业家精神”。张謇并不是以赚钱为自己办实业的出发点，而是为了创建一个新世界。在创办大生的同时，他还在南通创办了油厂、面粉公司、肥皂厂、纸厂、电话公司等20多家企业，形成一个轻重工业并举、工农业兼顾、功能互补的地方工业体系，一度成为全国最大的民族企业集团。

在办实业之余，张謇还搞教育，辟垦牧，兴水利，筑交通，开医院……可以看出，张謇的所作所为都是追求社会、经济、文化、教育等综合的可持续发展，他不想消灭农村和农民，而是带着公司同农户一起实现现代化，最终通过“教育—实业—公益”三位一体，促进当地资源就地转化为企业资源，而企业资源又最终反哺当地和这个国家。

今天，当我们走进南通当地的张謇纪念馆，会看到一块正方形的石制屏风，上面篆刻着张謇的语录："天之生人也，与草木无异，若遗留一二有用事业，与草木同生，即不与草木同朽。"

在张謇的推动之下，中国的纺织业除了拥有属于自己的国货品牌——魁星，而且还在该商标下，设有"红魁""蓝魁""绿魁""金魁""彩魁"等不同产品线。无疑，这个品牌就像是为张謇"量身定制"，不是状元，都不好意思称自己为"魁星"。

与此同时，南通乃至整个江苏也因此受益。在拥有了新的生产方式之后，南通这个名不见经传的偏僻之地，一跃成为全国先进城市，而江苏也自此在中国棉纺织业界占有重要的位置，堪与当时的英国棉业中心之兰开夏郡（Lancashire）比拟。

"1918年该省之纺锤占全国所有纺锤80.32%，即以后他省纺织业逐渐发展，但不能摇动江苏省在中国棉纺织业界之领袖地位，以百分数表之，1924年以来，江苏之纺锤占全国所有之百分比：1924年为66.11，1927年为66.30，1930年为66.42。而江苏又主要集中在上海、通崇海和无锡。1922年，张謇创办并经营的大生纺织集团的一厂、二厂、三厂的纱锭总数占全国纱锭总数的6.91%。'大生纱厂的成立和发展，也确实在一定程度上影响到帝国主义的市场和原料供应，起到了抵制外国经济侵略的作用。'"①

还有两点尤其重要，一是在张謇的以身作则之下，让中国很多士人认识到，经商不可耻，无须再局促于科举一途。"各地的监生、举人有感于地方贫瘠，纷纷办厂自强。当时临近滨海的川沙县便有读书人设了花米行、机器轧棉厂等。"而一些实业家更是为此所激励：

① 王敦琴：《张謇一生成败得失论》，《历史档案》，2008年10月

“1921年，无锡的实业家荣德生到南通参观，深为触动，一个南通，因为有张謇这样的人物，就取得这样的成绩，他认为自己不过一介平民，不敢谋国，也愿从家乡做起。后来创办民生公司的卢作孚也在1922年去南通拜会张謇，对他创造实业的精神深为感佩，此后他建设重庆北碚，亦可说是南通模式的一个翻版。”

张謇的成功，让人发现在盛宣怀等人“官办”之外，来自商办的力量同样巨大。这也让中国的城市，乃至国货的生长，打开了一个“新世界”。

全国上下齐“劝业”

尽管劝业会本意是提倡国货，但有识之士从中看到了“我国之实业所以日就败坏之故”。“天产多而造少”“人造之物又以徒供装饰无关实用者为多”，造成“土货所以日弊，洋货所以日盛”。

尽管一战爆发，让西方对中国的压迫暂时放松，国货有了一些生存空间。南洋劝业会之后，张謇治下的大生也发展比较迅速。然而，“大凡失败必在轰轰烈烈之时”。1922年后，状元实业家的事业从辉煌的顶峰跌入黑暗的谷底。

之后没几年，天津劝业场创办，1929年西湖博览会召开，然而在军阀混战、中国政府不能保护自己民族市场时，一切都不言而喻。但是，面对侵略和倾销，斯人虽逝，血性长留。

直到今天，武汉乃至整个湖北都还感激这位“张南皮”。这位和张謇一样倡导经世致用，曾在《劝学篇》中提出了“旧学为体，新学为用”这一重要主张的中国人，除了将自己的青春献给了荆楚大地，直到垂垂老矣才离鄂赴京，更重要的是，他在湖广总督一任上，给武汉乃至整个湖广都打下了自己深厚的工业烙印。他的丰功伟绩中，有主持修建了芦汉铁路，即后来的京汉铁路，使武汉成为“九省通衢”之城，还创办了中国近代第一个大规模使用机器生产的、比日本最早的钢铁厂“八幡制铁所”早七年钢铁联合企业——汉阳铁厂。也正因为“湖北有铁有煤，铁厂枪炮厂应为一体”，让张之洞在与李鸿章的“竞争”中，将枪炮厂最终落地在武汉，而非李鸿章所着意的天津或通州。也正是这个日后被改名“湖北兵工厂”的地方，生产出了国内军工产品的名牌：汉阳造。

除了这些冶金工业、兵器工业和无烟火药工业，张之洞的意义还体现在“布纱丝麻”四局上，这四局的创办，让武汉乃至湖北的轻工业也因此一跃而起。

此时的张之洞无疑看到了洋货的入侵，对中国财力的“侵蚀”。也就在奏请清政府的奏折中，张之洞写道：“中国之财溢于外洋者，洋药而外，莫如洋布、洋纱。洋纱……广阔较之土布，一匹可抵数匹之用；纺纱、染纱，悉用机器，一夫可抵百夫之力。工省价廉，销售日广。”尤其是他创办汉阳铁厂旁的汉口，在1861年被正式辟为对外通商口岸之后，西方的商品如决堤洪水，汹涌而来。除了洋布、洋纱，还有各种机制品，小至缝衣针，大至铁轨机器，种类繁多，打破了武汉过去以农产品、手工业品作为交换对象的传统商业格局。所以他必须要开这个织布局，在他的理念里，这些布衣不只是消费品，而且还是兴国开疆的途径。事实也证明他的努力不曾白费，自从有了这个织布局之后，江汉关进口洋布每年减少10万多匹。

也就在他于1890年设立的湖北织布官局的门口，张之洞亲自题写了这样一副楹联：布衣兴国，褴褛开疆。尽管在1907年，张之洞离鄂赴京，但他为荆楚大地种下的实业之花，一直香飘千载，经久不息。1909年，武汉召开了一场“劝业奖进会”——这是中国世博会的发展之源——它无疑是给同年去世的张之洞一个最好的纪念。当然，让他更高兴的，应该是这个国家大江南北一片风起的劝业浪潮。

张之洞是清末洋务派主要代表人物。张之洞对中国的现代化有着许多贡献。

教育上，创办自强学堂（今武汉大学前身）、三江师范学堂（今南京大学前身）、湖北农务学堂、湖北武昌蒙养院、湖北工艺学堂、慈恩学堂（南皮县第一中学）、广雅书院等。政治上，主张“中学为体，西学为用”。工业上，创办汉阳铁厂、大冶铁矿、湖北枪炮厂等。

北京劝业场

在召开这次“劝业奖进会”之前，“劝业”也成了这个老大帝国被抽几鞭子之后，不得不向前而行的一步路。在这其中，京师难免要做点榜样。1898年的百日维新虽然失败，但它为那个时代打下了实业图强的精神基石，第一次为老百姓们寄托了“劝业”的希望。所谓劝业，就是“劝人勉力、振兴实业、提倡国货”。

1905年，清光绪三十一年，北京劝业场设立。其场地租用6家大小不等的院落，呈南北狭长的不规则形状。经过招租，劝业场进驻了140余家铺户，集百货、餐饮、娱乐于一体，吃、穿、用俱全，是京城第一家大型综合性商业建筑。某种意义上，这座一开始被称为“京师劝工陈列所”的地方，开创了中国文化商业展示的先河。可惜的是，在建成后不到20年的时间内，其先后遭遇三次火灾。今天，我们在前门大栅栏廊房头条看到的一座巴洛克式的小楼，正是1923年由近代中国第一批留洋的建筑师沈理源设计重建。

成都商业劝工会

远在西南的成都，是“劝业”接力的前几棒之一。成都商业劝工会在青羊宫、二仙庵先举办了6届。成都商业劝工会融春游、花会、商贸于一体，“合全省之工商，谋最优之进步”。1907年，由四川省劝业道周孝怀倡导、成都商务总会樊起鸿筹办，并由成都著名营造商江建廷设计施工的成都劝业场更是破土动工，两年后，也就是1909年建成。

时任四川省劝业道的周孝怀曾留学日本，与梁启超等过从甚密。他洞明世界形势，以此开启民智。在集股会上，周孝怀面对各商帮商董以及热心实业的知名人士慷慨陈词：“工商业必须尚竞争，与外省竞，外国竞，有竞争才有进步。一年一度的劝业会，还不足以达到这个目的，必须要有常设的劝业工场。”

成都商业劝工会内安装有电灯、自来水，这也让当年只有18岁的四川人郭沫若“眼前一亮”：“楼前梭线路难通，龙马高车走不穷。铁笛一声飞过也，大家争看电灯红。”劝工会还一改成都商家买卖喊价还价的旧习，实行明码实价。

正是这样的劝业场，让四川省产品更加脱颖而出。其中为人所知的有：鹿蒿玻璃厂的五彩描金玻璃器皿、樊孔周办的因利利织布厂的

成都劝业场

各色机织花花布、马正泰和马天裕的水丝涴花巴缎与百子图被面、裕国春的宫粉香胰、松竹轩的刺绣绢扇、荣久身的新衣皮袍、鼎升荣的官帽、熙德隆的靴鞋、桂昌祥的须绦、仁义和的梳篦……

但让人意外的是，尽管以提倡国货为目的，劝业场开业以来，作为开业时权宜之计的洋货广货反而比本地商品的销量更多。无奈之下，商会认为必须消除贸易壁垒，更改场名，才能名副其实。因此一年后，其正式改名商业场。今天成都最为知名的春熙路，正是位于原商业场所在区域。

武汉劝业奖进会

相比北京、成都更多类似于商业陈列，1909年在武汉举行的“武汉劝业奖进会”更像是竞赛，也更为官方所认可。在时任直隶总督端方所派代表钱宝书的贺词中，就直白地提出：武汉劝业奖进会为“我华万国博览会之起点”。

某种意义上，它的召开得益于湖北主政者的前后同心。在张之洞之后出任湖广总督的是陈夔龙，尽管名气稍逊，但也是晚清最为重要的封疆大吏之一。在任期间，虽然态度守旧，坚守“祖宗成法”，不喜变法和留学生，但是在对工农商的认识上，也有自己的先见之明，“农以生殖，工以分配，商以交易集农工之成”。所以，在1908年8月督鄂之后，他也力求将武汉建成商战要区。次年春，他便部署湖北劝业道和官钱局总办筹设劝业博览会。“由于是首次开办，范围有限，以‘奖励生产’为号召。”劝业会会场在选址时考虑到办会成本，只好借用先前所修建的武昌平湖门乙、丙两栈（实为西式大型商铺建筑），稍加改造而成，其占地约1000平方丈（约1.1万平方米）。两栈之间以廊桥相连，南北长160丈，南起皇化馆，北至菜场，南北两端各建有一个牌楼，作为会场大门，门外修建有马路，可直达黄鹄矶。[①]

在召开之前，为了让更多的人了解劝进会，并廓清谣言，奖进会“将会事宣传列为第一要务”，还编印白话宣讲书《铁匠赛会》，“指引赴会途径，阐明赛会有利于工商的道理，指点了赛会争胜的方法”。奖进会还札饬湖北各厅州县，择优采办，以期各地方官不再稍存观望，而将各地出品届时购齐送会。

此外，为鼓励商民与会，陈夔龙电奏该会一切与赛商品，概免税厘，以励商情而振兴实业……可以说，陈夔龙多手并举，最终让劝进会成为了一次“胜利的大会”。

奖进会前后45天，会上将湖北各县和武汉三镇之名牌和畅销工农业产品、工艺品、文教用品和矿产品分成制造品和天然品两部五类陈列展销，开设有天产部、工艺部、美术部、教育部以及古物部类，同时还分设直隶、湖南、上海、宁波四馆及汉阳钢铁厂、枪炮厂和实习工厂等七个特别展览室。“合计全场出品者一千多人，物品八千多种，参观人数达二十多万，成为中国首次较有声色的大型地方性商品博览会。”

该会最终共颁发一等奖10名：鼎兴公司的无线电机、洪顺公司的轧花机、磁业公司瓷器、彩霞公司绣画、美粹学社绣字、应昌有限公司黄白丝、肇兴公司新式绸缎、兴商公司茶瓶、彝兴公司茶叶和于钦

① 王琳：《试论武汉会展经济发展概况》，中南民族大学硕士学位论文，2005年5月

轩刻牙，另有二等奖16名、三等奖26名。[①]

尽管该劝业会“空间狭隘、‘贻讥简陋’，无法尽展新式博览会的风采”[②]，但它还是在一定程度上刺激了民众工商意识的觉醒，吸引了更多力量投入现代工业建设，同时也宣传了博览会，让这个从国外舶来的“开风气而劝工商”的形式，在中国成为一种时尚。

而武汉、湖广也因此在与北洋、南洋的比拼中，走在了前列。正如陈夔龙所宣称的那样：“苟能力求进步，凌驾诸帮，则斯会之设，造端虽微，收效甚大，中国富强之基，可翘足以待。”

① 王琳：《试论武汉会展经济发展概况》，中南民族大学硕士学位论文，2005年5月

② 马敏：《博览会与近代中国物质文化变迁》，《近代史研究》，2020年第5期

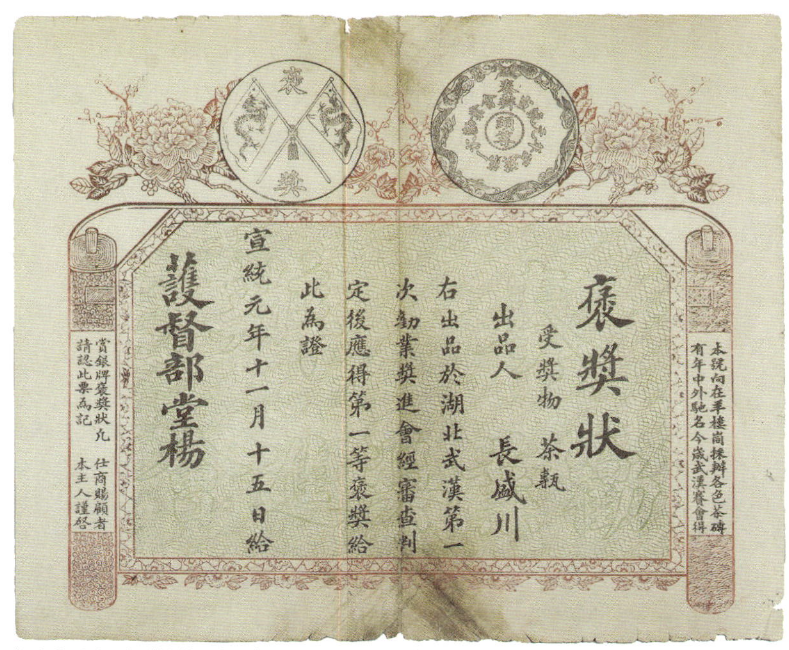

本號向在羊樓峒揀辦各色茶磚有年中外馳名今歲武漢賽會得

褒獎狀

受獎物 茶甎

出品人 長盛川

右出品於湖北武漢第一次勸業獎進會經審查判定後應得第一等褒獎給此為證

宣統元年十一月十五日給

護督部堂楊

賞銀牌褒獎狀凡仕商賜顧者請認此票為記 本主人謹啓

与兴商系出同门（羊楼洞产区）的长盛川颇受一时宠爱

南洋劝业会

湖广有张之洞、陈夔龙，两江有端方、张人骏。

端方是清廷派出赴欧美和日本考察的五大臣之一。尽管日后在镇压四川保路运动中掉了脑袋，但此时的端方还是相对开明的官僚，也是新式教育的倡导者与实践者。在南洋大臣、两江总督任上时，他向清廷奏请举办“专以振兴实业，开通民智为主意”的南洋劝业会。应者云集，其中就包括张謇。

早年，张謇曾前后8次到大阪博览会参观，被人山人海的参观者所震惊，更为日本于明治维新以来在科技、工业及整体文明程度方面所取得的进步而感叹。这让他对举办博览会的意义加深了认识，和自己躬行一样，它也是振兴我国实业的重要途径。得益于张謇，还有张振勋（张裕葡萄酒公司创始人）、虞洽卿这样的民间力量的支持，以及政府的背书。1910年6月5日（宣统二年四月廿八日），南洋劝业会在江宁（今南京）揭幕。

宣统二年农工商部颁给南洋劝业会的大型镀金奖章。正面书“宣统二年褒奖 农工商部颁给南洋劝业会褒奖”，背面为南洋劝业会展览场馆及纪念塔图。

比起武汉劝业奖进会，南洋劝业会更具气势。“名虽冠以南洋，实则推行全国。”除蒙古、西藏、新疆外，东北、直隶、湖北、陕西、湖南、四川、河南、山东、云贵、安徽、江西都纷纷设馆，南洋群岛的爪哇、雅加达、新加坡、苏腊巴亚等也都前来参展。展品百万余件，历时近半年，参观人数达30多万人次，总成交额数千万银圆。

南洋劝业会，虽名义上是地方博览会，但与全国博览会无异。比起借地办展的武汉，这次的劝业会用地面积广，而且重新选址来整体规划、设计展会会场，所以更具有现代博览会的影子。今天，位于南京丁家桥的劝业场社区，便是当年劝业场的“主会场”。在这次劝业会上，张謇致开幕词，第一次提出了棉铁工业化的主张。此外，他还发起成立了南洋劝业会研究会。成立研究会的目的，在于不能为开会而开会，而要通过这次劝业会，来探讨“工质优劣之何在、改良方法之何如”，从而有益国货的提升。最终，研究会组织专家799人，对所有参展物品进行了审查评选，最终选出了5269名获奖者。其中包括华新水泥的前身，1909年才投产的大冶湖北水泥厂。

今天，我们重新审视武汉和南京这两次劝业会发现，板结的“士农工商”到了晚清，终于出现了排序松动的局面，商务和实业成了老大帝国应对世界挑战之举。以前被视为边缘的商人，逐渐成了帝国复兴不得不仰仗的中坚力量。

与此同时，在劝业成风的当时，国货开始喷薄而出，走向了更广大的市场，并勇敢地迎接洋货的挑战。当然问题还是存在，从两者获奖物品可以看出，此时的国货多以手工艺品和农副产品为主，表明当时两地乃至全国工业化水平还比较低下。

南洋劝业会上获奖如此之多，但一等奖中“以农产品中之丝、茶、工艺品之染织类居多，矿产、陶瓷、教育品、美术品次之，机械、武备、棉纱、面粉、水产、畜牧各占一二，机械工业品不仅寥若晨星，而且与外国同类产品相去甚远，不足以‘炫耀于人而为商战之利器’”[①]。

尽管劝业会本意是提倡国货，但有识之士从中看到了“我国之实业所以日就败坏之故”。“天产多而造少”“人造之物又以徒供装饰无关实用者为多”，造成“土货所以日弊，洋货所以日盛”。

尽管一战爆发，让西方对中国的压迫暂时放松，国货有了一些生存空间。南洋劝业会之后，张謇治下的大生也发展比较迅速。然而，“大凡失败必在轰轰烈烈之时”。1922年后，状元实业家的事业从辉煌的顶峰跌入黑暗的谷底。

1922年，直奉战争爆发，张作霖战败。日本势力趁势全面进入中国东北，把持了东北市场。也就在这一年，大生所产机纱的下游主要客户——以东北为销场的关庄布，销量大减。随着关庄布被挤出市场，张謇的大生各纱厂遭遇到了不同程度的亏损。1925年，大生资本集团由于资不抵债，只好提出清资偿债。次年，张謇郁郁而终。之后没几年，天津劝业场在民族资本家高星桥的努力下正式创办，1929年西湖博览会在西湖边举办。然而在军阀混战、中国政府不能保护自己民族市场时，一切都不言而喻。但是，面对侵略和倾销，斯人虽逝，血性长留。

① 张学继：《浅谈清末南洋劝业会》，《光明日报》，1999年10月29日

1928年秋，浙江省政府为纪念统一、奖励实业、振兴文化，决定筹办西湖博览会。1929年6月6日，西湖博览会开幕。

第一届西博会有8个场馆，分别为革命纪念馆、博物馆、艺术馆、农业馆、教育馆、卫生馆、丝绸馆和工业馆，展出商品达14.76万件。会场设有临时邮局，凡加盖"民国十八年西湖博览会开会纪念"戳记的明信片，可免贴邮票，投递国内各地。

从开幕到闭幕历时137天，参观人数总计达2000余万，盛况空前。西湖博览会与历史上著名的1893年"芝加哥博览会"、1900年"巴黎博览会"和1927年"费城博览会"并称为国际性庆典。

“国货运动”风起

不得不说，正是民心所向，以及各大团体的自救自助，让更多国货如雨后春笋般，出现在了各个领域各条战线上，这不仅向外界宣誓“中国力量”的存在，也改变了那个时代不平衡的竞争。挟坚船利炮而来的洋货，最终有了不得不面对的对手。

1908年3月19日，当中国军舰在南中国海边释放二辰丸号，并鸣礼炮21响时，岸上围观的国人痛哭失声。消息传出，举国汹汹，引为大耻。

粤商自治会当日即开始焚烧日货，并将这一天定为“国耻日”，号召全国抵制日货。“应者遍及全粤及上海、香港、南洋群岛等。香港民众甚至围攻日货仓库、捣毁日货商店。”[①]

在这种同仇敌忾的背后，既是多年来对强权欺凌的无奈，也是对这一次倒打一耙的愤慨。事件的缘由其实很清晰，此前的2月，日本轮船二辰丸为澳门广和店华商谭璧理偷运枪支弹药，将神户辰马商行的步枪2000枝、子弹4万发自日本私运往澳门。结果，该轮船在澳门路环岛附近大沙沥海面被清朝广东水师巡视船四艘截获，愤怒的中国水兵甚至将船上的日本国旗扯下。这让日本很不高兴，要求清政府必须归还船只、谢罪道歉、赔偿损失与严惩祸首，其驻华公使林权助甚至在2月14日向清朝发出抗议照会。而占据澳门的葡萄牙人随后也照会清廷外交部，指该船被拿，有违葡国所领沿海权，中国政府越境截捕“显系违约”，侵犯了葡萄牙的主权。

在多方高压之下，清政府面对日方一口气提出的5项要求：放回二辰丸；放船时，清朝兵舰鸣炮示歉；被扣军火由清朝购买，货价21400日元；处置相关官员；赔偿损失……只能打碎牙齿和血吞。

但人民却不干了。他们选择用抵货运动来表达自己的情绪。在《华盛顿邮报》看来，自明治维新之后变得很有优越感的日本人，偏偏强词夺理，威胁中国政府，中国因为没有能力进行一次战争，只好屈服，但中国的商人们却能够做到外交官和军人们所不能做到的，他

① 雪饵：《中国近现代史中的抵制日货：弱国的抗争手段》，《经济观察报》，2015年3月

大清光緒三十一年六月廿四日

HOEI-PAO

匯報

西歷一千九百零五年七月廿六日

本館開設上海徐家匯

第八年第四十八號

上海商務總會於十八日集議不用美貨事

1905年，《汇报》刊登信息:上海商务总会于十八日集议不用美货事

祖。在这次特别大会上，曾铸明确倡议：以两个月为限，如到期美国不答应将苛例删改而强迫我国续订新约，则我华人当合全国誓不运销美货以为抵制。然而，这一倡议并没有得到美方的回应。7月20日下午，上海总商会召集各帮商董开会，决定正式实行抵制美货。

会上当场有铁业、火油业、木业、机器业、洋广五金业、洋布业、面粉业等销售洋货重点行业的代表率先签字，不订购美货。同时以上海商务总会的名义通电全国35个重要通商口岸的商会，宣告抵制美货正式开始。

上海各界对商会的倡议纷起响应，除了已签字的几个行业外， 印刷、钟表、航运、煤炭、报关等70多个行业相继宣布参加抵制美 货，表示不购、不售、不代办美货；沪学会、文明拒约会、四明同乡会、环球中国学生会、公忠演说会、童子抵制会、女子拒约会，以及 在沪的各省会馆、各业公所、各学堂等等众多的社会团体，都相继积 极投入抵制美货的行列。

在上海的许多外地商业代理机构和商人组织，如北京的银行、铜铁行、洋布行、钱庄、洋纱庄的代表，以及天津帮、广州帮、宁波帮、徽州帮等的代表，都纷纷表示支持和参加抵制美货。

群起响应的有广东商务总会。广东是大多数美国华侨的故乡。他们先是联合七十二行和九大善堂，组织起拒约会，不久又改名为“广东筹抵苛待华工总公所”，领导和联络全省各地区商人的抵制美货运动。于是，广州街头到处可见抵制美货的宣传条幅和集会。

在汉口，汉口商务总会在接到上海商务总会的通电后，立即行动起来，多次召开大会，群情激昂，一致决议：原先代办美货者一律停办，原先不销售美货者一律不购用美货。①

天津商人也加入进来。1895年创办于北门外竹竿巷(后来迁址估衣街)的老字号天津瑞蚨祥，1911年在估衣街归贾胡同南口开设的盛聚福帽庄(后改名盛锡福)，纷纷加入。到20世纪30年代，盛锡福还提出“努力本国工业，发展中华国货”的口号。在不到一个月时间内，广东、天津、北京、江苏、福建、杭州、汉口等省市的商、工、学各界都闻风而动，美国、中国香港、东南亚和日本的华侨也加入进来，迅速形成一场控诉美国暴行、反对美帝国主义的全球性中国人的爱国运动。美国政府开始坐不住了，予清政府以强大的外交压力。最终，软弱的清政府只好妥协了事。

① 虞和平:《商会史话》，北京社会科学文献出版社，2011

但它依旧“教育”了美国。美国在震惊的同时，不得不对中国提出的修改《排华法案》要求加以考虑。比如承认以前“以苛酷手段而行禁工之律者为不公”，表示愿意与中国政府做“和平商议”，改善赴美中国商人、学生、官员和其他游历人员的待遇。[①]

而《排华法案》这一恶法要一直到第二次世界大战，美中成为盟国后才被废除。

无疑，这是一场虎头蛇尾的抵货运动。一个没有实力的国家，连表达愤怒都缺乏其他有效手段，而只能运用非暴力的经济行为抵抗外来者。从其效果来看，也从来没有达到过发起者的初衷。不过，正如西方的侵略将一盘散沙的中国“重新团结”起来，这次的抵货运动也让世人见证了中国人团结的力量，同时让中国公众的不满情绪通过抵货得到了宣泄。日后，在面对日本压迫和侵略面前，中国人也开始频繁动用抵货这个手段。

对“日”说不

也就在1908年第一次抵制日货之后，“1915年，因‘二十一条’而抵制日货，北京、上海、汉口、长沙、广州及其他大城市，皆甚激烈”。1919年，围绕着巴黎和会上山东问题的归属，中国又掀起了 最轰轰烈烈的抵制日货运动，“包括海参崴、新加坡、巴塔维亚、旧金山，也一致行动。拒日货、日钞、日船，报拒登日本广告，抵制几成暴动”[②]。但日本人依旧记吃不记打。1925年5月30日，上海学生两千余人抗议日本纱厂资本家镇压工人大罢工、打死工人顾正红，声援

① 虞和平：《商会史话》，北京社会科学文献出版社，2011

② 吕建云：《论中国三十年代的国货 运动》，《浙江社会科学》，1991年06期

工人，被英国巡捕逮捕一百余人。下午，万余名群众聚集要求释放被捕学生，英国巡捕开枪射击，当场打死13人，重伤数十人，逮捕150余人，造成震惊中外的“五卅惨案”。“五卅惨案”发生后，上海全市掀起了罢工罢学浪潮。

面对“抵制日货”“打倒日本帝国主义”的呼声，上海总商会会长虞洽卿也站了出来，“率领商会积极参加反帝斗争之中”。“20万工人罢工以后，最重要的是解决罢工工人的生活问题。总工会代表李立三登门与虞洽卿协商，提出‘有力出力，有钱出钱，相互支持，坚决进行反帝斗争’。虞洽卿以总商会名义公开登报，呼吁募捐支持上海反帝斗争。他还领头捐出巨款，上海各界纷纷捐款，各地工商界人士、华侨以及国际工人组织的捐款源源而来。”

虞洽卿还以上海总商会会长的身份，凭借合法的上海总商会的地位，积极参与案件的谈判和调解，并提出了相对温和也是“一种比较符合客观实际的富有针对性的斗争策略”的十三条要求。

6月26日，全上海的商店宣告中止罢市，这不免使得上海的反帝运动开始低落。不过，“开市后虞洽卿又继续发动商界募款援工，通销五卅运动前的存栈货物，提倡国货、推动抵制英日货，使我国的日用化学、卷烟、纺织等业的产品得以畅销，将英日某些同类商品如调味品、化妆品、日用百货等逐出市场，从而维护了民族工商业者的利益。”

“据《大公报》报道：在虞洽卿领导国货运动中查出‘味之素大王’龚芳来贩卖日货而被罚款5万元，龚芳来拒不缴纳，态度恶劣，虞洽卿领导的上海反日会将其店内日货全部没收，并押其游街。”[①]日后，更多的“龚芳来”被拉了出来，甚至就连在上海被视为零售业革

① 楼鹏飞:《宁波帮领袖 虞洽卿与中共早期领袖 的关系》，2020年《“宁波商帮与近代中国”学术研讨会论文集》，宁波大学国家社科基金重大项目:宁波商帮史料整理与研究课题组等，2020年12月

命先锋的先施、永安这两家公司也不例外。

先施公司在《申报》刊登广告，宣称自己“首重国货”，已停止采购日货，并将尽快卖空已有存货，“既属买入，则血汗所关，不得不忍辱须臾”。但国货维持会以及由上海学生在“九一八”之后成立的“救国十人团”对几家百货公司不依不饶。先施、永安都不得不停止出售日货，“宁愿牺牲血本，以示与众共弃之决心”。在轰轰烈烈的抗日救亡运动中，永安不仅用盛锡福帽子、三星蚊香、雄鸡牌毛巾等国货品牌大量替代日货，商场里还不停播放抗日歌曲。1934年永安公司国货进货额为16.5%，到1936年则高达65%。

在这种一致抵制的境遇下，难免也有人被误伤。在天津，中原公司是劝业场之外最知名的商业场所。但因为其位于日租界，随着人们抵制日货，公司销售业绩不振。公司部分楼层又被日本商人、日军宪兵队强占，中原公司不得不转到法租界梨栈绿牌电车道(今滨江道) 开分号经营。天津解放后的1949年7月7日，公司重新开业并更名为百货大楼，才慢慢恢复元气。

在青岛，阳本印染厂生产的花布，在运往西安时因为被怀疑是日货而遭抵制，弄清是国货后立即热销。为了彰显立场，青岛市火柴业将红色“青岛华商火柴商标”与白色“青岛日本火柴商标”统一对照刊印，使民众识别国货，购买国货。同样，冀鲁制造针厂的钢针商标上，无不标有“MADE IN CHINA”的醒目字样。

不过，相比这种运动式的抵制，国货自身的表现才是至关重要。日后，黄楚九下决心投巨资研制龙虎人丹来对抗日本“翘胡子仁丹”时，向外界说了这样一句话：“如果只考虑赢利，我不会选择这类药。但我

民国时期的火柴广告，广告上写“国产第一”

就是想和日本人斗一斗，老百姓需要这种日用小药品，如果我们没有，他们还得去买日本人的，抵制日货岂不成了一句空话。”也正是在这种意识下，包括龙虎人丹在内的国货，才有了长足的进步。

在抵制中成长

如果没有龙虎人丹横空出世，“翘胡子仁丹”在中国市场上的日子，过得一定很舒坦。

这是一味中成药，据说有消暑开窍的作用，类似于藿香正气水，对当时要冒着酷暑下田或者赶路的农、商来说，具有一定的需求。所以自1905年生产之后，日本仁丹公司便大量向中国市场倾销仁丹。老舍描写20世纪20年代前后北京各阶层市民的生活及思想感悟的《老张

天津鼓楼，楼上写满了关于国货的标语，其中最上方是：北马路售品所专售各种国货，下方是仁丹广告。

的哲学》中就有这么一句：“八爷！有仁丹没有？给我几粒！新添的牙气，饭后总得吃仁丹！”

更要命的是，当时还有人说日本仁丹为日本侵略提供服务。

面对这一局面，一位上海的大商人不禁拍案而起。他就是黄楚九。黄楚九出身中医世家，有着宁波帮精明、冒险的特质，他不仅在上海的中西药经营上领先一步，还创办了“楼外楼”和“新世界”，以及日夜银行，带动了上海新兴娱乐业的发生、发展。据统计，黄楚九事业如日中天时，其独资或参股的商号、公司有近百家之多，因此也有人戏言，黄楚九除不经营棺材铺外，各行各业没有他不搅和的。他也因此被称为上海滩上的“大投机家”。

但这次“投机”，则是一腔爱国热情。1911年，鉴于日货“翘胡子仁丹”销路甚好，他即自办龙虎公司，以诸葛行军散古配方，生产“龙虎人丹”——之所以称人丹而不是仁丹，以示与日货区别的同时，还寓意以人为本。此外，以龙虎为商标图案，显得更胜翘胡子气势一筹。不过，也有人对此表示担忧，毕竟这种药品是一种季节性强、市场利润很低的药品，搞不好会成为包袱。而且，日本仁丹众人皆知，我们怎么能和它竞争市场?

亏损一度成为龙虎人丹的常态。但是，为了争得一口气，黄楚九宁愿拿自家的中法药房产品“艾罗补脑汁”的销售盈利补贴人丹的亏损，也要硬扛。

他多管齐下，“（生产该人丹的）中华制药公司不但在各种报刊上大做龙虎人丹广告，还在车站、码头和铁路沿线，凡是有‘翘胡子仁丹’的地方，都竖上一块‘龙虎人丹’广告牌。黄楚九还组成宣传队，分赴各地城镇，边宣传、边推销人丹。甚至在中法药房的来往信函和使用的包装纸上都印上‘中国国民请服用中国人丹，家居旅行毋忘中国人丹’的宣传语句”。此外，黄楚九还大打价格战。“当时，30粒装人丹每包门市零售价是5分，60粒装每包门市零售价是一角，比日本仁丹价钱略低，在市场竞争最激烈时，中华制药公司甚至把批零差价的折扣降到了2折，以吸引更多经销商乐于销售国产人丹。”①

竞争如此惨烈，但谁都不愿后退。好在黄楚九有那个财力，龙虎人丹终于在苦斗中，迎来了全国各地爱国运动日益高涨，它的销量不仅没有萎缩，反而逐年上升，这也让中华制药公司一反过去年年亏损的局面。日后，其改称中华制药厂并延续至今。而龙虎人丹更因为在海内外华人中的影响，而成为中国在海外知名度最高的商品之一。

和黄楚九一样迎难而上的，还有刘鸿生。这个在1908年出道、进入英商所办的上海开平矿务局当推销员的舟山人，在有了人生第一桶金之后，把目光放到了火柴业上——那个时候，中国火柴市场畅销的主要是瑞典的凤凰牌和日本的猴子牌，尤其是财大气粗的凤凰。

为了改变中国市场由“洋火”独领风骚的局面，刘鸿生创办了鸿生火柴厂，并在“办实业靠人才，人才就是财富”的理念下，一举脱颖而出:该厂生产的宝塔牌火柴，很快就因火柴头大、发火快、火苗白、磷面经久耐用，摆脱国产火柴容易自燃且有毒性的弊端，而深受欢迎。在严控质量、对成本精打细算的同时，刘鸿生还在火柴盒上刊登美丽牌香烟广告以收进广告费，迅速打开了自己的销路。在猴子牌火柴因抵制日货而退出中国之后，又迅速占据了空出的市场，没有将它转手送给凤凰。

事实上，就连凤凰，也在双方的价格战中屡屡失手。因为面对压价，刘鸿生极富前瞻性地提出“联华制夷”之策。先是与荧昌火柴厂联合发起成立江苏省火柴同业联合会，选举张謇担任会长。之后，他又呼吁成立全国火柴同业联合会。当凤凰收买日商火柴厂企图东山

① 里人:《此人丹非彼仁丹》,《国宝时空》，2018年8月

黄楚九在中国创下了多个第一：中国第一家民族资本制药企业——龙虎公司（中 华制药公司）；中国第一家屋顶花园——楼外楼；中国第一家综合娱乐场——新世界；远东第一大游乐场——大世界；中国第一家发行量最大的娱乐企业报——《大世界报》；中国第一个医药“托拉斯”——拥有21个医药工商企业的黄氏医药“集团”……

再起时，刘鸿生多方奔走说服中华、荧昌两个火柴厂与鸿生火柴厂合并，于1930年7月组成实力更加雄厚的大中华火柴公司，由刘鸿生担任总经理。“由于树大根深，抱团出击，当年产量和销售量就达到全国火柴产销量的22%，成为中国最大的火柴制造商，连一向傲气的瑞典火柴商都感到头疼了。苏州《独立报》以通栏标题宣告：‘凤凰’不敌‘宝塔’，刘鸿生登上‘中国火柴大王’宝座。”①

“九一八”之后，日本火柴又死灰复燃，并公开走私漏税，刘鸿生奔走联合同业华商一致对外，并出面与日商代表取得协议，呈请国民党政府批准，在上海成立了中华全国火柴产销联营总社，从而控制了全国火柴产销数量。

这种场景也在水泥业中同样上演。

当年的上海，由于建筑热，建筑材料需求剧增。当时的市场，刘鸿生的“象”牌水泥，与天津启新洋灰厂生产的“马”牌水泥，日本小野田生产的“龙”牌水泥三足鼎立。刘鸿生采用德国技术与设备，聘请德国专家马礼泰担任工程师，采取联华制夷的策略，“象马”共同战“龙”。最终，趁着抵制日货，逼着“龙”牌退出市场。

1933年，刘鸿生在给大儿子刘念仁的书信中说：“你信末劝我抵制日货，我对此事已实行好久了。你看我所办的企业，哪一样不以抵制舶来品为目标呢？最重要的两样(水泥与火柴)尤其与日货冲突得厉害。”

这种抵制日货，不仅要在市场上击败对方，还包括取消和对方的任何合作。刘鸿生在回信中便透露：“火柴的原料以前多用日货，我们

① 孙骏毅:《民国火柴大王刘鸿生》,《文史天地》, 2009年11期

的采办专员顾丽江先生在几年前就一概改买西洋货了。目下正在研究如何改用国货，有许多小厂专用日本原料，成本轻得许多，我们为爱国的缘故，也只好忍痛去熬。”幸运的是，还有更多的人或团体，站在了像黄楚九、刘鸿生这样的企业家背后。

挺国货为国家

也就在国货于夹缝以及“对敌斗争”中成长的同时，诞生在公共租界大马路（今南京东路）的五昌里，前身为上海商业会议公所的上海总商会的推出，在折射出商人力量的崛起的同时，也成了民族工商业的发展，以及维护国货、争取国权的重要“后盾”。它成立之后的第一次高光，就是在1921年11月1日，举办了国货陈列所。

和上海总商会成立时间相差无几的，还有一个由江浙地区的8个同乡会各派出4个代表在上海所成立的一个小型非正式组织——中华国货维持会，它“希望向社会传递一种观念，即保护国内制造商的经济利益和中国作为一个独立国家的生存密切相关”。[①]

为此，中华国货维持会定期举行宣讲会，会员轮流参加演讲，并邀社会各界名流到会演讲，还请游艺界进行表演，征集国货样品分赠来宾。即使第一次开会听讲者仅4人，但讲演者依旧精神不懈。自1912年至1922年，该宣讲会共举行演讲135次，1923年起不再宣讲。

不过，中华国货维持会也有矛盾的地方，那就是其内部虽然有不少从事实业的会员担任重要会务工作，但领导权由商业人士长期主

① 张弓：《国货运动为何失败》，弓财经（ID：public-focus），2020年3月29日

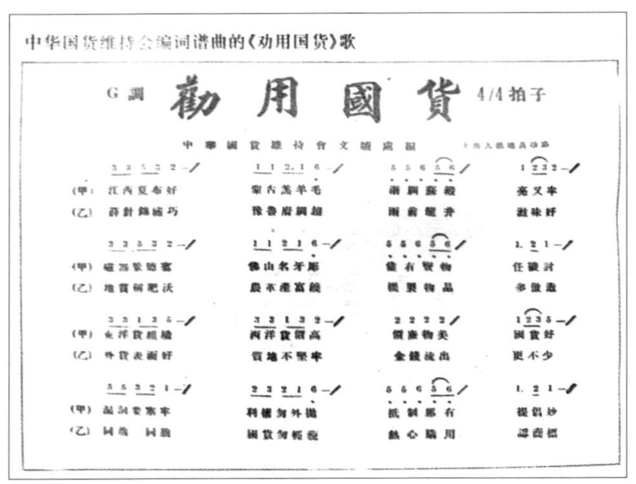

中华国货维持会作《劝用国货》歌曲。歌词写：江西夏布好，蒙古羔羊毛，浙绸苏缎亮又牢。薛针锦绣巧，豫鲁府绸超，雨前龙井滋味好……

控，这导致该会不能充分反映工业资产阶级、特别是机制国货企业主的要求。于是机制国货企业主酝酿组成上海机制国货工厂联合会(简称机联会)。

根据《上海地方志》，1927年6月15日，机联会在福州路一家春西茶馆举行成立大会。有72家国货工厂代表参加，选举三友实业社、五洲大药房等21家工厂代表为执行委员，并选举三友实业社等7家为常务执行委员。选先达丝毛织厂、铸丰搪瓷厂等3家为监察委员。并通过了成立宣言和会章以及向政府请愿保护工商业的十大事项。成立宣言以“谋求实业发达，国货进步，挽回外溢利权，增进社会公益”为宗旨，以推进国货运动。

值得关注的是，该会是开放性团体，除努力促进各大城市成立机联会外，欢迎外埠机制国货工厂入会。在烟台、南京、常州、江阴、苏州、太仓、嘉定、杭州、嘉兴和宁波等处都有会员工厂。

机联会的出现，让国货的生产开始拥有了清晰的主张。第一，它反对苛捐杂税，要求政府制定国货奖励办法，以抵补国货工厂在中外产品竞争中的过重负担;第二，积极筹建和发展基础原料工业，从根本上完善国货生产，鉴于硫酸、盐酸、硝酸是工业原料之母，即提议筹设三酸漂粉厂;第三，维持国货工业界的利益与外国侵略势力抗争。针对租界当局压迫界内华商工厂、企图攫取对华商工厂的检查权、强令华商企业搬迁等行径，组织有关国货工厂向政府各有关部门交涉，并采取有效措施粉碎租界当局的阴谋。

此外，它还要求政府制定倾销税法，以挫败外货在华市场上的非法倾销;揭露假冒伪劣商品，以净化市场环境;推行企业科学管理，宣传工商法律常识，举办工厂事务研究会，组织演讲会和观摩会，为国货企业进行工艺技术辅导，为国货界组织各种人才培训活动……

也就在这一年之后，上海总商会又一次迎来了自己的高光时刻。1928年4月，国民政府以“策进工商，提倡国货”为宗旨，决定由刚从农商部分设的工商部，联袂上海市总商会筹办全国性国货展览会，由张定璠、赵晋卿、虞洽卿等60人组成筹备委员会。同时，得益于华商内地电灯公司、新普育堂、上海租界首位公董之一陆伯鸿的场地支持，1928年11月1日，第一届“工商部中华国货展览会”在上海的新普育堂隆重开幕。

在这些组织和团体中，还有一个亮眼的角色——它正是在产销金

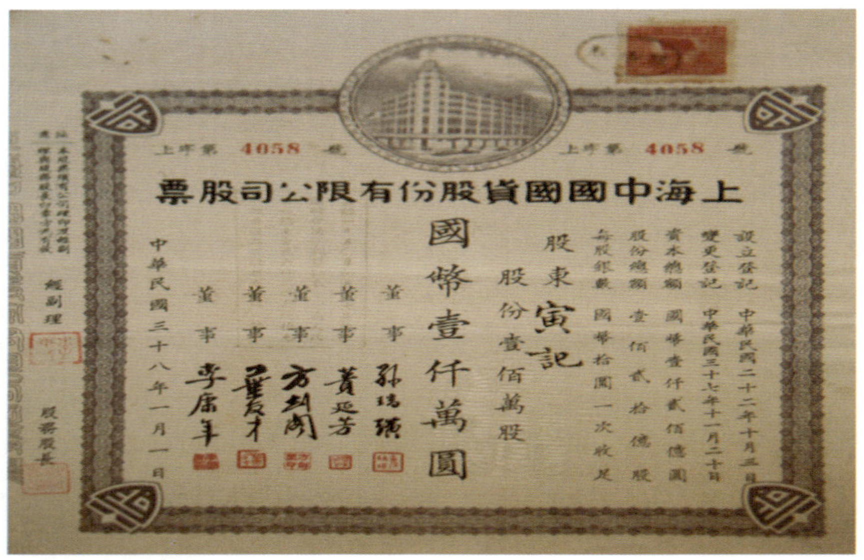

上字第 4058 號

上海中國國貨股份有限公司股票

設立登記 中華民國二十二年十月三日

變更登記 中華民國三十七年十一月二十日

資本總額 國幣壹仟貳佰億圓

股份總額 壹佰貳拾億股

每股銀數 國幣拾圓 一次收足

股東 寅記

股份壹佰萬股

國幣壹仟萬圓

董事 董事 董事 董事 董事 董事

中華民國三十八年一月一日

中国国货公司发行的股票

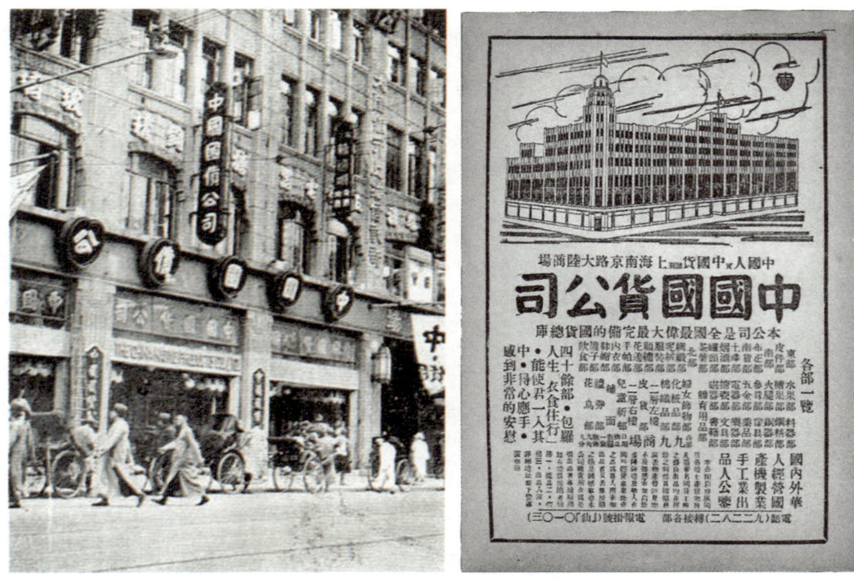

中国国货公司的广告：中国人买中国货到上海南京路大陆商场中国国货公司

融集中办大事这种理念下，由张公权和部分国货界人士于1932年8月牵头成立的中华国货产销协会。协会的基本工作之一就是国货宣传："协会在上海设立国货介绍总所，在国内的一些重要城市设立分所，又在各地举办国货展览会、组织国货流动推销团、设立国货样本陈列室，并推动各地开办国货公司。"

它的成立恰逢"九一八"事变一周年。"上海国货界爱国人士为纪念这一难忘的国耻时刻，由中华国货产销协会会员工厂中国化学工业社、美亚织绸厂、五和织造厂、中华第一针织厂、三友实业社、中华珐琅厂、胜德织造厂、一心牙刷厂、华福制帽厂等九家企业联合组建了'九厂临时国货商场'，以九家企业每家各出两种国货商品，共计十八种商品来寓意'九一八'。"

这种做法无疑很适时宜。一是能告诫国人不忘国耻，二因为廉卖，所以深得市民的欢迎，活动取得巨大成功。正是看见爱国力量能有如此巨大的购买力和爱国热情，以中国化学工业社创办人方液仙为代表的中华国货产销协会部分国货人士决定筹建国货公司，使之成为永久性的国货销售机构——继邬志豪等人在九厂临时国货商场原址上登记开设了上海国货公司之后，方液仙等人亦以中国国货公司之名，于1933年2月在南京路原大陆商场(今东海大楼)登记开业。

其中，方液仙出任董事长兼经理，李康年任副经理，主持公司日常事务。公司特设南北两大部，经营各类物品共四十余大类，还特辟九九商场一个，以日用物品种数一扎，概售九角九分，公司也号称是"全国最伟大最完整的国货总库"。[1]

① 潘君祥：《近代中国国货运动研究》，上海：上海社会科学院出版社，1998

和以往的国货售卖不同的是，由于有中国银行等"国产金融"巨头的主导，“上海中国国货公司的最大特点是采用了中华国货产销协会所推崇的‘产、销、金融三方合作推广国货’的模式，商场里的所有商品都由国货企业以寄售的方式供给商场，国货企业在商品尚未被卖出去之前可以凭借上海国货公司的证明向中国银行借贷货价百分之七十的贷款，待商品卖出去后贷款由货款偿还。这样的产销模式极大地促进了国货的销售。”[①]

很简单，对于企业来说，有了固定可靠的销路，流动资金也得到了保障；对商场来说，有了稳定的货源、充足的资金；而对银行来说，它可以通过大量的短期贷款业务赚取一定的利润。可以说，这一举三得。

也正因此，信心大涨的中华国货产销协会决定将这种模式推广全国，以打开国货的销路。最终，它将原来的国货介绍所改组为中国国货公司、国货介绍所全国联合办事处，亦即国货联办处。这无疑推动了国货公司在各地相继成立。

但是，由于中国国货公司一开始主要依赖于中国银行，造成金融资金方面来源过于单一，抗风险能力差，结果在宋子文上任中国银行董事长并将张公权调走之后，备感掣肘的国货联办处只能自筹相当股本，建立企业实体——中国国货联营公司。这倒是柳暗花明又一村。尽管历经抗战时期内迁大西南、内战时期经济大混乱，联营公司依旧坚持不懈复兴国货事业。直到1956年，公私合营，它这一使命才宣告结束。

不过，将这些由20世纪初发展而来的国货运动推向高潮的，是30年代之后的国货年运动。所谓国货年，也就是以年为单位，每年定

① 黎宸：《20世纪30年代国货运动中的中国国货公司》，《汉江师范学院学报》，2018年12月

一个国货主题，来吸引国人注意和消费。它无疑呼应了社会上掀起的“中国人应用中国货”的潮流和主旨。

1933年，是为“国货年”的开端，“组织者通过改进生产、注重宣传等方式，唤醒了部分民众对国货的信仰和决心”；第二年主题为“妇女国货年”，希望这个世界的半边天，也是消费主力的女性们能做好表率；第三年转入对下一代的教育和宣传，是为“学生国货年”；1936年被定为“市民国货年”，“因华北时局动荡、走私严重，对南洋地区进行国货宣传和市场开拓的国货运动开展起来”；1937年则被定为“公务员国货年”，“这一年对产品质量的重视程度增加，提出了‘第一流国货’的口号，有力地推动了国货年运动的发展”。

不得不说，正是民心所向，以及各大团体的自救自助，让更多国货如雨后春笋般，出现在了各个领域各条战线上。这不仅向外界宣示“中国力量”的存在，也改变了那个时代不平衡的竞争。挟坚船利炮而来的洋货，最终有了不得不面对的对手。

上海滩，
没有硝烟的战争

在竞争中成长起来的国货已不再故步自封，而是与洋货在竞争中有联合，在联合中有竞争。

“竞争与合谋只是企业谋求利润的一种手段而已，两者之间的你进我退、竞争与合作关系，都是一种‘动态的平衡’。”欧美大型企业与华资企业的界限自此不再泾渭分明，外资可以为我所用，华资也可以成为欧美企业中的一员。

某种意义上，这是近代国货在全球化上的一种主动尝试，但显而易见，它的成功必然建立在自身的强大基础之上，对身处积贫积弱的中国来说，要想维护国货难得放出的光芒，还需要做得更多。

20世纪上半叶的上海，在开埠数十年之后，俨然成为了一个巨大的“竞技场”。这个隋唐时期隶属于苏州府华亭县的海边小渔村，因其依江傍海之势，一方面八面来风、中洋杂糅，另一方面也让上海成了帝国统治之下的一道裂缝，战乱中的“防波堤”，得以接纳众多人才和资金。这无疑推动了上海的实业热潮，并催生了诸多国货。

随之而来的，还有很多外部力量。早在1843年，上海便分别开设了开埠之后的第一批洋行:怡和、宝顺、仁记、义记，以及广源等。这些洋行，不仅经营鸦片、纺织品，日后还涉足军火、五金，并在房地产业上取得了巨大成功。正是借助这些不断创立的洋行，洋货不断涌入上海，涌进中国的内地。

面对洋货来袭，全国同此凉热，而国货品牌想在残酷的竞争形势下生存，殊为不易。但是，艰难困苦玉汝于成，在这个无情、残酷而又充满着激情的竞技场，竞争不仅刺激国人争胜的决心，还训练了 国货的生存能力，进而成为中国近代化转型的“排头兵”。

跨国官司，及广告大战

1903年，当“广生行”创始人冯福田带着旗下品牌“双妹”花露水从中国香港杀向上海，他应该知道自己面临的，不仅是广阔的江浙市 场，还有无数的竞争对手。为了在这里站稳脚跟，冯福田首先做的是 转型升级。他发现，尽管双妹花露水物美价廉，但是在上海，它不是 刚需。因为比起长期闷热和有蚊虫叮咬的华南地区，上海相对凉爽，夏期也没有那么长。相反，因为湿冷，上海人更需要防裂的膏霜。所以，广生行立马加大研发，推出了双妹牌粉嫩膏。它还有个更美妙的名字：雪花膏——它是晚清、民国时最流行的面霜类型，物美价廉，因吸收性好，涂在脸上会像雪花一样迅速消失，故名雪花膏。

此后的冯福田，在产品的多元化上下足功力，除了花露水和雪花膏之外，双妹还相继推出过生发油、茉莉霜、千日香水、爽身粉和牙膏。但是福祸相依，来势凶猛的双妹，被麦斯塔德洋行（又名老晋隆洋行）注意上了——它正是第一个规模化生产花露水的林文烟（Lanman & Kemp）在中国的代理人。它认为双妹在配方和包装上有山寨自己的嫌疑。

1909年，来自中美的两位律师，因为一瓶花露水对簿公堂。官司前前后后打了一年多。“双方就商标等问题展开论辩，法院还请了专门的化验师比较，最后得出结论：两者用料相同，只不过广生用料更重，林文烟之香附六日，而广生之香则耐至十二日。中国公司输了。”

今天，这场官司无疑成为一些跨国公司的参考案例：它们一旦发现自己受到威胁，就会从知识产权等方面，来找竞争对手的弱点，然后置其死地。但道高一尺魔高一丈，“赢了官司的美国人却发现，几天后广生行刊登了一则新广告：双妹花露水经皇家化学师布朗氏验过留香十二天。原来，广生行根本没想打赢官司，它只想借法庭之口向社会证明：广生行的花露水质量不亚于洋货，且留香时间更长”。[①]

不得不说，广生行先是用低价来占领市场，又借用和美国公司的官司，让大众确立“质量不差”的观念。林文烟本来是胜利者，在这个路数面前，倒像个失败者，成了双妹崛起的绝佳的背景板。只是，对付了前狼，又来了后虎。同样是1909年，双妹在日后相当长时间

① Mian：《上海，从购物天堂到新消费之都的进化史》，非凡油条（ID：ffyoutiao），2020年1月2日

内的头号冤家——夏士莲，入驻上海市场。夏士莲，背靠大英帝国，本由英国伦敦威廉大药厂生产，所以历史悠久、形象高端，但和其他从国外舶来的品牌相比，它又是高端中的低端。所以它在进驻上海之后，和双妹正好成了直接竞争对手。

这次两者没有选择官司，而是用广告战来应对竞争。在上海滩最知名的《申报》上，夏士莲称自己的雪花膏“能令皮肤细腻，一年四季，无论经过何种天时气候，均能保存其皮肤柔软润泽与安舒”，双妹便大谈其老牌宫粉“能除斑点，肌肉粗鲁变为嫩滑”，而其兰花粉能使“身虽有狐臭，亦能辟除其臭味，变为芬芳”。总而言之，每个字都务必追求击中爱美女性的芳心。①

而月份牌广告，更是双妹在国货商战史、广告史上的开创之作。

当时身为广生行首任经理的林炜南想到，能不能给双妹打造一支形象广告，用一对芳华绝代的女子来“代表”双妹？这样，大家一看到广告，就能联想到双妹。这无疑是一个绝顶聪明的主意，但是模特又从哪里找？毕竟当时没有女性愿意抛头露面成为模特。无奈之下，林炜南别出心裁地找了两个长相秀气的男士，让他们男扮女装拍摄了照片，又礼聘画家关蕙农绘制了月份牌广告画，宣传推销果真一鸣惊人。

日后，由范和甫在1912年创设的大陆大药房生产的桂花香型雪花膏——雅霜更是将这一方式开拓得更广，除了在包装上效仿美国知名品牌旁氏，还邀请了当红明星白杨来做广告，并搭配了“最为爱美仕女之妆台良伴”的广告词，让城市女性更是难以抗拒。当然，洋货品牌同样不甘示弱。1926年，麦斯塔德聘请海派广告画高手谢之光为林文烟花露水绘制了1927年新版美女月份牌广告画。图中少女置身于古

① 杨齐福、王彦妮：《20世纪20年代〈申报〉化妆品广告述论》，《江苏师范大学学报(哲学社会科学版)》，2017年06期

林文烟花露水广告图

典庭院里的月亮门与多宝格书架前，一手轻托香腮，一手持握团扇，含情多思。她上穿倒大袖的短袄和小马甲，下着长裙，袖口与裙摆皆装饰有流苏，可谓当年时髦女子最经典的装束。新桃旧符，流行随风，广告当然也需要新鲜的感观。1930年，麦斯塔德又重金邀请大名家杭穉英为他们绘制下一年的月份牌画。此番画中人已是更美丽的旗袍少妇，她贤淑可人，在一炉沉香前正轻弹着古琴，那活色生香的气息中想必少不了花露水的一袭芬芳……[①]

某种意义上，这是一场不分胜负的对抗，但是它展现了国货寸土不让的意志，与此同时，也让上海包括广告、宣传在内的商业文化，逐渐成熟，并成就今日上海的风情。

① 温暖:《月份牌广告美女做推销》,《今晚报》，2012年11月29日

国产替代，及内生性变革

也就在双妹与夏士莲大战之际，年纪尚小的方液仙，看见夏士莲与劳氏白玉霜及日本金刚牌牙粉等洋货化妆品泛滥之后，下定决心放弃了自己家族的钱庄事业，开始筹设中国化学工业社(简称中化社)。望子成龙的父亲自然强烈反对，但他最终还是说服了母亲方李氏，拿出私蓄1万元给他作为启动资金。

“他在圆明园路安仁里家中设厂，购置一些简单设备，亲自率几个工人和学徒，生产三星牌雪花膏、白玉霜、生发油、花露水、牙粉等化妆品。当时因外货泛滥，中化社产品销量极微，连年亏损。家人、亲友见此情形，都力劝其停手，可他仍不改其志。他还和友人合伙开办了龙华制革厂、鼎丰搪瓷厂以及橡胶制品厂、硫酸厂等，多为国人首创的化轻工厂。在洋货大行其道的近代中国市场，本土产品几乎没有销路，最终都无奈停产了。”

幸运的是，方液仙又先后寻求到了舅父李云书，以及上海钱业巨擘、四叔方季扬的投资，最终有了起色，并相继推出“观音粉”和 “味生”调味料品，以及“三星”蚊香、“三星”牙粉。所谓“三星”，是指“福禄寿三星”。相比较远销南洋各埠的蚊香，牙粉却因为门槛低、竞争对手多，很快就失去了辉煌。在思虑再三之后，方液仙决定与其苦苦支撑，不如另辟蹊径，最终拿下国际市场的新宠儿，在国内只有美国产丝带牌的牙膏。

和双妹的套路如出一辙，方液仙在研制牙膏的过程中，也是参考丝带的配方和包装，而牙膏管则寻求进口解决——这也让上海在1923

三星牌牙膏、三星牌蚊香

年，成为第一支国产牙膏“三星牌”的诞生地。

“当时，丝带牌牙膏每支卖7角5分钱，平民百姓都觉得是奢侈品。而三星牌最初定价2角5分，后降为2角，大家认为绝对是物美价廉，因此甫一问世，便风靡一时。很快，1925年五卅运动爆发，抵制洋货，三星牙膏更是供不应求，方液仙大大赚了一笔。相对于蚊香来说，牙膏虽利润不高，但其优势在于产量大，不受季节限制，资金周转快。由于三星牙膏的先锋效应，一时之间，其他各种品牌的牙膏雨后春笋般冒了出来，比较著名的有黑人牙膏、留兰香等，但三星牙膏却一直遥遥领先，成为同业中的领头羊。”①

在这个竞技场上异军突起的，还有更多国货企业。比如说德大纱厂、申新纺织等公司。如果说方液仙靠“国产替代”来赢得市场，那么，德大和申新则依靠内生性变革。

1915年端午节正式投产的德大纱厂，便将“科学管理”当成一门

① 彭晓亮：《方液仙与中国化学工业社》，上海档案信息网“上海记忆·申城变迁”，http://www.archives.sh.cn/shjy/scbq/201203/t20120313_5936.html，2008年4月1日

真正的知识。这个纱厂的创始人正是被沪人称为“棉纱大王”，也可谓是中国现代企业管理鼻祖的穆藕初。他正好出生在上海一个以织棉为业的外来家庭，如果没有外侮日亟，这个比较富裕的家庭足够支持他读书，然后按部就班地走上仕途。但是随着印棉、洋纱大量倾销中国市场，上海棉纺手工市场遭受沉重打击，其父工厂破产，家道开始中落。这在改变了他命运的同时，也让他意识到需要实业救国，但更重要的是，要利用西方的先进技术和管理经验来谋取国货的前途。

日后，他依次在威斯康星大学、伊利诺斯大学、德克萨斯农工专修 学校学习农科、纺织和企业管理等。

尽管其时的管理学刚刚成为一门新的学科，但穆藕初敏锐地意识到“泰罗制”蕴藏的巨大价值，认定对中国越早引进越好，最终他将“泰罗制”引进国内，并在自己创业时加以创新。具体到德大，就是实行以总经理、总工程师、总会计师为龙头进行直线管理，以生产流

大生一厂“蓝印魁星”商标；福新面粉厂“兵船”商标，寓意“振兴中华，以牙还牙”；申新纺织厂“人钟”商标，寓意“让国人警醒”。

程为依据，进行效率评估、质量监控和成本核算——这一科学管理的推出，让德大纱厂在外资的挤压下，居然实现了盈利，还在1916年北京赛会同类产品评比中名列第一。此外，他创办的厚生纱厂曾一度成为同业观摩的对象。

作为红色资本家族——荣氏家族在1915年所创办的申新纺织公司，在“科学管理”上也颇有心得。它们先是在三厂进行了体制的变革，以学有专长的技术人员为骨干，改用计件工资制度，实现了“降低工资总额而提高个人工资”的优化设计目标。取得成功后，逐渐推广到了荣氏所经营的所有工厂。[①]

这些举措，帮助荣氏企业成为旧中国资力最雄厚、规模最宏大的民族企业集团，也是中国民族工业发展史上一个极令人注目的家族企业。

① 三分钟学经营：《他是民国“棉纱大王”，奈何民强国弱，被迫破产!》，职场热搜（ID：ajy360），2016年9月27日

1928年，余芝卿出资创办上海大中华橡胶厂。1934年10月，大中华橡胶厂在生产自行车轮胎的基础上，生产出国内第一条汽车轮胎，定名为“双钱”。

抗战期间，日军以战时需要试制飞机轮胎、军用防毒面罩为由，逮捕经理洪念祖，多次威逼大中华与日方“合作”，均被余芝卿一一抵制。

破局：打破封锁，走向世界

更让人解气的，还是“极大地改变了以往人们对华商在与外商竞争中总是妥协、退让与受制于人”这一形象的茂昌公司。

该公司是由上海八家颇有实力的“蛋行”在收购美商大美机冰厂的基础上成立的，从事冰蛋生产与出口。所谓冰蛋，是20世纪初美国人发明的，它通过打碎鸡蛋，接着将蛋液搅匀，再装罐冷冻而成，有冰

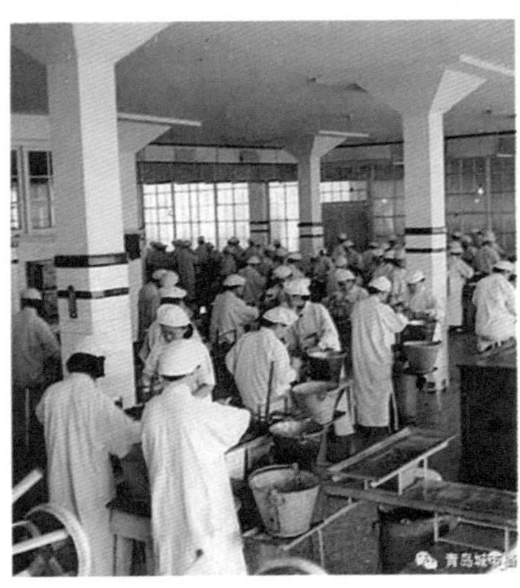

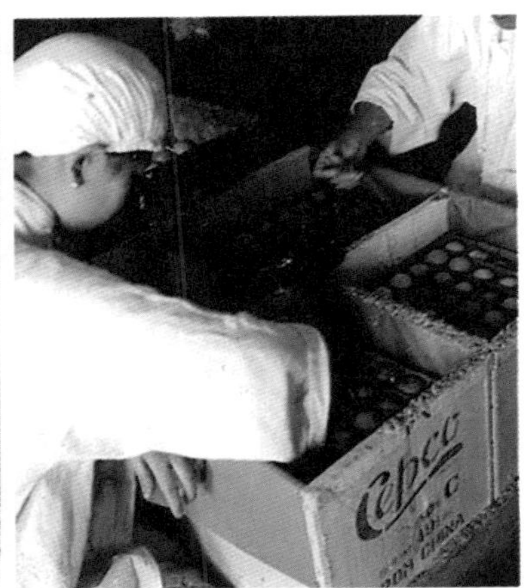

茂昌蛋厂投产后发展迅速，很快成为民国时期的青岛四大工业巨头(即：华新纱厂、阳本印染厂、茂昌公司和永裕盐业公司)之一。

抗战期间，日军侵占青岛、上海，日商“三井物产株式会社”胁迫茂昌公司与其合营。青岛分公司于1939年被迫更名“东亚蛋业股份有限公司”。

1945年抗战胜利后，“东亚蛋业股份有限公司”被国民党政府辟为美国海军仓库。1949年经多方交涉获准退还，恢复民族资产“私营茂昌蛋业冷藏股份有限公司青岛分公司”的名称。

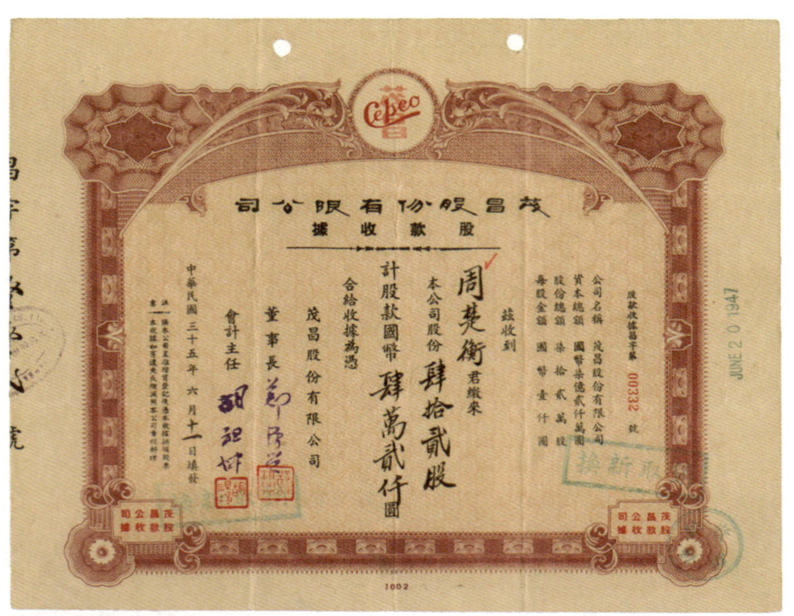

茂昌股份有限公司

股款收據

股款收據昌字第 00332 號

公司名稱 茂昌股份有限公司

資本總額 國幣柒億貳仟萬圓

股份總額 柒拾貳萬股

每股金額 國幣壹仟圓

茲收到

周楚衡君繳來

本公司股份肆拾貳股

計股款國幣肆萬貳仟圓

合給收據為憑

茂昌股份有限公司

董事長

會計主任

中華民國三十五年六月十一日填發

茂昌公司的股款收据

蛋白、冻蛋黄和冰冻全蛋三种。

相比较中国蛋厂的土法制蛋，冰蛋由于具有能够保持原味、不易变质、较少掺用防腐剂等优点，广受欧美市场的欢迎。

“20世纪30年代，蛋品出口总值在中国出口商品结构中稳居第三位， 有时甚至位居第二位，在对外贸易中具有重要地位。”但是，“由于进入市场较早，且挟资本、技术与控制出口权的优势，外资企业一直垄断着中国蛋品的出口……为了维护垄断中国蛋品出口的利益与地位，外资企业联合一起对茂昌公司实施打压：在欧美市场（冰蛋最重要的销售市场）上削价与茂昌公司竞销，在中国国内抬价争购鲜蛋；

同时在技术、运输方面给予封锁”。

面对这种不利的局面，茂昌公司在总经理郑源兴的主持下，做了这样几件事：一是着力构建高效的鲜蛋原料收购网络，以应对外资企业在华的鲜蛋争购；二是在“聘用外人为我服务”的理念下，高薪聘请了美国的制冷专家卡尔登，从而解决制冷技术问题，同时以优厚待遇聘请培林洋行职员英国人葛林夏；三是通过葛林夏的人脉资源，在国际市场上建立起以子公司海昌公司为核心的庞大销售网络，一改近代华商对外贸易主要采用间接出口的形式，打破了外国洋行垄断中国产品出口业务的格局。

更重要的是，郑源兴在西方20世纪30年代经济危机时，联合和记、怡和、班达、海宁、培林等外资冰蛋企业成立“中国冰蛋业同业公会”，以维护中国冰蛋在欧洲市场上的垄断地位。正是这种攻城略地、合纵连横，让茂昌“占据了三四十年代世界蛋品市场的半壁江山”，郑源兴“蛋大王”的赞誉实至名归。“至1937年淞沪抗战前夕，茂昌拥有全国33%的冰蛋生产份额和运销西欧数量。”

从这里也可以看出，在竞争中成长起来的国货已不再故步自封，而是与洋货在竞争中有联合，在联合中有竞争。“竞争与合谋只是企业谋求 利润的一种手段而已，两者之间的你进我退、竞争与合作关系，都是一 种‘动态的平衡’。”欧美大型企业与华资企业的界限自此不再泾渭分 明，外资可以为我所用，华资也可以成为欧美企业中的一员。[①]

某种意义上，这是近代国货在全球化上的一种主动尝试，但显而易见，它的成功必然建立在自身的强大基础之上，对身处积贫积弱的中国来说，要想维护国货难得放出的光芒，还需要做得更多。

① 孙善根、张跃：《全球化背景下国际卡特尔为何难以持久》；孙善根：《郑源兴:不该忘记的大企业家》；张跃、闻文：《近代华资企业直接对外贸易的探索与践行》，均源自2020年《“宁波商帮与近代中国”学术研讨会论文集》，宁波大学国家社科基金重大项目：宁波商帮史料整理与研究课题组等，2020年12月

昙花一现的“黄金时代”

1933“国货年”、1934“妇女国货年”、1935“学生国货年”、1936“市民国货年”、1937“公务员国货年”，这五个不同名称的国货年运动，将20世纪初发展而来的国货运动推向高潮。但是，并不是所有的“国货年”都能取得预期的效果。这不能不让人对国货发出一声叹息。

而上海也渐渐作别其开埠以来难得的“黄金时代”，只有在痛苦中耐心等待，下一个属于自己的真正机遇。

就在犹太人盯上外滩之时，有7名来自广东香山的男人出现在了当时上海的“跑马路”上。

“他们左手拎着一个坛子，右手提着一个麻袋，每人都挑了一个通向外滩的路口守着，把坛子摆在面前，面无表情地盯着来往的行人，每走过去5个路人，就从麻袋里掏出一颗黄豆，扔进坛子里。”领头者正是广州先施公司经理黄焕南，他受老板马应彪的委派，来沪考察地段，筹建上海第一家百货。

通过“黄豆选址大法”，黄焕南选定了一处靠近外滩的地段，“这里北通火车站，南邻富人区，车水马龙，客流如潮……经过三年的建设，五层高的先施大楼拔地而起。这座由德和洋行设计的钢筋混凝土建筑，融合了巴洛克和广式骑楼风格，成为南京路上最耀眼的明星”。①

先施百货大楼

① 戴老板:《上海，为什么是上海》，饭统戴老板（ID：worldofboss），2018年11月8日

1917年10月20日先施百货开张，这是中国第一家自建百货大楼。

先施开业一年后，马应彪的同乡和老对手郭氏兄弟，在南京路的南侧开了另一家百货公司——永安，与先施百货隔路相望。中国的第一场现代零售战争在这条马路上正式爆发:先施走巴洛克风格，永安就首创大玻璃橱窗;先施5层，永安就多加2层……

1926年，先施旧臣黄焕南和刘锡基自立门户，创立了南京路第三家百货商场新新百货。1936年，曾经与马应彪一起经营先施的蔡昌创办的大新百货，又相继加入战局。这些新型百货公司“不但引进西方先进的资本主义商业企业组织制度和经营管理方法，也把近代商业文化的重要组成部分——广告文化率先进行规范化应用”[①]，更重要的是，它们在重塑中国消费文化的同时，也为国货提供了重要的产品流通渠道。

它们还通过自身的“裂变”，培养了不少国货人才。除了黄焕南、刘锡基、蔡昌之外，还有因能说会道、头脑活络而受马应彪赏识，专门负责先施百货化妆品销售工作的顾植民。在几年的熏陶和训练之后，1931年他婉拒了马应彪的挽留，在崇德路上开启了自己的创业之路——正是日后被大众熟知的化妆品品牌百雀羚。

然而，其生幸亦不幸。百雀羚还没欢快地唱出歌儿，上海就陷入战火的侵袭之中。而等待先施的，还有一颗重磅炸弹。1937年8月13日，随着日本对上海发动攻击，“八一三”淞沪抗战正式爆发。此时距离“七七事变”只过去了一个月，也是继1932年“一·二八事变”之后，日本对上海发动的第二次攻击。之所以对上海如此迫不及待，不仅是为了在国际上创造日本皇军战无不胜的神话，并进而迫

① 徐鼎新:《二十至三十年代上海国货广告促销及其文化特色》,《上海社会科学院学术季刊》,1995年02期

使南京国民政府屈服、在谈判中占据主动，还为了破坏当时的中国工业进程。

在东方卫视播放的题为“历史上的今天:上海先施公司被日机轰炸”的影像中，我们可以看到，1937年8月23日这一天，由于获取国民党将领白崇禧等人即将在东亚旅社召开军事会议的情报，日军全然不顾无辜民众，悍然派出了飞机在闹市区上空投下了一颗重磅炸弹，命中了先施公司的三楼阳台，大楼部分楼面被炸毁。又有资料提及，除了先施之外，永安及邻近各商店也都大受损伤，管理红绿灯及指挥交通之巡捕及两公司顾客，与来往之中外人士，被炸死伤者达700以上。

不得不说，这两次战火，都深刻地影响了上海以及国货的未来走 向，尤其是1937年的这一次，更让繁荣的上海进入孤岛时期。除了租界，四面都是日军侵占的沦陷区。但这种局面还是没有停留太久，1941年，随着太平洋战争爆发，日军更是和西方列强撕破脸皮，此后，整个上海都成了日本人为所欲为的天下。

在与英国夏士莲的竞争中没有倒下，甚至在20世纪30年代达到全盛时期，年营业额500万元左右、最高达600万之多的广生行，在抗战开始之后，很难查到它的数据，只知道它日子过得一年不如一年，“抗日战争爆发后，逐渐走上了下坡路”。[①]

倒是它的国货同行百雀羚，因为刚刚推出没多久，目标太小，没有遭到太多打击，“日后誉满全国的‘百雀羚冷霜’产品就在这个时期正式推出。这款防冻防裂、滋润皮肤的护肤香脂，因其取自天然的原料，在硝烟弥漫的化妆品市场一炮打响！”[②]

① 黄媛:《化妆品今昔》，《上海轻工业》，2012年第3期

② 付迩:《顾植民:“百雀羚”的创始人》，《嘉定报》，2015年1月27日

在这一让人哭笑不得的境遇中，上海总商会与其他国货组织的声音也渐渐寂寥，甚至像上海总商会，还陷入了某种“杯葛（boycott的音译，集体抵制之意）”之中。

随着南京国民政府成立，蒋氏开始从站稳脚跟到大权独揽，尤其是重新修订了《商会法》和《商会法实施细则》，商会的性质开始有所变化。

在北京时期，商会是由所在地区不同籍贯和不同行业的商人共同组成的新式社会团体，是“众商业之代表人”。它“使商人开始摆脱以往个人和行帮的落后形象，取得了社团‘法人’的地位，形成一支统一和独立的社会力量，其气度与能量大为改观”[①]，某种意义上，它超然体制之外。然而，南京政府的独裁，必然注定着商会要回归至体制之内，尽管经济自给的本质特征仍然得到保留，但发展空间已然受到局限。

问题是，当国民政府将商会“收编”，但它本身却始终无法成为国货运动的指挥中枢，“他们既没有发展重工业，也没有支持轻工业，更没有有效地利用和管理民众的热情”。何况，时事的发展，来自日本的狼子野心，成了亟待解决的辣手问题。

此外的不安，同样多多。即使抵制日货还在潜流暗涌，但是早期的抵制，主要集中在棉纱织品、日用百货等轻工业产品，也包括日本在中国的采矿生产。这一时期，由于日本资本对中国的大规模直接输出相对较少，所以抵制容易发生且易于达到目的，但是，在一战之后，日本不仅加大了对中国的输入，而且抢占了英德在上海市场的机会，尤其在棉纺织业领域，更是取代了英国的领先地位。

① 朱英：《近代商会：商人最重要的社团组织》，《光明日报》，2018年1月。

“第一次世界大战之前的1913年，日本在上海棉纺工业中，有11.2万枚纱锭，而英商有13.8万枚。到了第一次世界大战后的1919年，日资纱锭已达31.3万枚，而英资纱锭仅有24.4万枚，日资势力已超过英资势力28.3%。1925年，日资纱锭更达93.9万枚，英资纱锭却只有20.5万枚。”

在对华投资上，日本也来势凶猛，“到1920年，日本在华投资额已从战前的18660万美元上升到35190万美元，增长了将近1倍，从而成为仅次于英国的第二大对华投资国家”。[①]

而国货运动中，有些也不尽如人意。虽然1933“国货年”、1934“妇女国货年”、1935“学生国货年”、1936“市民国货年”、1937“公务员国货年”，这五个不同名称的国货年运动，将20世纪初发展而来的国货运动推向高潮，但是，1934年的“妇女国货节”、1935年的“学生国货年”和1936年的“市民国货年”，都没能取得预期的效果。

这不能不让人对国货发出一声叹息。而上海也渐渐作别其开埠以来难得的“黄金时代”，只有在痛苦中耐心等待下一个属于自己的真正机遇。国货运动再一次的兴起，已然是中国走过风风雨雨的半个世纪之后了。

① 孙玉琴：《列强在华投资的不平衡增长》，《中国对外贸易史·中卷》，中国商务出版社，2015

中国制造

执笔 / 闻涛

1984年，中国开始城市体制改革，出现了一系列的消费品公司。

有人问邓小平什么叫改革开放，小平同志说，“改革开放很简单，就是三件事，让老百姓吃好的，穿好的，用好的”。1984年以后，饮料、食品、保健品、冰箱、空调、洗衣机——以轻工业为主的中国产品开始不断地出现，出现了品牌战、价格战、规模战、市场战。中国商品也开始以Made in China（中国制造）向全球输出。

疫情肆虐的2020年，中国出口了17.93万亿元的商品，同比增长4%，创下历史新高。这一年，中国出口了27.1万台呼吸机，10.8亿份新冠病毒检测试剂盒、23.1亿件防护服、2.89亿副护目镜、29.2亿双外科手套、2242亿只口罩，相当于为中国以外的全球每个人提供了40个口罩。其中，山东一家名叫英科医疗的公司，就向全球120多个国家和地区销售247.64亿只一次性手套。由此一来，英科医疗稳稳拿下中国第一、全球第三大一次性手套供应商的桂冠。疫情之下，这一笔笔的出口订单背后，是中国工厂为全球爆产能的机器轰鸣，是中国制造业这个“压舱石”。唯其如此，在全球主要经济体负增长的背景下，中国GDP增长2.3%，一举突破100万亿。

回顾历史，中国制造在全球的强势崛起有两个关键因素：首先得益于改革开放大潮下公司这种现代化组织的兴起推动了生产关系的革新，其次则是公司之间彼此竞争带来优胜劣汰的效率革命。从这个意义上讲，1984年，这个公认的“中国公司元年”，也可以视为中国制造崛起的起点。那一年，柳传志在北京中关村创办联想，李经纬在广东三水创办健力宝，李东生在广东惠州创办TCL……这些企业的成立，标志着我国的生产制造业迈入了公司化生产的新阶段。

正如1984年马胜利在国有企业石家庄造纸厂所做的改革——研发受市场欢迎的卫生纸等产品——公司本能地追求效率，它们以客户需求为导向，不断推陈创新以应对市场竞争的挑战。而中国14亿人口，不仅为制造业提供了庞大的低成本劳动力，本身就形成了一个足够庞大的内需市场。

这个市场如此广阔，不仅容纳了本国企业的激烈角逐，也吸引跨国公司摩肩接踵地到来。在与跨国公司和本国同行的一次次交锋中，中国制造经历了残酷的市场汰换而不断升级。回顾历史，从1984年至今，中国制造大致历经“追随模仿——平分秋色——反向超越”三个发展阶段。

第一阶段，中国公司以追随模仿欧美日起步，叠加人口红利，获得了低成本竞争的先天优势。20世纪80年代末期，通过拆解模仿日韩打火机，温州打火机横空出世，到2001年前后，温州打火机年产量超过5亿只，其中一半出口欧洲各国。“温州生产厂家打个喷嚏，全球打火机市场都得感冒。”第二阶段，中国公司通过模式创新和技术突围，形成差异化的竞争优势，在与跨国公司的竞争中逐渐平分秋色。90年代中期，面对索尼、东芝等洋家电的凶猛入侵，长虹、康佳、TCL三家企业掀起价格战，用“杀敌一千，自损八百”的惨烈战斗，捍卫了国产彩电产业的尊严。第三阶段，在资本助推下，中国企业通过兼并外国公司快速做大做强。比如，2004年联想以17.5亿美元将连续亏损的IBM个人计算机（PC）业务收入囊中，由此从全球第九一跃升为全球第三大PC厂商。盘活ThinkPad之后，联想最终战胜老对手戴尔和惠普，成为全球最大PC生产商。

正如古罗马诗人奥维德所说：“一匹马如果没有另一匹马紧紧追赶并要超过它，就永远不会疾驰飞奔。”近40年来，中国公司在竞争中生生死死，以血肉之躯铸就了现代工业的基石。一场又一场的价格战、广告战、专利战、资本战，让中国制造在磨难中一步步走到世界舞台的中央。

1984：中国制造再出发

1984年，改革开放第六个年头，市场经济的观念已经深入人心。

1984年，马胜利请求承包造纸厂，自他开始，中国正式拉开了经济改革的帷幕。李经纬找人设计了健力宝的商标，官方指定健力宝作为中国奥运会代表团的首选饮品。40岁的柳传志在中科院计算所一间20平方米的传达室成立了一家新公司，名叫“北京计算机新技术发展公司”，这就是未来的联想。

1984年年底，中国消费者协会成立，中国历史上的“第二次国货运动”拉开了帷幕。

1984年1月24日，苹果公司发布最新款电脑麦金塔（Macintosh），并用一则夺人眼球的“1984”广告片向“老大哥”IBM发出挑战。麦金塔电脑采用图形用户界面，还配备了声卡与鼠标，它的问世宣告了家用电脑时代的降临。为麦金塔编写软件的比尔·盖茨说，“这是一款大多人买得起的电脑，非常实用的计算机”。

1984年，苹果公司的年销售额达15亿美元，而微软只有1亿美元。29岁的史蒂夫·乔布斯已经名满天下，创业9年的比尔·盖茨还只是硅谷的一名小角色。不过，与苹果公司的这次合作，让比尔·盖茨看清了计算机工业的发展趋势，他在公司宣布：“让每一张办公桌、每一个家庭都摆上电脑。”一年后，他将发布Windows 1.0操作系统，打下微软帝国的基石。

而在太平洋彼岸的中国，也感受到信息化浪潮的气息，各地涌现“电子计算机热”。

上海，国企开始把计算机应用于企业管理，上海铁路中心使用电脑优化运输方案，带来了6000万收益。山东文登，养鸡专业户苏方桂购入一台PC150型计算机，用于饲料配比和数据核算，“过去一个月的工作量，现在只需几小时就完成了”。安徽合肥，刚刚从浙大数学系毕业的史玉柱，被分配至安徽省统计局上班。工作之余，他编写了一个统计系统软件，极大提高了统计局的工作效率，在全国统计系统推广应用。

1984年，计算机作为一种先进生产工具，开始逐渐应用到商品生产流程当中，这也为中国制造业迈入信息化阶段埋下了草蛇灰线——未来许多年，计算机和互联网的结合，将成为大江南北工厂流水线上的强劲心脏，推动“中国制造”在全球舞台快速崛起。

马胜利承包石家庄造纸厂

1984年春天，河北石家庄，一个名叫马胜利的“小人物”惊动了大半个城市。3月的一天，马胜利在石家庄造纸厂门前贴了一张大字报，题目叫《向领导班子表决心》。他“请求承包造纸厂”，并许诺“承包后利润翻番，工资翻番，达不到目标，甘愿受法律制裁”。

石家庄造纸厂经营困难，近千名职工工资不能按时发放，厂领导还在为17万元的利润指标发愁。45岁的马胜利只是该厂的一名供销副科长，名不见经传，主动请缨要求承包造纸厂。4月中旬，石家庄政府组织了一场160人参加的会议，结果成了马胜利的“独角秀”。当着众人，他信誓旦旦地说，“要是我，把十七万掉个个儿，实现利润七十万”。听了这番话，主管市长王葆华当场拍板，做主支持马胜利，让他当厂长，去“闯一闯”。

国有企业背负着沉重的历史包袱，由于经营机制僵化，在市场竞争中步履维艰。马胜利要求承包石家庄造纸厂，就是希望把它从僵化的机制中解脱出来，重新注入生命力。

“马胜利走马上任以后，做了很多新鲜的东西，现在饭店厨师戴的那种白色的帽子，那是马胜利发明的；妇女用的卫生巾，以前辞典上没有这个词，也是马胜利搞起来的。”《风雨马胜利》作者高梦龄对马胜利的评价为：“他是一个很有商业头脑并不断创新的人。”马胜利秉持着一个朴素的市场观念——以消费需求为导向，市场需要什么，工厂就生产什么。他把主打产品“大卷子”卫生纸改换规格，推出六种款式，还有三种颜色可选。马胜利就像一个老到的产品经理，基于多年跑市场的经验，不知疲倦地推陈出新。这一系列的产品由于迅速迎合了消费者的需求而受到市场的欢迎，订单如同雪花一样纷至沓来。

为鼓励销售，马胜利设立专门奖项，规定“发展一个大客户，奖励十元，招揽一个小客户，奖励五元”。这些举措立竿见影。5月份，石家庄造纸厂利润突破20万，到年底，利润升至140万元。短短几个月，一家经营不善的国企被救活了。能人马胜利成为国企改革明星，被全国各地的国企邀请过去传授经验，他的改革措施成了那个年代国有企业摆脱困境的灵丹妙药。马胜利也被赋予了城市经济改革的符号意义。自他开始，中国正式拉开了经济改革的帷幕。

健力宝横空出世

6月，广州已然进入“暑期”，天气炎热，45岁的李经纬奔波不停，顾不得片刻休息。李经纬此时的身份是广东三水酒厂厂长。这是一家寒酸的国有企业，全部资产是几口米酒缸，年利润区区万元。不过，李经纬却信心十足——他手中握着一款“秘密产品”。那是一种“能让运动员迅速恢复体力，而普通人也能喝”的饮料，外观为橙黄色，名字有些冷僻，叫“促超量恢复合剂运动饮料”，听上去像一款功能性饮品，不过，口感倒是十分舒爽。当时，可口可乐冲击波席卷中国，各地涌现大大小小的饮料厂，产品均冠以“可乐”之名。李经纬认为，自己这款饮料品质不差，只是缺少一个好名字，如果宣传到位，大卖并不是件难事。

李经纬年轻时曾做过三水县体委副主任，结合饮料本身的功用，联想到“运动”主题。1984年夏天，第23届奥运会将在洛杉矶举行，他想，倘若能借势营销，说不定会一鸣惊人。

为了获得认可，李经纬在包装、形象和名称上颇动了一番心思。他跑到深圳，说服百事可乐提供易拉罐，然后又找人设计了一个商标：红色的“j”图案。分开来看，圆点代表球类运动，下面的三条并列的“J”线象征田径跑道；整体来看，形如一位正在进行屈体运动的运动员。下书三个大字，“健力宝”。不仅读来朗朗上口，也很容易让人联想到“保健”的功用。

包装好的健力宝被送到体委官员手中，与来自全国各地的饮料一决高下。经过两个月的角逐，6月，健力宝被官方指定作为中国奥运会代表团的首选饮品。取胜的原因，一是品质上乘，二则与运动主题紧密相关，最后，使用易拉罐包装和出色的品牌设计成为它脱颖而出的关键。

1990年，健力宝、李宁赞助第十一届亚运会

8月，洛杉矶奥运会如期举行。中国代表团成绩斐然，作为民族品牌，随队出征的健力宝获得超常关注。

女排“三连冠”之后，《东京新闻》刊发一篇《靠“东方魔水”快速进击》的新闻稿。原来，日本记者发现中国女排队员一直饮用一款从未见过的饮料，便猜测这款产品具有“某种神奇功效”。一位中国记者看到这篇报道后，也写了一篇《“中国魔水”风靡洛杉矶》，发表在《羊城晚报》上。不曾想，此举大大提高了健力宝的知名度，转瞬之间，举国上下，尽人皆知。借助大型体育活动的东风，健力宝顺势开展市场营销，撬动品牌推广，为腾飞插上了神来一笔。此后很多年，这将成为中国消费品打开市场、建立名声的惯用手法。而在当时，就连李经纬也没有想到，数月时间，健力宝的销售额就达到了345万元。

一段风光岁月就此展开。此后数十年，健力宝供不应求，三水酒厂门口长期停满了拉货的大卡车，繁忙的货运让小小的县城显得拥挤起来。

柳传志创办联想

秋天，中科院计算所负责人曾茂朝把柳传志叫进办公室，开门见山地说：“要不你们也去搞个公司？搞好了，也算是给所里创收，多给大家发点奖金。咱们也埋伏一支奇兵，到市场上冲杀。”40岁的柳传志对科研兴趣不大，“搞公司”倒是一个心愿。听曾茂朝如此说，兴致大增，但他为人谨慎，凡事谋定而后动，认为既然要办公司，首先应该把条件讲清楚。思考片刻，柳传志提出要求，“财务权、人事权、经营管理权你得给我”。曾茂朝满口答应，还下批20万元启动资金。10月，中科院计算所那间20平方米的传达室诞生了一家新公司，名叫“北京计算机新技术发展公司”，就是联想前身。员工总共11人，柳传志被任命为副经理，主管日常经营工作。

公司初创，一穷二白，柳传志却信心满满，对曾茂朝说，“将来我们要成为一家年产值200万元的大公司”。由于没有可行的项目，柳传志便在计算所门口摆摊兜售电子表和旱冰鞋，后来还批发过运动衫和电冰箱。有一次，他听说一个江西女人有一批彩电，倒手即可大赚。当时中关村的新公司都是从事倒卖生意，轻松赚钱，柳传志急忙汇款过去，结果被骗走14万元，悔恨不已。年底，柳传志几番拜访，将汉字应用专家倪光南请来。

彼时，倪光南正忙于汉卡研究，迫切希望有人帮他打开市场，柳传志无疑是最合适的人选，于是两人顺理成章地走到一起。倪光南对柳传志说，“官我不做，管理我不懂”，他最在乎的是将汉卡推出去，最大的愿望是安心做研究。1984年12月，倪光南应邀出任总工程师。第二年，他带队研发的汉卡就成为公司的拳头产品，带来了丰厚的利润。由于这款汉卡具有联想功能，也成为联想这家公司名称的由来。

“第二次国货运动”开启

1984年，改革开放第六个年头，市场经济的观念已经深入人心，尤其是在得风气之先的深圳。前一年，经济特区深圳和外商签订了2500多个经济合作协议，成交额达18亿美元，工农业总产值比1978年增长11倍，财政收入增长10倍多，外汇收入增长了2倍多。

1984年1月下旬，邓小平坐火车南下视察，从深圳、珠海、厦门一路走来，看到热火朝天的建设景象。在深圳，听说世贸大楼三天就能盖一层，邓小平脱口而出："这就是深圳速度。"此时的深圳街头，洋溢着创业的氛围，33岁的王石听到邓小平视察的信息，很快就创办"深圳现代科教仪器展销中心"，这就是万科的前身。40岁的基建工程兵任正非转业到深圳，在南油集团下属的一家电子公司做副总经理，月工资不到100元，没过多久也将创办华为。

而在上海，中德合资的上海大众奠基成立，开启了中国汽车中外合资办厂的序幕。"新中国第一股"飞乐音响成立，公开发行1万股股票，每股面值50元，一天内就被哄抢一空。山东青岛，35岁的张瑞敏走马上任，正在青岛电冰箱厂酝酿一场改革。河北廊坊，石油管道学院毕业生潘石屹被分配到石油部管道局经济改革研究室工作，一位老师告诉他深圳有很多机会能赚很多钱，"小潘"懵懂地问，"要那么多钱干什么？"。这位老师举了一个颇为生动的例子："就说你身上的衬衫，如果你有钱，你就可以买两件，这样一件穿脏了，你就可以换另外一件。"

这一年的10月份，十二届三中全会首次提出了"商品经济"。对于这个概念，东京大学的教授林周二向前访的中国学者如此解释："茅台酒为什么不能多搞一些品种，比如，搞一种稍高级的，味道稍好一点，包装换个颜色，比如把红色换成黑色，卖五十元一瓶。再搞一种更高级的，装进漂亮的盒子，卖它一百元一瓶。"

年底，中国消费者协会成立，中国历史上的"第二次国货运动"拉开了帷幕。

一只打火机点燃跨世纪贸易战

"我非常感谢黄发静，像他这样的企业家真的是代表了中国人民的利益。因为我开始知道利用世界贸易组织的规则来保护我们的权益……虽然我们在谈判桌上赢得了这场产业，但实现这场协议，代表中国的利益是他们这一批人。"

一百年前，欧美公司生产的洋火（火柴）大肆流入中国，结束了中国人用火折子的历史。

1912年，河北商人钱立亭、白聘三建立泊头火柴厂，这个厂在民国代总统冯国璋的支持下蓬勃发展起来。当泊头火柴厂与欧美火柴争夺中国市场的时候，一个名叫阿尔弗雷德·丹希尔的英国青年偶然之间发明了简便易用的打火机，并很快取代火柴，开启了打火机工业的序幕。

1985年前后，一些旅居海外的温州人回乡探亲，把打火机这种稀罕物带到了温州。此时，日韩已经成为世界打火机工业的中心，一部日本打火机的零售价换算成人民币至少300元。敏锐的温州人从中嗅到了商机，争相研究甚至动手拆装从外国流入的打火机，然后在作坊里模仿制造，到80年代末期，小小的温州城已经拥有500多家打火机工厂。此时的温州打火机产业还停留在山寨阶段，还要历经无数劫难才能登上世界舞台。

温州打火机的光辉岁月

1991年5月，周大虎妻子上班的温州汽水厂破产了，她领到了5000元安置费。那个时候，温州的打火机零部件工厂正如雨后春笋一般冒出来，零配件丰富，且价格低廉，投入少量资金就可以组装打火机。于是拿着妻子的5000元安置费，周大虎招了三五个工人，在后院开始生产打火机，业余时间周大虎跑销售，发现了打火机市场的秘密。在温州组装一只打火机成本9元，零售价10元，利润1元，而日本、韩国这些国家生产的打火机要300元到500元。“价格相差实在是太大，温州到处是前来收购打火机的老外。”

1992年，周大虎辞去温州邮电局的“铁饭碗”，租下一个200平方米的厂房，招聘了100多名工人，开始创业。他还去工商局注册了“虎”牌，这成为全国打火机行业中第一批注册商标。当时，温州“打火机一条街”排满了手提现金等待提货的外国人，为了赚快钱，许多人涌入这个行业，整个温州一夜之间冒出3000家打火机厂， 周大虎的100多个熟练工人很快被挖了个精光。因为，按他的质量标准，工人一天最多只能做150个打火机，生产劣质打火机的厂家可以做到500个。工人薪水按件计算，在周大虎厂里工作，薪水少，没有吸引力。

工人跑光了，周大虎压力大极了，骑着摩托车，一个星期内接连出了三次小事故。周大虎招聘了一批新员工重新培训上岗，耽误了不少时间，到1993年上半年把前两年的利润都亏进去了。坚持到下半年，生意逐渐有了起色，一天能接到5万多只打火机的订单。随着市场的优胜劣汰，赚快钱的工厂纷纷倒闭，坚守质量的周大虎则再次赢得机会的垂青。

1995年的某日上午，一架飞机降落在温州永强机场，一个外国人下机后径直来到机场出口，招手叫来出租车，用并不标准的汉语吐出几个字，“大虎、大虎”“打火机”。这个外国人来自德国。一个偶然的机会，他发现温州虎牌打火机物美价廉，便产生了与其合作的想法。来到周大虎的办公室，他开门见山，抛出与之合作办厂的计划。

周大虎沉默良久，终于开口：“我同意你关于创打火机国际品牌的建议，不同意改变企业的性质，我们可定点定牌生产打火机，你的投资会在经销中得到丰厚回报。”

老外同意了周大虎的建议：德方投入资金并提供技术支持，帮助大虎厂创牌“SOLO”；周大虎保留生产虎牌打火机不低于70%的份额，外方拥有大虎欧美地区产品代理权。合同签订，外国人高薪聘请外国打火机工程师，指导打火机的创牌生产。大虎打火机生产技术和管理水平与国际接轨。一年后，创造出国际品牌的SOLO雪茄专用打火机，成为全国唯一经中国外经贸部批准的、拥有自营出口权的打火机企业。紧接着，大虎打火机厂为日本广田株式会社定牌生产。同时，虎牌打火机不断远销美国、日本、西欧等30多个国家和地区。短短几年时间，周大虎以小小的打火机在国际上打出了一片自己的天地。

周大虎并非个例，日后温州打火机行业的风云人物，此时已纷纷露出峥嵘头角。李中坚的东方打火机厂每天有10万只打火机走下流水线，货车就等在路边，产品一下装配线，马上被打包运走。他每天最担心的就是生产力跟不上。“有多少打火机就有人带着多少钱在厂门外等着要，在义乌市场，温州打火机是最紧俏的商品，谁能拿到货，谁就能赚到钱……”

靠着过硬的品质，黄发静与妻子陈阿芬一起创办的日丰打火机公司在温州同行中间率先打入了欧洲市场，还成了中国最大的金属外壳打火机和点火枪生产型出口企业。20世纪90年代中期，日本打火机生产商组团到温州，考察后他们终于承认自己毫无还手之力：一只电子点火器，进口单价至少4元，温州人自己做，一开始是1—2元，形成大规模生产后只要0.1—0.3元；密封圈，进口的0.2元，而温州生产的从0.05元降到0.005元。为了降低成本，温州一些厂家甚至直接将零配件拼装组合生产，把价格缩减近1/30。就是靠着质优价廉的优势，温州打火机在国际市场节节取胜，成为一个响亮的招牌。

兵败美国“CR法案”

温州打火机在美国的市场占有率节节上升的同时，也引起了美国手机生产商的集体反制，以著名打火机厂商ZIPPO为首的美国企业多次掀起针对性的反倾销诉讼，都无果而终。

1994年，温州一次性打火机拿下美国市场95%的份额，在ZIPPO的游说下，美国政府推出“CR法案”。20世纪90年代初，美国每年因儿童玩耍一次性打火机而引发火灾，造成数千万美元损失。ZIPPO以此为契机，积极游说国内相关立法机构，最终促成了CR法案的出台。CR法案的全称为“Child Resistance Law”，意为“防止儿童开启法案”。该法案以保护儿童为由，要求凡进口价格低于2美元的打火机必须通过安全装置、标签、测试、认证、货物储藏等一系列检验才能进入美国市场，以防5周岁以下的孩童开启。而当时，温州出口到美国市场的打火机多在1美元左右，且未设任何安全装置。

1994年7月，美国联邦消费品安全委员会正式开始实施CR法案，法案一通过，打了温州打火机企业一个措手不及。由于不了解该法案的具体要求，一些企业盲目闯关，致使货柜被美国海关扣押、退货或没收，甚至遭受处罚，黄发静的日丰公司对美销量暴跌七成。

受美国CR法案影响最大的是温州人林光在美国创立的打火机贸易公司，作为当时美国最大的打火机进口商之一，他首当其冲，先后收到美国两家打火机进口商的警告信和律师函，称其侵犯专利。林光起先跟着父亲学中医，1985年只身赴美打拼，做了两年医生后在餐馆打工。没过多久，他托朋友从温州进小商品，在街边摆摊谋生，摊位上最抢手的商品便是温州打火机。等到小有积蓄，林光成立美国幸运贸易公司，专营温州打火机贸易。物美价廉的温州打火机深受美国普通消费者欢迎。林光因此被称为“第一个把温州打火机卖到美国的人”。

CR法案颁布后，林光的生意遭受重创，也让他意识到规则的重要性：“国际贸易自有一定的游戏规则，谁要参加并想取胜，就得创造条件遵守和适应这个规则，否则只能被市场淘汰出局。”此后三年，林光投身技术研发，终于发明“加重型防儿童开启装置”，获美国专利保护。尤为难能可贵的是，林光并未靠此谋取个人私利，而是与温州打火机企业无偿共享。从此，温州打火机生产商跨越CR法案的障碍，重新占领美国打火机市场半壁江山。

打赢“中国入世第一案”

1999年，温州金属打火机的年产量达到1亿只，其中70%以上出口，占据全球70%的份额。2001年前后，温州打火机年产量超过5亿只，其中有一半出口到了欧洲各国。“温州生产厂家打个喷嚏，全球打火机市场都得感冒。”这并非一句玩笑话。伴随着温州打火机的崛起，针对它的反制性贸易措施也在悄然酝酿之中。

2001年10月2日，温州日丰打火机公司董事长黄发静突然收到一个震惊的消息。欧洲打火机进口商协会会长克劳斯电邮黄发静：欧盟正在拟定针对温州打火机进口的CR法案草案。欧洲CR法案，可以视为美国CR法案的翻版，对温州打火机生产商来说，其中两条极具杀伤力：其一，全面禁止玩具型打火机进入欧洲市场流通和使用，以防止吸引儿童玩耍；其二，售价在2欧元以下，即人民币15元以下的打火机必须加装保险锁，以防止儿童开启。“这是很不公平的事。”黄发静认为，“就是一个价格差别，怎么会造成不同的安全标准？”为了抵制欧洲CR法案的出台，黄发静牵头召集温州打火机行业商讨应对之策。只有初中学历、对英文一窍不通的他甚至自掏腰包，与外经贸部的工作人员前往欧洲游说。黄发静的主要观点是：“不应把价格作为安全的界限，不是说两个欧元以上就不用带安全锁是好产品。”然而，这一轮的努力并没有取得效果。

2001年12月21日，黄发静以个人名义，邀请行业17家企业及媒体，召开温州市烟具行业同仁抵制欧盟CR法案研讨会。2002年5月，欧盟15个国家对CR法案进行投票表决，除了瑞典投反对票以外，其他国家均投了赞成票。按照规定，CR法案两年缓冲期过后，即2004年，温州打火机将被CR法案逐出欧洲市场。

2001年12月21日，17家行业企业及媒体，召开温州市烟具行业同仁抵制欧盟CR法案研讨会。

此时，距离中国加入世界贸易组织（WTO）不到一年。温州打火机企业的意识和观念已经有了很大的提升，吸取经过美国CR法案的教训和经验，大家一起筹措经费，聘请律师积极应诉。为了打赢CR法案，黄发静把公司完全交给了妻子一个人去打理，他自己则把精力全投到了CR法案上。欧盟延缓了法案推行日期，并派出调查官，到温州实地调查，内容包括：企业财务、销售和成本，并查看所有账目，细致到原材料的入库单、房产契约以及水电费账单。从9月一直持续到12月，调查历时4个月。其间，调查者发现，温州劳动力成本低廉，家庭作坊的生产方式极大降低了生产成本，因此温州打火机的低价位绝非恶意竞争。而且，温州企业家开诚布公的态度也让他们心悦诚服。金属外壳打火机生产商们说：欧洲没有金属外壳打火机生产企业，没有竞争，何谈损害？充气打火机生产商则说：自己的产品与欧洲一次性打火机有巨大差别，各自有生产、销售和消费对象，谈不上损害。经过长达2年多的漫长交涉，2003年9月11日，欧盟有关机构宣布原定于2004年6月19日实施的CR法案不再生效，中国400多家打火机厂，每年产值几十亿的中国打火机行业因此受益。

2003年年底，中国年度十大经济人物评选结果出炉，“打火机大王”黄发静入选。央视给黄发静的颁奖词是：他按照国际规则在海外捍卫自己和行业的合法权益；他为行业协会的价值做出了超前的解释；他以民间的力量推动公正的世界贸易秩序；最关键的是，他——赢了！中国入世谈判代表龙永图说：“我非常感谢黄发静，像他这样的企业家真的是代表了中国人民的利益。因为开始知道利用世界贸易组织的规则来保护我们的权益……虽然我们在谈判桌上赢得了这场产业，但实现这场协议，代表中国的利益是他们这一批人。”

参考文献：
周德文，吴比：《温州样本》，福建：鹭江出版社，2009
吴晓波.《激荡三十年》，北京：中信出版社，2017
《黄发静：为中国打火机应诉》，《经济半小时》，中央电视台，2003年12月15日

国产休闲服生死录

伴随着堡狮龙卖身、佐丹奴业绩暴跌、Esprit败走中国内地，曾经风光无限的港资服装品牌集体没落。本土休闲巨头的日子同样不乐观，连年亏损的森马忙着关闭线下门店，美特斯·邦威则把目光投向了下沉市场，而以纯、唐狮、班尼路等就早告别了舞台中央。

如今，中国服装舞台上的主角变成了耐克、阿迪、李宁、安踏等一众体育品牌。

互联网让信息变得日益透明，把国外的款式改造一下就能大卖的日子过去了，必须要拿出符合消费者口味的产品，这考验的不仅仅是生产能力，而是对流行的把握和感知能力。

这是一个速成的时代，也是一个速朽的时代，三年冒出一个拼多多，五年垮掉一个真维斯。裁员6000多人、关店1300多家，这就是2013年至2018年间真维斯的真实写照。

1993年，真维斯在上海开出中国内地第一家门店，带来休闲服的概念，在中国服装市场一炮打响。真维斯启蒙了中国服装行业，美特斯·邦威、森马、以纯、唐狮等品牌在它身后纷纷冒出来。辉煌时期，真维斯一度在全国开设2000余家门店，年营业额达到人民币49亿元。然而自2013年起，真维斯的经营每况愈下，亏损不断扩大，最终在2018年黯然退市。 真维斯不是个案，它的兴起与没落，代表了坐享时代红利的国产服装品牌在激烈搏杀中的生死浮沉。

国产休闲服“一哥”

1993年，真维斯到上海开设中国内地第一家门店，把休闲服带入中国老百姓的生活。真维斯原是澳大利亚一个服装连锁品牌JEANSWEST，杨钊、杨勋两兄弟在中国香港开办了一家旭日制衣厂为它做贴牌。1990年，兄弟二人反客为主，收购JEANSWEST，很快做到澳大利亚市场第二名。那个时候，美国流行格子牛仔裤，但是工艺极其复杂，品牌商派人到中国香港采购，550港元一打都没有工厂敢接单。杨氏兄弟摸索出一套打格子的专用工具，可以把效率提高3倍，他们用299港元一打的价格接下了10万条格子牛仔裤的订单，赚到了第一桶金。

此后，杨氏兄弟拿到了许多美国服装品牌的代工订单，其中就包括GAP。“GAP在美国是每个年轻人都能负担得起的休闲服装。”他们仔细研究了GAP，并在收购真维斯以后，制定了自己的目标：“将真维斯做成中国的GAP，在休闲服装市场上做好中国人自己的品牌。”真维斯与班尼路、Esprit、佐丹奴、堡狮龙等香港服装品牌一道，给内地消费者带来了服装品牌意识。它们进入内地之前，中国内地的人选购服装，无非是在个体服装店和国营百货公司，决定购买一件衣服的时候，首先注重的是价格，然后才是面料、质地、款式和做工，对品牌并不在意。但是城市工薪阶层已经不满足于这样的消费状况了，“真维斯们”抓住了这个需求。

真维斯客群定位于18岁到40岁的工薪阶层，一条牛仔裤上百元，并不便宜，然而由于款式新颖、品质出众、服务也过得去，顾客如果不满意或者发现质量问题，可以在七天内到任何一家门店退换货，让工薪阶层感到特别受尊敬。因此很多城市开店的时候，都出现排队进店的场面。真维斯在青岛第一家店，开业当天请了几十个保安维持秩序，一口气卖了十几万元。

随着中国内地的进一步开放，香港制造业纷纷转向内地，而香港休闲服装品牌成了大赢家，“国际设计+香港品牌+内地市场+中国制造”的组合，为它们赢得了十多年的先机。

1995年，杨氏兄弟把工厂从香港转移到老家广东惠州，成本下降20%以上，他们还在这里建造了真维斯中国内地的总部，一口气在几十个城市开设了170多家门店，当时媒体把它描绘为“中国内地最流行的休闲服装品牌”，强劲的业绩帮助母公司旭日企业在1996年登陆港交所。

而此时的中国内地，受香港服装连锁品牌的启发，温州人周成建、邱光和先后成立美特斯·邦威、森马，他们很快就从真维斯、班尼路等“牌子货”身上学到了品牌运营、连锁扩张，学到了一年安排春夏、秋冬两季生产计划，并将最终将蚕食掉真维斯们的市场份额。

国产休闲品牌群雄并起

裁缝出身的周成建在温州街上闲逛，突然发现一个事实：一些质地和做工都不怎么样的服装，仅仅因为衣领后面多了一个小标签，价格竟然比自己一针一线精心缝制出来的衣服高出好几倍。他一口气走完整条五马街，最后得出一个结论：那个不起眼的小标签就是钱。在这天下午，他下定决心：要做一个自己的服装品牌。1993年8月，周成建出资100多万元创办了温州市美特斯制衣有限公司，开创美特斯·邦威休闲服装品牌。

1995年4月22日，美特斯·邦威第一家专卖店开张。店门口那件特制的10米长的风雪衣引得顾客盈门，连续几天掀起抢购风潮。这件10米长的风雪衣后来在上海展出并收入上海《大世界吉尼斯大全》。周成建被称为“风衣大王”，美特斯·邦威也顺带出了名。周成建没有像传统服装企业那样，建工厂，买机器，招工人，他甚至都没有生产过一件成衣，而是全部由国内200多家服装厂代工，他也不卖衣服，而是由分散在全国的1200多家加盟店来销售。

这就是美特斯·邦威在服装界著名的“虚拟经营”模式，美特斯·邦威正是依靠虚拟经营为企业扩张节省下了资金，将其大量投在经营管理、服装设计、品牌提升等业务上。1996年，当周成建带着美特斯·邦威舍命狂奔时，他的温州老乡邱光和在温州勤奋小区创立森马，邱光和也借用周成建的“虚拟经营”模式，于1997年在江苏徐州开设了第一家森马专卖店。1997年，在广东做服装批发生意的郭东林注册东越服装公司，打出了“以纯”的品牌。

三家公司都把目光瞄准了学生等年轻人群，推出质优价廉的休闲服饰，为了提高市场知名度，郭东林、邱光和、周成建不约而同地想到了请品牌代言人，于是国产休闲服三巨头开启了疯狂的品牌推广，美邦1000万人元请来周杰伦，森马请来炙手可热的谢霆锋，以纯请来张柏芝和古天乐，靠着这些当红娱乐明星的人气，在国产休闲服市场高歌猛进。

2008年8月29日，拥有2200家门店的美邦服饰在深交所上市，周成建登顶内地服装业首富。三年后，邱光和也把拥有7000余家门店的森马运作上市，市值很快冲到448.9亿元。

真维斯兵败如山倒

2000年之后，受到美邦、森马等品牌的冲击，真维斯在中国内地业绩开始下滑。杨氏兄弟分析认为：中国内地最大的休闲服装消费群体是工薪阶层，他们消费了75%以上的中档服装。工薪阶层收入有限，虽然喜欢流行的服装，却无力负担流行的世界名牌，真维斯就去满足他们的需求，每年派设计师把美、日最流行的款式带回来，加入自己的设计风格，放到中国内地市场上。为了迎合中国市场，真维斯主动放下身段，战略调整为“名牌大众化”，从名牌降低到中档品牌，向三四线城市乃至县城疯狂扩张。杨勋说：如果真维斯的市场定位是去引导潮流，或者是去创造流行，可能走不了这么长的路。“光设计就要投入很多，而且风险要大很多。”这个决定为真维斯延续了增长势头，到2004年其销售突破18亿的时候，还制定了一个“三个五年计划”：第一个五年销售额达到40亿，第二个五年达到60亿，第三个五年突破100亿。

当时，无论是销售金额，还是店铺规模，真维斯在中国内地的休闲服装行业均名列第一。但随着2008年、2011年美邦、森马先后登陆资本市场，加快了市场扩张，真维斯的好日子到头了。

2012年，真维斯营业额达到49亿港元，从这一年起，其业绩开始连年下滑。真维斯官方解释：除了线下竞争激烈，网上电商也急速增长，侵蚀了实体店的市场份额，对真维斯位于三四线城市的加盟商冲击尤其严重。受此影响，2017年，真维斯加盟商关闭200家门店。

曾经的美特斯·邦威、唐狮、森马、班尼路等品牌，拥有超大的门店和市场

2017年，真维斯亏损达到4600万港币，线下门店已经缩水到巅峰时期的一半。2018年，杨氏兄弟收购真维斯内地零售业务，2020年，澳大利亚真维斯破产清算。

服装行业大洗牌

真维斯衰落的背后，高速发展的电子商务正在疯狂地侵蚀线下零售的市场空间。为了求生，服装连锁企业，一面忙着关闭线下门店，一面忙着开设网上商店，进行互联网转型。早在2009年，真维斯就开始进军电子商务渠道，在同行当中算得上佼佼者，GAP、美特斯·邦威、森马直到2011年前后才触网。2017年，真维斯还特地成立了“真维斯电贸分公司”，将网上业务独立运营，主要作用是协助实体店处理过季的尾货，实际上扮演了“去库存”的角色。今天，真维斯的重点招商地区下沉到县城乃至乡镇，而在一二线城市，已经很难看到它的身影了。

真维斯绝不是个案。伴随着堡狮龙卖身、佐丹奴业绩暴跌、Esprit败走中国内地，曾经风光无限的港资服装品牌集体没落。本土休闲巨头的日子同样不乐观，连年亏损的森马忙着关闭线下门店，美特斯·邦威则把目光投向了下沉市场，而以纯、唐狮、班尼路等早就告别了舞台中央。

如今，中国服装舞台上的主角变成了耐克、阿迪、李宁、安踏等一众体育品牌。互联网让信息变得日益透明，把国外的款式改造一下就能大卖的日子过去了，必须要拿出符合消费者口味的产品。这考验的不仅仅是生产能力，也是对流行的把握和感知能力。

参考文献：
吴比：《绝对民牌》，北京：中信出版社，2012
吴晓波：《激荡三十年》，北京：中信出版社，2017
杜博奇：《谁还记得真维斯》，新零售智库，https://mp.weixin.qq.com/s/svg6nQtsiFobdZOnvXkwnA，2018年8月26日
旭日企业有限公司历年财务报告

彩电价格大战

硝烟散去，盘点这场彩电价格大战的赢家，有人说是倪润峰，也有人说是陈伟荣，还有人认为是李东生。

回头来看，经倪润峰之手引发的这场行业大洗牌，促使家电行业成为国内市场化程度最高、竞争最充分的领域，不仅推动着民族品牌的崛起，也激发了国人的市场竞争意识。

彩电大战抵御了洋彩电的大举进犯，也透支了行业的未来，将国产彩电行业带入了微利时代。

很多年之后，李东生一定不会忘记1995年的这场商战，它事关荣辱，决定生死。李东生此时的身份是TCL集团二把手，负责电子业务。两年前，他发现大屏幕彩电在国内很受欢迎，利润率有50%上下，于是上马彩电项目，推出了“TCL王牌”系列产品。彼时，彩电正在成为中国最时髦的消费品，其受欢迎程度不亚于如今的智能手机。城市青年结婚“三大件”，彩电必不可少。拥有一台进口彩电是很多中国人的人生梦想。一台18英寸索尼彩电，售价可达数千元。而同时期，普通城镇职工的月薪不过才三四百元。

为了在利润丰厚的彩电市场分一杯羹，国产工厂纷纷入局，全国各地建立了上百家地方性电视机厂，同质化产品充斥市场，行业竞争到了白热化的程度，一场大战已在所难免。

李东生要做“敢死队长”

1995年，李东生一心想把TCL打造成为全国知名彩电品牌，“打天下”的第一步就是攻克强手云集的北京市场。反观北京市场，各大商场黄金位置被日系品牌占尽，TCL要想入驻，殊非易事。

李东生不愿无声无息地为人陪衬，面对TCL的同事他不无悲壮地说：“我们平常喜欢说要走向国际市场，而如今外国兵团已经冲到我们院里来了，国际市场就在我们家门口，此时不战，更待何时？再说，不战行吗？总不能眼睁睁地看着民族工业就这样败下阵来。”他还说：“与外国兵团较量，TCL集团公司要做产业报国的敢死队，我李东生就是敢死队长。”

李东生只有一个办法——以极低的出货价为条件，与各大商场签订“保底协议”抢占有利销售位置，并承诺每平方米柜台每月销售不低于5万元，之后公然发动“价格战”。当时北京市场29英寸彩电几乎全是日本原装进口，标价都在万元以上，李东生将29英寸TCL王牌彩电调价至4000元，并花费巨资聘请当红演员刘晓庆代言。恰逢电视剧《武则天》热播，刘晓庆身着女皇盛装，向电视机前的全国观众推荐“TCL王牌”系列彩电。

借助刘晓庆的人气，TCL知名度迅速抬升。北京消费者发现，以不到日本品牌一半的价格就可以买到一台29英寸的大屏幕彩电。这对钱包尚紧的国人来说无疑具有很强的吸引力，于是人们纷纷解囊购买，数月时间，TCL就以压倒性优势成为北京彩电市场的领头羊。坐稳了北京市场的头把交椅，李东生深感快慰，决定一鼓作气，趁机扩大优势。

当时，北京、上海、广州等大城市是重点市场，厮杀激烈。相比之下，由于疏于渠道建设，二三线城市市场却十分空白，几乎没有竞争。利用TCL火热的宣传攻势，李东生决定抢占先机，直接在这些城市建立销售分支机构，很快组建起7个大区，32家分公司，180个经营部，一个密密麻麻的全国性销售网络初具雏形，它的触角甚至可以延伸到县级城市。

倪润峰：“不降价不行”

李东生发动TCL“降价战”之际，四川绵阳，长虹老总倪润峰也在密谋“价格洗牌”。长虹前身是成立于1958年的军工企业长虹机器厂，1985年倪润峰被任命为厂长。上任第一年，倪润峰就斥资2900万元从松下引入一条彩电生产线，让长虹赶上“政策末班车”，进入彩电生产领域。1989年，长虹产品全线积压，倪润峰宣布让利销售，20万台彩电一夜告罄。此举损害了同行利益，有人将其告到上级，以扰乱物价之名要求严惩。政府却网开一面，出台政策允许彩电调价，长虹开价格战先河，由此奠定了国产彩电行业老大哥的地位。

此时，技术先进、名头更响的洋彩电正疯狂涌入国门，令本土彩电企业的前景黯然失色。

1995年，国内市场流通的洋彩电达到500万台规模，其中有90%左右是走私进来。政府有意松动门槛，宣布从1996年4月1日起将彩电进口关税从35.9%降至23%。松下公司欢欣雀跃，声称“不惜30亿美元也要占据中国彩电市场的绝对份额”，“打败一个企业，挤占一个行业”。

回观本土制造，包括TCL、长虹、康佳在内的国产家电都出现不同程度的积压，而长虹的情势更为严峻。在1995年，长虹库存一度高达100万台，总值超过20亿元，甚至“每个月建仓库都来不及堆放”。

危急关头，倪润峰动起“降价”的主意。他抓住“民族工业告急”做文章，将长虹的使命重新厘定，“以产业报国，民族昌盛为己任”，广告词也顺应大势，从“天上彩虹，人间长虹”改为“长虹以民族昌盛为己任，献给你——长虹红太阳”，高喊“用我们的品牌筑起我们新的长城”。

等到声势起来，倪润峰将筹谋已久的计划和盘托出。在一次公司会议上，他说："急症必须用急药来治，只有一个办法，就是用自己的价格优势去拼掉对方的品牌优势。"倪润峰推敲一番，划定一条"决战线"——要拼掉进口彩电的品牌优势，起码应该便宜30%。

相比动辄上万的进口彩电，一台长虹29英寸彩电的价格大概为8000元，25英寸大约5000元。如此定价，可有25%左右的毛利，如果降价30%，不仅无利可图，还会赔钱。难道要"赔本赚吆喝"？倪润峰陷入深思，考虑来考虑去，算过来算过去，得出的结论只有一个："不降价不行！"

长虹引爆"价格大战"

1996年3月26日一早，一条新闻赫然登上全国各大报纸的经济版面：长虹降价促销。倪润峰宣布，长虹旗下全线彩电在全国统一让利，最大幅度30%。为了吸引眼球，倪润峰披着一条红绸带，站在成都商城的柜台前大声叫卖，当起销售员。摆在柜台前的长虹产品宣传册上写道："凡是国外产品有的功能，我们都有；凡是国外产品具备的品种，我们都具备；凡是国外产品提供的服务，我们都提供；但是，在同等功能和同等质量下，我们的价格比国外产品低30%。"

倪润峰的用意非常明显，即抢在4月1日进口彩电关税下调之前，最大限度地抢占市场。长虹让利幅度令人怦然心动。一台29英寸的"红太阳"彩电，先是降价1000元，后来又多次下调，最终优惠1800元，不过6000元出头，相比上万元的日本彩电，无疑具有强大的价格

倪润峰在销售卖场给消费者推介长虹彩电

优势。与此同时，倪润峰抛出“民族工业”口号，很快引来一帮媒体为其摇旗呐喊。

20世纪90年代，国内最热门的《中国青年报》派记者去长虹采访，推出一系列大篇幅的重点报道。记者显然深受倪润峰的爱国热情鼓舞，不自觉地站到了民族工业的角度，写出《（东芝）火箭炮能否打下（长虹）红太阳？》这样的文章，将长虹彩电与进口彩电的交锋描绘得煞有介事。

长虹面临的局势并不轻松。当时的行业背景是，“洋巨头”通过合资渠道大举进入。1996年，索尼在上海合资建厂，控股生产索尼牌彩电，年产能100万台；飞利浦与苏州孔雀合资生产飞利浦牌彩电，年产量为100万台；韩国三星在天津建厂，计划在3年内生产300万台三星彩电。粗算下来，合资生产的彩电居然达到1000万台，而同期市场需求才800万台。照此趋势，合资品牌一统江湖指日可待。200多家本土彩电企业，几乎没有一家有足够实力抗衡。这时，国产彩电老大哥长虹站了出来，打出“民族牌”，彻底点燃了彩电价格大战。

TCL、康佳各显其能

1996年4月1日，长虹调价一周，李东生火速召集6名分公司经理到总部开会，商讨应对策略。一番权衡，李东生决定跟随长虹降价，全线下调TCL彩电定价。“价格战”再次升温。

郑州市场是交锋的主战场。长虹与当地百货龙头郑百文“强强联合”：长虹给郑百文最大幅度的优惠，一台1000元的长虹彩电，郑百文可以卖到900元，销售形势一派大好。郑百文帮助长虹打下半壁江山，同时也建立了自身在彩电经销领域的优势，凭借强大的渠道话语权享有低价进货、延期付款等便利，令其他上游生产商苦不堪言，熊猫、北京等老牌家电企业就样被其拖垮。郑百文希望TCL效仿长虹，将代理权交给它，遭到李东生的拒绝。

为应对长虹与郑百文的攻势，李东生命令TCL郑州分公司果断降价，并在当地媒体铺天盖地地投放广告。TCL的跟随策略渐渐生效，各分公司捷报频传，销售额大幅攀升，市场占有率水涨船高。相比之下，位列本土彩电第二把交椅的康佳决策迟缓，直到6月才行动起来。康佳在体量上仅次于长虹，具备一较高下的实力。但高层对是否降价犹疑不定，乃至延误战机。康佳总裁陈伟荣打电话征求下属意见，总裁办主任沈健回答，“市场的规律不是人力可以改变的”。陈伟荣犹豫了两个月，发现不降价不行，就挑了一个吉利日子——6月6日，宣布调价。

在价格公布之前，沈健秘密制定了一套行动方案，主要有三个方面：其一，降价幅度要压过长虹，一款彩电，长虹降18%，康佳就下调20%；其二，显像管保修期5年，比多数商家延长2年；其三，策划一个“康佳宣言”的形象广告，声称“永不拒绝挑战”，“谁升起谁就是太阳”。沈健将方案拿给陈伟荣过目，陈伟荣看后一言不发，在一侧写了四个字：绝对绝密。6月5日，陈伟荣将下属各分公司经理召回总部。白天佯装开会，探讨营销事务，晚上10点将计划和盘托出。这时，早已备妥的广告胶片被寄往各地媒体。6月6日，康佳全线降价！

至此，三大本土彩电制造商全部加入“价格战”，外资、合资品牌被迫应战。战火一直延续到年底。国产品牌完成收复之役，取得71.1%的市场份额，“洋巨头”一统市场的格局被打破。经过这场价格浩劫，实力薄弱的中小彩电厂纷纷倒闭，长虹、康佳和TCL三方鼎立。长虹所占份额达35%，销售收入188亿元，康佳销售额为72亿，TCL为30多亿。

国产彩电进入微利时代

硝烟散去，盘点这场彩电价格大战的赢家，有人说是倪润峰，他奠定了长虹国产彩电的霸主地位；也有人说是陈伟荣，在他任上，康佳从1997年开始一连三年稳坐彩电业头把交椅；还有人认为是李东生，他将TCL从偏居华南的地方小厂一举提升为全国老三。

回头来看，经倪润峰之手引发的这场行业大洗牌，促使家电行业成为国内市场化程度最高、竞争最充分的领域，不仅推动着民族品牌的崛起，也激发了国人的市场竞争意识。彩电大战抵御了洋彩电的大举进犯，也透支了行业的未来，将国产彩电行业带入了微利时代。

靠降价打市场的长虹，由于价格战蚕食了公司利润，难以升级技术、更新产品，粗放扩张的弊端在1997年显现——销售收入突然下降至164亿元，市场占有率从35%降为30%。当时，长虹生产了大量黑壳电视，但市场口味慢慢转移，导致大量积压。看到这点，李东生将TCL彩电更换为银色外壳。其中有一款产品，从1997年卖到2000年，在市场上出尽风头。

反观长虹，从1997年开始业绩下滑，直接影响了其所在的绵阳市的经济竞争力，城市GDP排名连年下跌。2000年5月，绵阳市政府突然宣布倪润峰不再担任长虹集团总经理职务。外界愕然。长虹换将，业绩却不见期望中的好转。一年后，倪润峰二度出山，仍未能扭亏为盈。2004年，倪润峰转任四川省政府顾问，带着巨大的遗憾离开了家电行业的舞台。

参考文献：
吴晓波：《大败局》，浙江：浙江大学出版社，2019
杜博奇：《渠道江湖》，浙江：浙江人民出版社，2011

VCD行业的悲歌

到2000年左右，VCD行业已经寿终正寝，靠着中国制造的成本优势，新科、金正、步步高成为DVD行业的国产三巨头。与跨国巨头的对垒中，不掌握核心技术，成为它们的致命伤。

比拼价格的恶果是，利润空间不断压缩，丧失了技术升级和产品迭代的内驱力。在此后快速更新的技术浪潮中，这些国产厂商如同流星一样划过天际，消失在历史的尘埃中。

在竞争激烈的电子消费品市场，中国人起步虽晚，却一向不是沉默的旁观者。如今，华为、小米等国产品牌在全球智能手机市场后来居上，谱写了“中国制造”的辉煌序曲。

早在30年前，中国人就发明了世界上第一台VCD播放机，引发国外厂商的跟进模仿。中国人亲手开创了VCD行业，辉煌时期国内的VCD企业高达1000多家，一年卖掉1000万台VCD播放机。然而，疯狂的广告战，惨烈的价格战，耗干了所有玩家的利润，也把行业推向深渊。

中国人发明第一台 VCD 播放机

1992年4月，美国拉斯维加斯举行的国际广播电视技术展览会上，一个2平方米的展台前，C—CUBE公司的技术人员正在展示他们最新研发出的音像解压缩（MPEG）技术。这项技术可以把音频和图像两种介质同时压缩到一张光盘上。这在当时本无新意，几乎所有的参展公司都把它看成一种压缩技术的变形而已，但是却引起了一个名叫姜万勐的中国人的深思。

姜万勐是安徽现代电视技术研究所工程师，一看到这项技术就被迷住了，一连三天都跑到C—CUBE公司的展台观看。这三天来，他越看越兴奋，头脑中萌生一个疯狂的想法：为什么不可以采用音像解压缩技术把视频压缩到一张光盘上，制成音像视听产品，供老百姓在家中使用？此时，进口录像机、影碟机大量涌入我国，通过与电视连接，在家看电影成为可能。

姜万勐认为，可以借助音像解压缩技术开发一种更加方便易用的影音播放设备。他找到C—CUBE公司的董事长孙燕生洽谈。两人一拍即合，决定联手把这项技术推向商用。

回国以后，姜万勐马不停蹄地开展市场调研，很快就拿到了一组市场数据：中国内地市场上每年录像机的销售量是170余万台，LD影碟机100万台，CD激光唱机160余万台。

当时，一台LD影碟机售价6000元左右，一张LD光盘也要四五百，不是普通工薪阶层所能承受。

经过测算，一张VCD光盘价格仅为LD光盘的10%。VCD光盘成本的大幅降低将拉动VCD播放机销量。

姜万勐预计，VCD播放机每年在国内市场的销售量将会达到200万台左右。他在可行性报告上激动地写道："这是本世纪末消费类电子领域里，中国可能领先的唯一机会"。

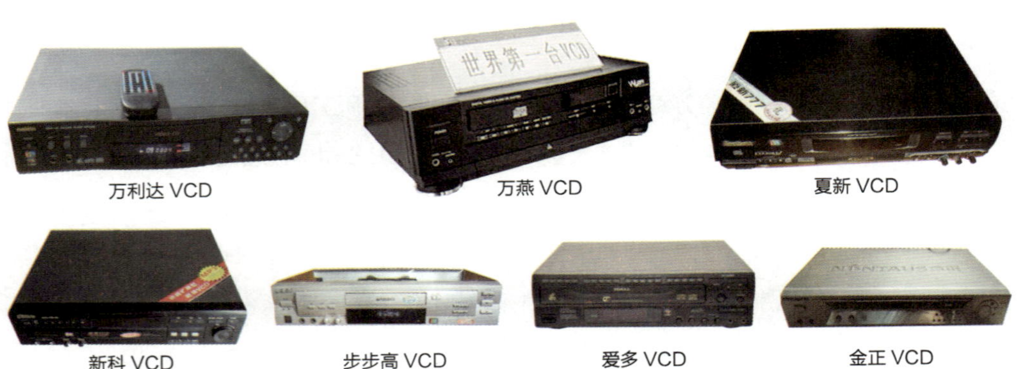

万利达 VCD　万燕 VCD　夏新 VCD
新科 VCD　步步高 VCD　爱多 VCD　金正 VCD

1993年3月18日，姜万勐与孙燕生共同投资1700万美元创办安徽省万燕电子系统有限公司。“万燕”二字就取自二人的名字。公司成立后，仅用半年时间就研发出世界上第一台VCD机。

10月份，第一批VCD机上市，一共1000台，每台零售价4000元，很快被抢购一空。事实上，这批产品大多数被国内外家电厂商买回去解剖研究，万燕的核心技术很快就被破解了。为了尽快占领空白市场，万燕一面投入重金在各大媒体上铺天盖地做广告，疯狂推广VCD这种新事物，一面向音像出版社购买影视作品的版权生产VCD碟片，解决片源问题。

1994年，万燕生产了几万台VCD机，最后卖出2万台，市占率100%。由于前期研发投入过高，每台VCD成本高达360美元（约合人民币3100元），再加上巨额广告费，一台售价4000元，仍无利可图。此时，其他厂商正在摩肩接踵地涌入这个市场，而万燕公司却在市场启动的前夜花光了所有钱。

爱多 VCD 横空出世

万燕以一己之力开创了中国VCD市场，摘桃子的却是深谙市场秘诀的广东人。1995年，VCD组装厂如雨后春笋般出现在珠三角，这其中就有一家名叫爱多的公司。26岁的广东青年胡志标和朋友陈天南投资80万，联合创办中山市爱多电器，胡志标担任总经理。他们没有把有限的资金用于前期的产品开发，而是利用进口散件迅速生产出VCD整机。胡志标认为“要站在别人的肩膀上再开发”，同时“借助品牌效应快速铺市场”。

1995年11月，胡志标在《羊城晚报》刊登广告，仅“爱多”二字，连登一个月，激起广州市民的好奇心。一个月后，胡志标揭开谜底，广告变成“爱多VCD”——爱多VCD横空出世。

这则据称是国内最早的悬念广告收效显著，很快便有华南地区的经销商找上门来，爱多取得开门红。但是，胡志标不满足于华南地区。他萌生了一个“把红旗插遍全中国”的疯狂计划。

1996年夏，胡志标耗资450万邀请成龙拍摄广告，一句“爱多VCD，好功夫”很快流行全国。

10月，胡志标100万买下央视体育新闻前5秒时段，投放“真心实意，爱多VCD”广告。

11月，爱多又拍下央视天气预报后5秒黄金时段的广告，投拍价高达8200万。

1995年至2004年的央视标王

年份	公司（产品）	所在行业	总部所在地	年份	公司（产品）	所在行业	总部所在地
1995	孔府酒	白酒	山东	2000	步步高 VCD	家电	广东
1996	秦池酒	白酒	山东	2001	娃哈哈	饮料	浙江
1997	秦池酒	白酒	山东	2002	娃哈哈	饮料	浙江
1998	爱多 VCD	家电	广东	2003	熊猫手机	手机	江苏
1999	步步高 VCD	家电	广东	2004	蒙牛乳业	乳制品	内蒙古

1997年8月，爱多VCD以2.1亿元的报价成为新一届的央视广告“标王”。爱多VCD创下了27亿元的产值，创造了中国家电行业发展史上的一个奇迹。

伴随着铺天盖地的广告，爱多声名鹊起。胡志标趁机打出1997元低价，把国产VCD市场价拉低到2000元以下。白热化的竞争中，行业先驱万燕被挤出了它一手开创的市场。

就在胡志标带领爱多高歌猛进之际，段永平创办的步步高公司从无绳电话行业转型，杀入VCD市场。段永平高举高打，1996年年底斥资8000万争夺央视新闻联播后5秒广告，被秦池击败。第二年，段永平卷土重来，在争夺央视标王的赛场上，与胡志标狭路相逢。

1997年8月，爱多击败步步高，夺得央视标王，出价2.1亿元，胡志标口出狂言：“太便宜了！”

此时的爱多，已成为国内最大的VCD机生产商，年销售额16亿元。爱多的身后，是一个爆炸式增长的市场：国内VCD机销售量从1995年的60万台飞速增长到1997年的1000万台。

当 DVD 取代 VCD

1997年，东芝公司推出专门为中国市场开发的VCD机，飞利浦研制出1000元左右的VCD机，韩国三星、大宇等公司也以多功能、低价格的VCD机大举进攻中国市场，与国产机一争高低。在跨国公司的冲击下，成百上千的国产小厂破产倒闭，最终剩下新科、爱多、万利达、步步高等大厂。

1997年，爱多超过万利达成为行业第二，与市场占有率37%的新科还有一半差距。1998年，爱多一举超过新科成为行业第一，但也为此付出了1.5亿的沉重代价。此时，面对跨国公司的长驱直入，国产VCD机厂商所占市场份额已不足40%，全面转入防守态势。

对国产VCD机市场态势颇有研究的天利公司总经理程振国一语道破天机："虽然中国用4年时间成为世界上最大的VCD生产国，但是中国还不是一个VCD的生产强国。拥有强大资本和雄厚技术的国际大公司，一夜之间会毁掉中国企业小投入小开发所积累的资本。"

当中国VCD机厂商陷入价格战泥潭，忙于争夺市场而没有积累充足的资金进行技术升级的时候。松下、索尼、东芝等日本公司却在更为先进的DVD领域不断突破，将中国厂商远远甩到身后。1998年，日韩厂商在中国市场推出DVD机，售价迅速从3000元杀入1000元以内。据信息产业部披露，1999年VCD行业减收50亿元。DVD取代VCD已成定局。根据赛诺市场研究公司的调查，2001年7月份，VCD市场占有率下降至15%以下，DVD达到61.6%。连续多年高昂的广告开支，令爱多公司的财务捉襟见肘。胡志标急于开拓新的利润来源，向电视、音响、电话等五大领域扩张，投入统统打了水漂，还危及VCD主业，最后到了裁员境地。

2000年，爱多资金链断裂，商标被拍卖，胡志标因挪用资金罪、虚假注册资本罪，最终获刑8年。

此时，VCD行业已经寿终正寝，靠着中国制造的成本优势，新科、金正、步步高成为DVD行业的国产三巨头。与跨国巨头的对垒中，不掌握核心技术，成为它们的致命伤。

比拼价格的恶果是，利润空间不断压缩，丧失了技术升级和产品迭代的内驱力。在此后快速更新的技术浪潮中，这些国产厂商如同流星一样划过天际，消失在历史的尘埃中。

参考文献：
吴晓波：《大败局》，浙江：浙江大学出版社，2019
杜博奇：《渠道江湖》，浙江：浙江人民出版社，2011
张忠：《万燕伤心往事——与万燕公司姜万勐一席谈》，中国经营网，http://www.cb.com.cn/laoban/2018_0124/1221563.html，2018年1月24日

中国人的造车梦

1987年，在纪念解放卡车诞生30周年大会上，中国汽车的奠基人饶斌激动地讲起了轿车：“我老了，不能和大家一起投身新的创业。但是我愿意躺在地上，化作一座桥，让大家踩着我的身躯走过，齐心合力把中国轿车造出来，实现我们几代汽车人的轿车梦！”

新中国成立后，中国汽车工业发展数十年，长期处于一种“缺重少轻，轿车几乎空白”的畸形结构。

1958年第一辆国产“东风”牌轿车在一汽下线，到1984年停产，25年间一共只生产了1500辆。量产的“上海”牌轿车，仿造1953年款奔驰，一年不过生产3000辆，不及国外汽车大厂一天产量，而且是仿造1953年款奔驰，模仿了30多年，直到停产也没达到原车水平。几代中国汽车人为此脸上无光，没有人不想设计出一款可以拿出手的轿车，长长国人志气。

1987年，在纪念解放卡车诞生30周年大会上，中国汽车的奠基人饶斌激动地讲起了轿车：“我老了，不能和大家一起投身新的创业。但是我愿意躺在地上，化作一座桥，让大家踩着我的身躯走过，齐心合力把中国轿车造出来，实现我们几代汽车人的轿车梦！”当时台下鸦雀无声，老人的眼里闪烁着晶莹的泪花，感动了在场所有人。这个场景被许多记者记录下来，成为轿车梦的一个真实缩影，激励着一代代汽车人前赴后继。

“请给我一次失败的机会”

1996年，33岁的台州人李书福在临海买了800亩荒地，准备建造汽车厂房。李书福是一位连续创业者，他开过照相馆，造过冰箱，生产过摩托车。中国第一辆踏板摩托就是他的吉利公司生产出来的。1994年，吉利一年能卖出50多万辆摩托车，在摩托车热潮的催生下，全国涌现几十家摩托车公司，市场出现了无序竞争，李书福决定转型生产汽车。

当时，我们国家开始鼓励个人购买汽车，且规定“任何地方和部门不得用行政和经济手段干预个人购买和使用正当来源的汽车”。私人购车已经成为一股抵挡不住的潮流。

1994年，李书福买了两台奔驰拆开研究，加上红旗的发动机、底盘等，打造出了“吉利一号”。“吉利一号”很快就引起了轩然大波。没几天，李书福就接到通知。“车的出生有问题，马上停止生产。”当时国家的产业政策明确规定，要生产汽车必须得到国家的许可，许多国企都拿不到汽车生产权，吉利这家私营企业更不可能了，因此“吉利一号”根本就没有在市场上露面。

1997年，李书福带队去上海大众下属的零部件企业上海汇众谈合作，希望对方为吉利提供零部件。

上海汇众总工程师问他：“你们是搞什么的？”

李书福回答：“生产汽车。”

“生产什么汽车？”

“生产轿车。”

“生产什么轿车？”

“中低档的小轿车。”

几分钟后，上海汇众总工程师借故离开，李书福以为他去洗手间了，结果一个小时后也没见到人影。后来，那位总工程师说：“李书福这个人有毛病，就他，还生产小轿车？”

1998 年 8 月 8 日，吉利自主研发的第一台轿车——“吉利 · 豪情”在临海正式下线

当时汽车行业很多人看待李书福“不是傻子，就是疯子”。李书福并不理会这些嘲笑，依旧我行我素。1998年，第一辆“吉利 · 豪情”汽车在浙江临海的吉利工厂中走下生产线。这年冬天，时任国家计委主任曾培炎在浙江台州调研，特地到吉利公司视察。

李书福当面请命：“请允许民营企业大胆尝试，允许民营企业家做轿车梦。”讲到激动处，李书福来了句：“如果失败的话，请给我一次失败的机会！”

2001年11月9日，原国家经贸委增发了一批汽车新车生产许可证，搭载着吉利自主研发发动机的“吉利JL6360”榜上有名，这意味着吉利成为中国首家获得轿车生产资质的民营企业。吉利马上制定了一个“三个五”计划——五升油，五万块钱一辆，然后是五个人坐。当时在国内，五万元钱的车几乎没有。最便宜的是夏利、奥拓，但也要十万元上下。李书福派人买了一些夏利汽车来模仿，参考夏利的技术、平台和零部件体系，进行一些创新和设计。

当时，国际上主流汽车公司的平均利润率不到10%。比如在欧洲市场，每辆福特汽车的平均盈利只有120元。而国内粗放发展的市场给汽车行业带来了高达30%的利润空间。每辆上海桑塔纳的盈利达到2.6万元，是福特平均盈利的4倍之多。1999年，上海通用投产第一年就获得6亿元利润，由于盈利太快，以至于合资双方都“来不及讨论利润如何分配”。

为了打破这种局面，李书福决定做一条“鲶鱼”，生产中国老百姓买得起的轿车。李书福决定要把轿车的价格压到5万以下，他说：“家用小汽车就是三五万块钱。”这马上就迎来同行的嘲笑：“三五万块钱的汽车不能开，是要送命的，只有不要命的人才敢开这样的车。”

吉利首款轿车“豪情”一面世，就以5.8万元超低价格在市场上掀起了一场血雨腥风。2001年12月22日，吉利汽车经销商会议，正式邀请经销商200家，实际到会的竟然高达450家。

“我们生产汽车，把中国汽车价格降了一大截，为用户带来了实惠！”李书福后来这么说，“当年的夏利每辆13万元，桑塔纳每辆20多万元，还要排队购车。”吉利汽车打破中国汽车行业虚高的价格统一战线，引发一系列高台跳水般的降价，与此同时，国家取消轿车指导价的决定催生了新一波造车热潮。仿佛一夜之间，市场上冒出了一大批本土汽车品牌，诸如中华、奇瑞、悦达等，它们初生牛犊不怕虎，不按常理出牌，用连环降价的战术扩大市场，把高高在上的主流汽车厂商拉入了价格战的厮杀中。

这其中，吉利是最敏捷的领头羊，一款新车和夏利配置同样的发动机，整车售价只有夏利的一半。就是用这样的策略，吉利在短短两年的时间中把汽车售价下降了50%，销量则提升了一倍。2001年，吉利小轿车产销规模不足3万辆，到2002年订货规模就突破了6万辆。2005年，吉利在香港上市。第二年，吉利年销量突破20万辆，跃升轿车行业第7名。

比亚迪“曲线造车”

1995年，当李书福决定投身汽车行业时，北京有色金属研究院研究员王传福辞职下海。王传福到深圳创办比亚迪公司，带着借来的250万元资金与20多名员工开始生产可充电电池。当时的电池产业属于大投入的资金密集型行业，一条电池生产线动辄数千万元。更为严峻的是，最关键的电芯生产技术掌握在西方企业手中，国内电池生产商不过是加工厂，通过进口电芯包装销售的方式参与市场竞争，在全球产业链的分工中处于极端不利的地位。

创业之初资金有限的王传福只得另辟蹊径，从破解电池生产的核心技术入手，开发出一套半自动化半人工的生产线，将昂贵的机器化生产线拆解成若干由人力即可完成的工序。得益于这种“小米加步枪”的开创性发展模式，比亚迪从镍镉电池、镍氢电池、锂电池横向扩张，从松下、三洋等日本厂商口中抢来一块又一块蛋糕。2000年，比亚迪发展成为世界上最大的手机电池生产商，开始为摩托罗拉、诺基亚、索爱、三星等公司设计生产手机及配件。

2002年，比亚迪成为三大可充电电池（锂、镍、镍镉电池）全球四大制造商之一。这一年，比亚迪在香港上市，王传福开始寻找新的业务增长点，汽车进入了他的视野。

2003年，王传福斥资2.54亿港元，击败李书福的吉利汽车和仰融控制的华晨汽车等竞争对手，闪电收购了西安秦川汽车有限责任公司77%的股权，把比亚迪推入汽车制造领域。

由此，比亚迪成为吉利汽车之后，国内第二个杀入汽车市场的民营公司。此时的中国汽车市场正在蓬勃增长。2004年中国内地汽车保有量增长到100万辆，其中80万辆是轿车。王传福说："这么一块每年增长60%以上的肥肉，谁不想吃？"起步之初，王传福命人买了几十辆汽车来研究："凌志、丰田……哪个车好就买哪个来拆，一辆车30万卖给你，你要把它拆出来消化了，摸透了，那它的价值就是3000万了。"

为了控制成本，获得定价优势，比亚迪把半自动化半人工的电池生产方式沿用到造车领域。王传福说："不赞成汽车搞什么全自动生产线，中国有人力资源的优势嘛，电池我们每天做几百万块，但汽车一天才生产几十辆、一百辆，搞什么全自动化，神经病啊？"2005年4月16日，比亚迪推出首款汽车F3，这是逆向研发丰田卡罗拉而来，定价只有5万元。王传福直言不讳地说："现在，我们的思路就是追求性价比，生产针对中国消费群体特征的产品。比如在日本，就不会有人因为便宜几千、上万块钱去尝试一个从来没有听说过的品牌。但是在中国我们的消费者看中性价比，这就是比亚迪的机会和生存空间。”靠着价格优势，F3很快就成为中国最畅销的轿车之一，销量一度超过大众捷达和丰田卡罗拉。到2008年，比亚迪全年一共卖出了20万辆汽车，年销售收入超过了80亿元。踌躇满志的王传福放出豪言：“2015年，比亚迪汽车销量全国第一，2025年全球第一！”

2008年9月，比亚迪首次超越奇瑞，成为自主品牌月度销量冠军。就在这个月，沃伦·巴菲特旗下附属公司中美能源控股公司，以每股8港元认购比亚迪2.25亿股股份，持股10%。一年后，王传福以350亿人民币的身价，登顶“2009年胡润百富榜”，成为中国首富。

吉利并购沃尔沃

2009年4月，福特向中国企业发出了出售沃尔沃的情况说明，吉利、奇瑞等多家公司有意竞购。此时的吉利，年利润仅有5亿元。低价策略发展遇到瓶颈，为了摆脱低端形象，打开高端市场的天花板，李书福决定竞购沃尔沃。他赌上身家性命，借来数十亿，放手一搏。

早在2002年，李书福刚刚拿到小轿车“准生证”，就看中了瑞典豪华汽车品牌沃尔沃。沃尔沃分成两个企业，一个企业是生产大卡车、大巴车，叫沃尔沃AV，是商用车；另外一个叫沃尔沃轿车。沃尔沃轿车以安全闻名于世。1996年，福特公司以64.5亿美元将其收入囊中，投入重金研发出了V70、S90、XC90等一系列高端车型，受到了市场热捧。

然而由于经营不善，福特汽车陷入了亏损的泥潭。2006年，福特亏损127亿美元，相当于每卖一辆车就亏损近2000美元。2008年全年亏损进一步扩大到146亿美元。

与此同时，沃尔沃轿车公司的销售收入也开始严重下滑，随着2008年全球金融危机的蔓延，沃尔沃轿车出现了15亿美元的巨额亏损，其销量相比2007年降幅达20%以上。为了快速回笼现金，2008年福特将捷豹路虎卖给印度塔塔集团后，又决定卖掉沃尔沃。

2010年8月，吉利最终从众多求购者中脱颖而出，以18亿美元收购沃尔沃轿车公司。吉利这次收购的是沃尔沃桥车公司的100%权益，也就是包含品牌、专利技术、团队、厂房、供应链关系在内的整个体系，是“一个完整的汽车公司”，而不仅仅是一个商标。

李书福为收购沃尔沃总结了三层意义：第一，为中国汽车走向世界打通了一个通道；第二，对提升一个民族的品牌，让中国汽车立足于世界舞台，具有重大的战略意义；第三，有利于中国的消费者。

收购完成之后，沃尔沃轿车公司仍然保持独立运营，除了继续扎根瑞典本土市场，还将在吉利的运作下开拓中国这个“第二故乡”，来解决瑞典单一市场规模较小的短板。

2014年11月20日，李克强总理在浙江考察吉利控股集团时说：“吉利汽车不仅是让国人骄傲的民族品牌，更了不起的是，你们走向了世界，还收购了全球知名汽车公司。吉利汽车的发展史，就是中国经济不断升级的缩影。希望你们用吉利精神带动更多的中国装备‘走出去’。”

参考文献：
郑作时：《汽车疯子李书福》，北京：中信出版社，2007
比亚迪股份有限公司2006、2007、2008年年报
Kevin Krolicki, Niklas Pollard：《吉利拯救沃尔沃》，《路透社》特别报道，https://www.reuter s.com/article/idCNCHINA-2732520100728，2010年7月28日
《王传福，我们克服了民企造车的弊病》，《21世纪商业评论》，2005年第10期
张伯顺，《八年梦想今日成真——李书福要造平民汽车》，《汽车与配件》，2002年2月

制霸计算机行业

从中科院计算所一间小平房起家的联想，靠着代理外国产品杀入计算机行业，接着转型为一家自主品牌计算机生产商，通过收购IBM个人计算机业务，从行业第九跃升为全球第三。经过了收购的阵痛，开始牢牢把控计算机行业的“头把交椅”。

“人类失去联想，世界将会怎样？”这则经典广告语，折射出了中国企业开拓全球的进取精神。

联想用它蜿蜒曲折的发展历程，再一次照亮了“中国制造”后来者居上的崛起之路。

2020年，联想集团PC出货量7266.9万台，力压惠普、戴尔、苹果、宏碁，连续三年位居全球第一名。

在世界计算机工业的舞台上，联想几乎是凭借一己之力，为中国拿到了宝贵的话语权。从中科院计算所一间小平房起家的联想，靠着代理外国产品杀入计算机行业，接着转型为一家自主品牌计算机生产商，以低价策略赢得一席之地，然后通过收购IBM个人计算机业务，从行业第九跃升为全球第三。经过了收购的阵痛，开始牢牢把控计算机行业的“头把交椅”。

“人类失去联想，世界将会怎样？”这则经典广告语，折射出了中国企业开拓全球的进取精神。

联想用它蜿蜒曲折的发展历程，再一次照亮了“中国制造”后来者居上的崛起之路。

联想迎击跨国计算机厂商

1992年，IBM公司推出了ThinkPad，这是世界上第一款笔记本电脑，引发业界轰动。

大洋彼岸的中国，中关村出现了中国台湾计算机品牌宏碁的身影。它们把分公司设在中国香港，而在内地寻找代理商，意欲从这个快速增长的市场分一杯羹。宏碁明目张胆地喊道：“到中国大陆来争一争”。

此时，联想已经从进口电脑代理商，转型为自主品牌电脑生产商，急需扩大市场。对于竞争对手的声音，柳传志开始并没当回事，直到春季订货会召开，才意识到问题的严重性。

联想代表进入会场大厅时，马上发现情形不妙，中国台湾地区的宏碁、华硕，美国的IBM、惠普占据大半个会场，家家都在降价促销，本土品牌还未开张，便已失去先机。柳传志原计划将一款拳头产品降价5000，手下在电话中急迫地向他汇报，“人家的报价比我们低2000元”。柳传志最终没有下定决心再降价，联想从订货会上惨淡收场，随后得到的消息更加剧了柳传志的担忧——行业利润下降将近三成，本土规模最大的微机厂商长城电脑公司在销售额增长的前提下，利润巨幅下滑53%。美国和中国台湾的厂商挑起的价格战愈演愈烈，微机市场均价正以每周数千元的速度急速下降，联想的年轻人忍不住喊道：“再不行动，市场要被台湾人抢光了。”

在动员会上，柳传志摆出一个严峻的问题：“如果这一关过不去，我们必死无疑。”

听了这番话，销售经理群情激昂，人人摩拳擦掌，准备打一场硬仗，把丢失的阵地夺回来。他们研究出一套奖惩方案：销售员每卖出一台机器就有一笔提成，业绩优秀者公款旅游、出国进修；销售经理完成“及格指标”可得2倍奖金，“良好指标”得4倍，“优秀指标”得5倍；完不成任务“就要拿风险抵押金来赔”——倒贴2倍的福利基金和奖励基金。

柳传志并不打算就此止步，下令大规模招聘新员工，将优秀的年轻人提拔到管理岗位，不到30岁的郭为掌管了联想企业规划部，比郭为小一岁的杨元庆成为计算机辅助设备部的总经理。

微机只是联想业务版图的重要一块，联想打算与美国和中国台湾的品牌一较高下，甚至不惜“把利润降到最低点”，离不开其他部门的利润支撑。这给了杨元庆证明自己的机会。他管理的部门主要业务是代理惠普公司的绘图仪，而联想不过是惠普全球分销网络中的一点。正是从惠普的分销制度中得到启发，杨元庆将这一模式引入联想，开始建立自己的销售网络。他拿着与惠普签订的协议，照葫芦画瓢制定了联想的分销协议，将惠普绘图仪转手交给下层的代理商。

1992年，杨元庆把部门销售额提高了一倍，第二年又翻一倍，轻松突破2亿大关。

柳传志分拆联想

1994年，联想在香港证券交易所上市，4年后生产了自有品牌的第100万台个人计算机。

1999年，联想迎来大丰收：全年销售额达到203亿元，软件业务实现150%的高速增长，联想电脑出货量130万台，高居亚洲同行业之首，联想股价一飞冲天，一度达到70港元，市值接近千亿港元。柳传志意气风发地提出：“冲击世界500强，打造百年联想。”

伴随着业务的快速扩张，从计算机发展而来的联想，逐渐变成一家业务庞杂的巨头。2000年，柳传志将联想整体业务一分为二，六大事业部组合成两个独立的子公司：其中信息产品（如传真机、打印机）、信息服务（ISP、ICP等）和网络接入设备（PC、掌上电脑、服务器）纳入新成立的“联想电脑公司”；而在“联想科技发展公司”的基础上，组建“联想神州数码有限公司”，负责电子商务为中心的网络产品，以及为客户提供全面的系统集成和解决方案。

这次结构重组的出发点，首先是基于柳传志对未来产业形势的判断。世纪之交，面对互联网技术的迅猛发展，联想积极开展相关业务，但如果把所有业务都放在联想这个品牌下经营，则可能导致品牌形象模糊化，柳传志认识到，“联想应该用不同的品牌去做不同的业务”。把电子商务、解决方案等软件业务拆分出去，一者可以使得联想品牌更加聚焦，巩固联想在PC、笔记本、服务器等硬件市场的品牌优势；二者，通过建立一个新品牌“神州数码”，独立展开新兴业务，不会被联想已有的名声束缚住手脚，同时也不会丢联想品牌造成妨碍。

柳传志从联想的年轻一辈中选中了两个可塑之才——杨元庆和郭为。杨元庆执掌“联想电脑”，郭为率领“神州数码”。“神州数码”约有3000名员工，占有联想集团30%的销售额和20%的利润；“联想电脑”有7000多人，承担着联想集团70%的销售额和80%的利润。柳传志有句名言：“在赛马中相马。”现在他给郭为、杨元庆各分半壁江山，就是要对两人进一步观察。柳传志认为，5年后他如果还坐在总裁职位上，“就证明联想发展得不好”。

联想并购 IBM 个人计算机事业部

以柳传志为首的管理者敏锐地抓住了中国电脑市场的机遇，将这家成立于中科院计算所平房中的公司发展为首屈一指的本土电脑品牌。从1997年开始，联想连续7年位居中国电脑市场第一位，到2003年市场占有率增长至27%。以中国内地为大本营，联想把自身的优势辐射到整个亚太地区，2003年以30亿美元年销售额，12.6%市场占有率，成为亚洲最大的个人计算机制造商。

2003年，联想启用英文名称“Lenovo”作为全球品牌，并争取成为国际奥委会全球合作伙伴，试图以这样的营销方式塑造国际化的品牌形象，进一步开垦广阔的全球市场。要迈向国际市场，联想有两个选项：一是通过并购一家国际性公司，二是靠自身实力逐渐打进国际市场。

对于迫切渴望国际化的联想来说，IBM出售个人计算机事业部的消息，来得正逢其时。个人计算机业务曾经是IBM的骄傲，但是只占其总销售额的10%，而且利润非常有限。随着市场环境的改变，2001年爆出高达3.97亿美元的亏损，2002年和2003年分别亏损了1.71亿美元和2.58亿美元。因此，IBM希望以合适的价钱剥离连续亏损的个人计算机业务。

2004年12月8日，联想集团宣布以6.5亿美元现金、价值6亿美元的18.9%股权和5亿元债务，将IBM个人计算机事业部收入囊中。获得了IBM全球计算机业务和部门，日本和美国的研发中心，个人计算机专利技术，及ThinkPad、ThinkCentre两大品牌，并享有IBM商标五年的使用权。

这笔收购完成之后，联想一举跃升为全球第三大电脑制造商，仅次于戴尔和惠普。在全球PC市场上，戴尔一直坐头把交椅。据IDC（国际数据公司）2003年的统计数据，戴尔占据16.7%左右的市场份额，年销量超过2500万台；惠普紧跟戴尔，占据16.2%的市场份额。排在第三位的IBM只占据5.8%的市场份额，联想更低，为2.3%。收购IBM个人计算机业务部后，联想从全球排名第九一跃升为全球第三，其PC年销量也从400万台左右上升到1200万台左右，年销售额达到120亿美元。实力的大跃进，为联想挑战戴尔和惠普提供了可能。

2005年，联想集团的总部迁往纽约，主要运营中心设在北京和美国北卡罗来纳州的罗利。与此同时，杨元庆接替柳传志出任联想集团董事长，IBM高级副总裁兼总经理史蒂芬·沃德先生出任CEO（首席执行官）。这也意味着，柳传志将退居幕后，从而放手让以杨元庆为核心的新团队来操盘。

联想在中国市场上拥有完善的市场销售体系，IBM在国际市场上享有极高的PC销售网络；联想有台式电脑设计能力，IBM在笔记本电脑上拥有出色成绩。杨元庆说："如此完美的匹配堪称经典，让我们对新联想能够实现的协同效果，能够建立起更强的竞争充满信心。"

到2012年，联想集团已在160多个国家和地区拥有业务，在64个关键国家和地区设有分支机构，在全球拥有11个制造基地，且在中国、日本、美国设有研发中心，年营业额近300亿美元。

2013年，联想击败惠普，夺得全球PC市场的第一位，并将优势保持到了2016年。

参考文献：
凌志军：《联想风云》，北京：中信出版社，2005
《联想宣布收购IBM全部pc业务发布实录》，新浪科技http://tech.sina.com.cn/it/2004-12-08/1423472629.shtml，2004年12月8日
《杨元庆：请戴尔公司不要忽视联想》，新浪科技，https://tech.sina.com.cn/other/2004-12-10/1614474438.shtml，2004年12月10日

新国货启示录

执笔 / 徐军

当一个国家的人均GDP超过1万美金的时候，这个国家新的中产阶层会成为国家消费的主力，而这部分消费主力的本土文化意识会大规模地崛起。

中国在2019年已经超过美国，成为世界第一消费品大国。而在中国发生得最为剧烈的，是互联网带来的颠覆和可能性。中国移动互联网中社交网络的发展，使得营销从大众传播形态，回到了私域流量或半公域流量的传播形态。

面对消费，当老一代人因陌生而开始回忆，而新一代人却在体验中尽享新奇时，零售业便已换了天地。

2016年，一家名为“皇茶”的饮品门店更名为“喜茶”，此后，颇为吊诡的现象发生了。凡喜茶门店坐落之处，都是长长的等待队伍，且其中几乎是年轻人。这一个性相比以往更加张扬的群体，间或吐槽着排队时长，却又心甘情愿耗上几十分钟乃至个把小时，只为手捧那个饮着一杯茶的黑线条小人，然后莫名喜悦地在微信朋友圈里“昭告天下”。那时他们或许不会关心，一年前登陆上交所的中国第一家上市奶茶“香飘飘”正进入负增长，“一年10亿杯，连起可以绕地球三圈”的广告词倏忽间成为历史。

仿佛一夜之间，此类现象在数码、日化等品牌中层出不穷：办公格子间，商务人士手拿华为手机即时通信；综合商场里，格力空调成了人们购买白色家电的首选；城市大街上，随处可见身着“中国李宁”卫衣的背影……显然，无论以何种方式解释这一现象，结论只有一个——新国货的风潮已经来了。只是在同一场域和空间里，新零售所翻涌出的国货浪潮来得有些无声无息，令人措手不及。

事实上，席卷的浪潮来自长久的酝酿。一直以来，中国以“制造大国”的身份进军世界，却只被贴上“代工厂”的标签，为许多世界知名品牌提供代工服务。此间，中国制造牺牲被国外大牌贴上商标后十几倍甚至几十倍的增值空间，换取仅几个百分点的蝇头微利。而随着综合国力的提升，久居产业链下游的大国制造，正逐渐挣脱困扰多时的“代工”藩篱，向着产业链上游的“设计”“品牌”伸出攀登之臂，努力登上着眼多年的“制造强国”高地。随之而来的，是华为、格力、小米、大疆无人机等民族品牌走出国门，傲立世界。

与此同时，改革开放四十多年里，中国走过了西方用几百年完成的现代化历程，生长在这片东方大地上的人民，早已在社会的繁荣发展中跨越短缺经济时代。不断增强的购买力，让国人在消费中提升自信心。相比以往在数量上的“少而求有”，如今的消费者更关注于质量上的“多而择优”。而如今“Z世代”消费群体的崛起，更是为中国市场注入新的消费观念与消费文化。他们有别于以往年代的人：有着自己的价值判断，不会人云亦云；有着自己的体验追求，不会局限于商品功能。在他们眼中，或许没有洋货和国货的严格区分，只有自己喜欢与否。于是颇具穿越感的汉服再现巷间，许多中国传统文化也开始回归与复兴。新国货兴起的背后，俨然已是一种文化自信。

除此之外，随着移动互联网、5G新基建等技术的崛起与发展，消费者主权高调发声，新时代的零售业逻辑因此彻底改变，B2C、B2B、C2C、O2O等商业模型之间不断出现组合与交融，传统零售场景中人、货、场也发生颠覆和重构。淘宝、京东缩短了层层分销的线下渠道，直播电商又推动平台卖货转向为网红卖货，消费者则从信任平台转变为忠于网红。卖货逻辑由此愈趋人格化。

在这样一个不断被颠覆的商业生态下，新的国货品牌也许正迈进最好的时代，它们得以另辟蹊径，并极大概率通过弯道超车迅速出圈，一跃成为消费顶流。相应的，过去三十多年中诞生并成熟的业界老牌，很可能禁锢于自己筑造的商业围城，面临被边缘化的危险。而原本高高在上的国际大牌，在此番万象更新之中，则很容易陷入举棋不定、水土不服的状态。不愿出局的旧渠道，审时度势地与新渠道进行融合；不甘淘汰的老品牌，毅然决然地跟新品牌同台竞技；不肯收手的洋品牌，严阵以待迎接新国货的挑战。在激烈的逐鹿与角力中，新的商战不可避免。

渠道为王

新零售异军突起，新渠道迅速发力，直击传统百货与垄断平台。电光火石间，一切原本看似坚固的东西都烟消云散了。

被干掉的传统百货

没有任何一种商业模式和竞争力可以永恒，拥抱变化，方可长存。

2019年3月25日，沃尔玛关闭了在中国青岛的第二家门店——台东店。此前，沃尔玛在青岛共拥有两家店面，另一家是从2010年11月开始营业的城阳店，不过开业仅三年，便于2014年关门停业。而放弃仅剩的这家于2003年开始营业，占地面积18000平方米的台东店，意味着沃尔玛正式退出青岛市场。

此间，上海、南京、内蒙古和黑龙江等地也接连出现沃尔玛闭店现象。从2016年至2020年，沃尔玛共在中国关闭了80家门店。

沃尔玛的闭店只是线下零售百货命运的缩影。近几年，家乐福中国被苏宁易购拿下，麦德龙被布局新零售门店的物美收购。风靡一个时代的传统百货零售转眼一片凋零。

在传统百货渠道衰落的同时，零售业出现了另一种新渠道——线上购物。对比线下百货，线上零售的发展则如火如荼，短短几年已成一片红海。中商产业研究院的数据显示：2014年，“双十一”全网销售额805亿，并一路高歌猛进，即使在受疫情影响的2020年，仍然达到5249亿。

值得一提的是，面对逐渐衰落的局势，原本的线下零售巨头并非坐以待毙。沃尔玛在关闭实体店的同时，转而开始布局包括云仓在内的全渠道业务，计划将这些云仓以门店的形式入驻京东到家，从而减

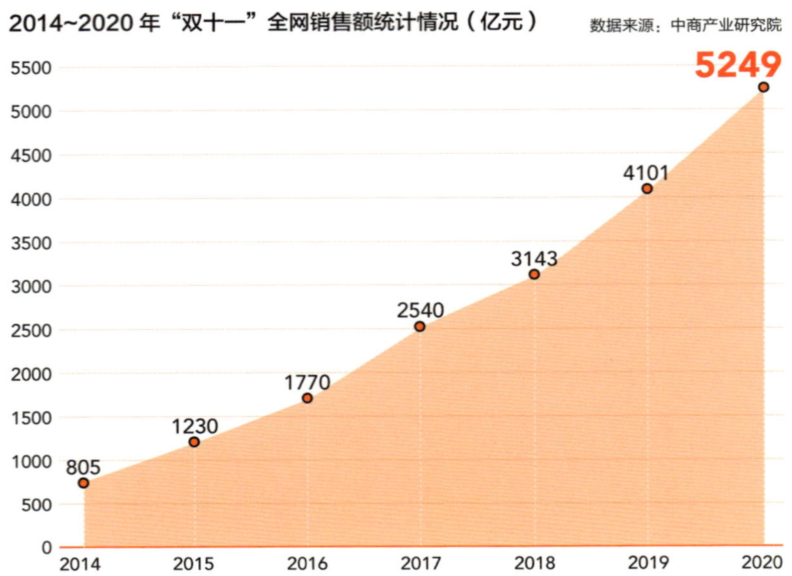

2014~2020 年“双十一”全网销售额统计情况（亿元） 数据来源：中商产业研究院

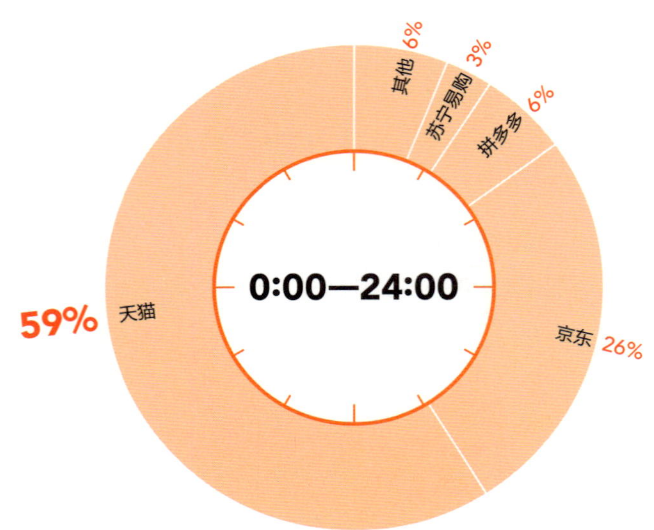

2020年“双十一”全国销售额各平台占比情况（0:00–24:00） 数据来源：中商情报网

少线下门店数量。布局线上云仓是沃尔玛因线下零售业绩下滑而寻求自保的方式，也是其开始从传统零售至新零售这一战略转型的关键。显然，相对于单方面的消亡或是并购，线上与线下渠道相融合成为另一个新趋势，互联网公司向线下延伸，线下渠道谋求上网，两者从竞争走向合作。

此外，新渠道的出现还催化了品牌的更迭。淘品牌兴起，播品牌后来居上，更替之下，国潮品牌如雨后春笋破土而出。随后，直播电商又作为一种新的形态入主“双十一”，李佳琦、薇娅、罗永浩、辛巴等开启电商卖货的新纪元。从店商到电商的巨大变革，归根到底是零售渠道不断突破场域局限，以适应不断变化的消费需求。不论是主动创新，还是被迫改变，当未卜的前途不足以让传统百货做出抉择时，永恒不变的商业丛林法则，成了催使它们白夜前行的悬顶之剑。

连锁逻辑改变，传统零售倒闭

多年之前有一个传言：曾为手机行业一霸的诺基亚在公布同意被微软收购时，其时任CEO留下最后一句话——“我们并没有做错什么，但不知为什么我们输了”。虽不知真假，但在传统零售业的连锁逻辑发生改变时，对于和手机零售联系颇为紧密的大型电子卖场来说，这句话却一语成谶，令人心生感慨。

位于广东省深圳市福田区的华强北电子市场，在2008年时就被冠以“中国电子第一街”之名，并一度成为亚洲最大的电子集散地。鼎盛时期的华强北“一铺难求”。当时，每逢周末下午时分，许多数码爱好者都会前来这里“猎奇”。

但在2015年，华强北就已经出现危机。有数据显示，当年部分商城的最低出租率降低了30%。此后，空铺潮连续不止。

在很长一段时间里，粗略扫视华强北里几家知名手机品牌店，看到的景象令人惊讶：有的门店，只有一两名顾客在选购手机，有的则空空如也；门店的销售人员，有的无聊地刷着手机，有的则在“侃大山”。“以前好的时候一天能够卖六七台……”店内的一位销售正在和一名熟客聊天，“现在很多时候也是要靠‘天猫’出货”。这位销售无意中道出了门店面临的生存危机。此外，很多数码展示店内的灯光格外昏暗。萧条之景，与曾经华强北大街的熙攘形成了鲜明的对比。[①]与此同时，让数码从业者无以言内心滋味的是，转租出去的数码产品店面陆续成了美妆铺子的安家之地。

回想起当年闻名全国的华强北，不免令人唏嘘。华强北起源于20世纪80年代，其前身是粤北兵工厂，并以“中华强大”的寓意更名。1984年邓小平首次视察深圳，还专程来到华强北。华强北成立后的第一年，国家航空工业部下属的中航技公司与电子工业部下属的中电公司纷纷入驻，中国的电子信息产业的辉煌篇章也就此掀开。后来为众人所熟知的腾讯，最早便是以OICQ之名出现在华强北赛格广场的五楼。一幢幢大楼，承载了华强北此后的荣耀辉煌与有口皆碑。然而世事变幻，当入驻华强北电子城的化妆品小店陆续点亮营业的灯光，这片曾经最火热的电子产品掘金地，也不得不接受一点点消逝的命运。

“南有华强北，北有中关村”。如同腾讯诞生于华强北，曾被称为“中国硅谷”的中关村也曾是联想、爱国者等互联网创业者造梦的

① 《中关村和华强北死了，他们干的？》，熊出墨请注意，https://zhuanlan.zhihu.com/p/28534330，2017年8月15日

起点。不过，同为大型电子卖场，北京中关村电子城所遭遇的命运也无二致。

2011年，太平洋广场关闭，2015年中关村E世界、百脑汇相继关停，2016年一直处于中关村IT卖场领头羊的海龙电子城“转型升级”，停止营业。到了2020年，中关村仅剩的电子卖场——鼎好大厦电子商城也倒闭关门。至此，中关村时代正式宣告结束。

实际上，中关村的没落并非无迹可寻。经历了20世纪八九十年代的辉煌后，进入新世纪的中关村开始走下坡路。随着越来越多的商户涌入城中，电子产品渐渐失去了“高端”的光环，加之线下手机专卖店以及苏宁、国美、大中等卖场逐步扩大3C经营规模，产品的价格也愈加透明。与此同时，电子卖场同质化竞争也愈演愈烈。同一款电子产品，在中关村可以找到上百家商户。中关村IT渠道龙头海龙集团的董事长鲁瑞清曾在其2017年出版的著作《解读中关村一号：IT卖场的秘密》中写道：“在低价格、薄毛利的情况下，商户要维持生存、运营和发展，没有别的出路，只能拼数量。”①

为了“拼数量”的中关村商户开始强行拉客，非法导购、价格欺诈、售卖翻新机……曾经的高科技孵化园就此沦为骗子的聚集地、宰客的代名词。面对维护口碑和追求效益之间的背驰，卖场管理者无能为力。如果说当时的电子卖场正因内部紊乱而开始衰落，那么电商的出现，则无疑是一把天外飞剑，给之以正中一击，加速其衰亡。而颇具讽刺意味的是，手握电商剑柄者中，还有曾经从中关村走出去的人。

1998年6月18日，一个平凡的周四，刘强东带着工作两年积攒下

① 鲁瑞清：《解读中关村一号：IT卖场的秘密》，北京：经济日报出版社，2007

来的12000元，在中关村海开市场租下4平方米的摊位，用一台二手电脑和一辆二手三轮车张罗起“京东多媒体”的生意。

到2003年的时候，京东还不是如今为人熟知的电商平台，而是一家主要贩卖CD光盘盒刻录机的公司。不过，突如其来的“非典”疫情触发了改变渠道逻辑的按钮。因为“非典”疫情对线下门店产生了巨大冲击，当时京东多媒体的12家线下门店积压了大量库存。陡增的线下门店经营压力，迫使刘强东开始思考新的出路，并看到线上交易的契机。于是，包括刘强东在内的所有员工，开始在网络上发帖子推销光盘。

创业早期累积的口碑，让京东赢取了线上用户的信任。在当时的CDbest论坛上，有版主评价京东称：“京东多媒体是他认识的唯一一家不卖假货的公司。”正品保证让京东在线上收获了第一批电商客户，由此迈出了线上零售的第一步。2004年，刘强东力排众议，关闭了占净利润90%的线下业务，全心全意投入京东电商。

多年以后，刘强东在牛津大学赛德商学院公开表示，是“非典”成就了京东。事实上，相比线下卖场，电商没有昂贵的租金成本，也没有中间商层层克扣，有着明显的价格优势。而且，电商平台可以快速比价，价格透明，售后服务也优于电子卖场。①

随后的几年里，包含京东在内的淘宝、天猫等电商巨头便手持渠道之刃，从中关村切分走了不少蛋糕。曾经风光无限，甩出天价租金仍让商户们趋之若鹜的电子城，在渠道逻辑改变后，沦落至租金一降再降后仍然门可罗雀的境地。其后，为了寻求更好的发展，京东、百度、美团、滴滴、新浪和腾讯陆续搬离了中关村。

① 李程程：《马云、刘强东等在非典后变得更强大了，企业如何借鉴历史渡过难关》，钛媒体，https://www.tmtpost.com/4242729.html，2020年2月4日

品牌老化，与潮流审美脱节、无差异化的竞争，以及自我定位的偏差——仅仅作为交易场所存在，或许早在十几年前，传统百货的颓势就已显现[1]。反观电商平台，迎合当下年轻人的消费潮流，重视平台特质的打造：淘宝立起了“万能”人设；京东专注电器等中高端市场，并发展了强有力的物流基础；拼多多则瞄准下沉用户创新网购新玩法。每一个平台都有差异化竞争的优势，又有低价、便捷等特点，电商席卷传统百货，也就在情理之中了。

回首过去，对于传统百货而言，**不是市场不行，而是玩法不对。**面向未来，中国消费市场仍有庞大的发展空间，中国零售市场仍将保持双位数的增长。而正视时代的需求确是希冀破局的传统百货必须要做的。它们期许走出当前困境，便要及时掌握市场变化的趋势，因势利导重塑商业场景。正如著名的“液态社会”理论中提到的，**未来的场，是数字化的场，是有内容的场。这意味着，万物互联将成为现实，生生不息的流量将成为零售百货切实可依的制胜法宝。**

值得留意的是，未来5年内，中国的商品交易市场有1/3将被淘汰，有1/3将转型为批零兼有的体验式购物中心，还有1/3将成功实现线上与线下对接。这并不意味着传统的业态必将覆灭，而是新渠道正从未来向现在发出警示：当今之时，即是“变革”之日。

电商布局线下，开启降维打击

电商打败传统百货之后，以破竹之势向线下延伸，开启了零售业的改朝换代。

① 阮煜琳、周音：《专家：传统百货商店陷关门潮原因复杂电商只是替罪羊》，中国新闻网，https://www.chinanews.com/cj/2017/08—03/8295333.shtml，2017年8月3日。

2020年10月19日，经历数月连跌的传统百货高鑫零售的股价，一开盘就狂涨30%。究其原因，是因为阿里巴巴增持高鑫零售股份至72%，成为其控股股东。高鑫零售是目前中国零售界规模最大的零售公司，旗下的欧尚、大润发两大品牌在全国29个省市自治区都开设有大量的大型超市和大卖场。其年营收额超1000亿元，市场份额连续多年保持国内零售行业第一。控股高鑫，意味着大润发、欧尚两大零售品牌并入阿里体系，其遍布全国29个省市自治区的仓储、物流等一流的供应链渠道也全部接入阿里的商业帝国。

其实，这并不是阿里巴巴第一次购买高鑫的股份，早在三年前，阿里巴巴就已经向高鑫零售投资224亿港币。而控股高鑫零售，只是阿里巴巴布局线下实体零售的一步棋。[①]近几年来，中国电商巨头加速线下布局。阿里作为中国电商行业领头羊，在线下的战略布局最早、版图最完善，已经投资或收购的线下零售企业包括银泰商业、苏宁、三江购物、百联股份、联华超市和新华都等。

胜者凯旋背后，势必可见败者的黯然。大润发被收购之后，创始人黄明端带着高管，离开了曾经让他无比自豪的零售行业。在他执掌大润发19年的时间里，他从未想到打败自己的不是沃尔玛、家乐福这样的行业巨头，而是与实体零售业几乎无关的阿里巴巴。

“战胜了所有对手，却输给了时代”，黄明端留下的这句话诠释了大润发落败的原因。

如今，抓住时代脉搏的阿里巴巴，将三年前入股高鑫零售的设想全部变为现实，大润发、欧尚超市484家门店已经实现了全面在线化，并且与饿了么、淘鲜达、天猫超市深度合作，解决了配送和仓储

① 《阿里巴巴宣布224亿拿下大润发，六大问题读懂背后布局！》，大象IPO，搜狐网，https://www.sohu.com/ a/205995487_355066，2017年11月22日

新零售布局从吃喝玩乐到衣食住行　　图片来源：《2018 年中国新零售市场分析报告》

问题，让所有门店得以实现5公里范围配送，1小时内送达。

在历经巨大变革的零售行业里，胜负之事早已见多不怪。然而，不论鹿死谁手，零售商业的本质从来没有离开过“人、货、场”。其中，货就是指供应链和仓库，线下零售企业拥有数量庞大、分布范围广的实体门店和物流体系，线上线下的融合可以共享物流体系。“场”则是门店，线下零售在物理空间的门店占据着周边人群的活动时间和空间，实时触及日常生活的购买需求，且体验性更佳，可拓宽线上零售企业的流量渠道。

在零售格局变化中，电商巨头布局线下实则有三个核心诉求：**补充品类短板、突破流量瓶颈和优化线下库存。**

对于阿里巴巴而言，中国的电商渗透率已达14%，流量和用户增长面临瓶颈，双线融合的趋势开始显现。**因此不难理解阿里布局线下的目的有两点：一是通过线下的流量入口捕获更广大的用户群；二是通过线下数据，对消费者的行为进行更精准的刻画。**于是入股大润发、三江购物后，阿里巴巴运用在快消品供应链上的优势，试图按照当年打造菜鸟的方式构建一个可以协同的供应链。

显然，时代之脉并非握于一人之手。在阿里巴巴投资高鑫的同期时间里，刘强东于2017年的4月，在其头条号上宣布“百万京东便利店计划正式出炉”，未来五年京东将在全国开设超过100万家京东便利店，其中一半在农村。这是京东继家电专卖店、母婴体验店后推出的第三个线下合作项目。与此同时，在京东的牵线下，腾讯也于当年12月，斥巨资入股永辉超市。此后，永辉超市进入“高端超市+生鲜餐饮+O2O”的混合业态。

新零售两大体系

阿里系 / **协同模式**

★ 透过数据洞察消费者需求
★ 线上线下深度融合
★ 新业态 + 新物种布局

八种新业态

标准电商：**天猫、淘宝**

快消商超：**盒马鲜生、大润发**

家电数码：**苏宁**

服饰百货：**银泰百货**

家居家装：**居然之家**

本地生活：**口碑、饿了么**

城市乡村：**双通路、农村淘宝**

社区小店：**零售通**

京腾系 / **自营模式**

★ 赋能新零售，服务传统零售
★ 场景驱动，链接海量用户
★ 社交流量 + 技术服务

七种自营模式

京东金融

线下创新业态

京东电商平台

京东物流

线上场景融合

社交电商：微信支付

服饰百货商超

相比于阿里巴巴的“协同模式”，曾在快消品上一直自信领先的京东，则正在以“自营模式”和品牌商打通库存共享，试图构建出一个让商品以最快效率触达消费者的直达通道。两种不同的模式，都是为了登上同一个零售高地。如此一来，当它们“协同”与“自营”都如期登顶，可以预料的将是一场恶斗。又或者，阿里巴巴与京东之间的全面竞争，其实早已开始。

线上线下融合：苏宁艰难转型的背后

在线上电商对线下实体店进行降维打击的时候，布局多年电子商务的线下零售巨头苏宁选择了主动出击。

20世纪90年代，苏宁已经开始了电子商务研究，并在2005年组建B2C部门，试水电子商务。其间，为适应转型互联网企业品牌需要，苏宁电器网上商城全新改版升级为苏宁易购。2010年2月1日“苏宁易购”正式对外发布上线，拉开了苏宁的互联网品牌时代大幕。此后，苏宁实现了从线下到线上成功转型的蜕变，在众多线下零售企业中脱颖而出，一度跻身国内电商行业前三之列。

在电商领域取得的成就并没有让苏宁放弃对线下业务发展的思考。从启动转型的第一天开始，苏宁一直致力于把线上的互联网技术应用到线下实体，推动两者融合。2015年，苏宁将所有线下门店更名为“苏宁易购”，完成了品牌的统一。如果说线下门店的统一只是改头换面，那商业模式的调整可谓剥皮削骨。当时，苏宁以“沃尔玛+亚马逊”的模式实践线上线下互融，而此前这条路尚未得到过证明，包括他们自己。但苏宁董事长张近东认为，沃尔玛没能实现是掣肘于庞大的线下实体，所以无法在短期内转变，而亚马逊未能如愿则是因为没有线下资源的优势。相较此二者，苏宁“不大不小”，且兼具零售基础和互联网基因，所以能够背水一战。①

“阿里巴巴和苏宁的一小步，中国零售行业的一大步”。2015年8月10日下午，阿里巴巴公关部员工在自己的微信朋友圈写下这句话。当时，双方以互相投资入股的方式达成了战略合作。

在发布会现场，对苏宁牵手阿里的原因，张近东这样描述：“阿里巴巴和我们，一个从线上到线下，一个从线下走向线上，双方都到了十字路口，要么彼此冲撞，此消彼长，要么彼此融通，相得益彰。”阿里则认为：“电子商务活得也很累。互联网经济必须把虚和实结合在一起。”

两个巨头的联姻，颇有改变当时中国零售格局的意味。苏宁与阿里巴巴战略合作，被视为“互联网+”战略以及线上与线下商业全面融合的标志性事件，也仿佛预示着线上线下联合发展的必要性。

战略合作协议签署后，双方将携手整合优势资源，利用大数据、物联网、移动应用、金融支付等先进手段打造起O2O移动应用产品，创新了O2O运营模式。截至2015年5月，苏宁物流拥有452万平方米仓储面积，4个航空枢纽、12个自动化分拣中心、660个城市配送中心、10000个快递点。双方合作后的物流网络几乎覆盖全国2800个区县。此外，在互联网转型过程中，苏宁还开启了多元化的并购之路。在多年的转型扩张之下，苏宁的业务板块逐渐增多，囊括了零售、地产、物流、金融、科技、文创、体育、投资等八大产业，而这些投入，给

① 徐军，何丹：《从+互联网到互联网+》，浙江：浙江大学出版社，2016年

了苏宁巨大的资金压力。

2021年2月底，苏宁易购宣布引入国有战略投资，深圳国际和鲲鹏资本投资148亿，共计持股23%。时下的中国企业界正流传着一句丘吉尔名言——“不要浪费一次危机”。对于曾经的零售界标杆苏宁而言，当下的“危机”正是再次变革的时机。

“内外部多种因素交织的2021年，注定会成为苏宁发展过程中意义特殊的一年，也必将是苏宁近十年发展的转折之年。”张近东会有如此心声，或许正因苏宁要在2021年把握“聚焦”和“创效”两大发展主基调，实现从商业模式向盈利模式的转变、从零售商向零售服务商的升级。[①]

① 倪雨晴、朱艺艺：《刚刚！深圳国资拟148亿接盘苏宁易购！公司将处于无实控人状态，张近东的下一步怎么走？》，21世纪经济报道，新浪财经，https://baijiahao.baidu.com/s?id=1692951277352207752&wfr=spider&for=pc，2021年2月28日

实际上，截至2020年12月31日，苏宁各类自营店面总数2649家，苏宁易购零售云加盟店7137家。其中，自营门店的种类包括苏宁易购广场、家电3C家居生活专业店、苏宁易购直营店、家乐福超市、苏宁红孩子母婴店、中国香港地区门店。相比自营店面的调整，2020

苏宁螺旋式发展

年苏宁易购零售云加盟店拓展迅速，全年新开门店3201家，在三、四级市场树立了渠道领先优势。

当线上成本开始高企，盈利愈发艰难，巨头反过来投资线下企业时，苏宁一方面需要持续投入线上，另一方面又要倚仗线下的营收扩张以维持平衡，其间艰难，可想而知。回顾苏宁30年的发展历程，不难发现，**国内零售业发展经历了从最初的线下主导，到线上主导，再到如今的线上线下融合的发展道路。**苏宁由线下出发结合线上又回归线下，构建了一个典型的具有曲折性、周期性的螺旋式发展趋势。

生猛“新零售”

“未来的十年、二十年将没有电子商务，只有新零售。”在2016年阿里云栖大会上，马云首次提出“新零售”的概念。随之而来的是，零售行业涌现出新物种，呈现出新业态。在马云看来，所谓新零售，即企业以互联网为依托，通过运用大数据、人工智能等先进技术手段，对商品的生产、流通与销售过程进行升级改造，进而重塑业态结构与生态圈，并对线上服务、线下体验，以及现代物流进行深度融合的新零售模式。

无独有偶，第二年刘强东便提出另一个名为**“无界零售”**的概念。不同于马云的观点，刘强东将之视为第四次零售革命的实质，其终极目标是在“知人、知货、知场”的基础上，重构零售的成本、效率、体验。在他看来，京东的角色将会是“CEO”——共创（Co-create）、赋能（Empower）、开放（Open），同合作伙伴一起，推

新零售框架

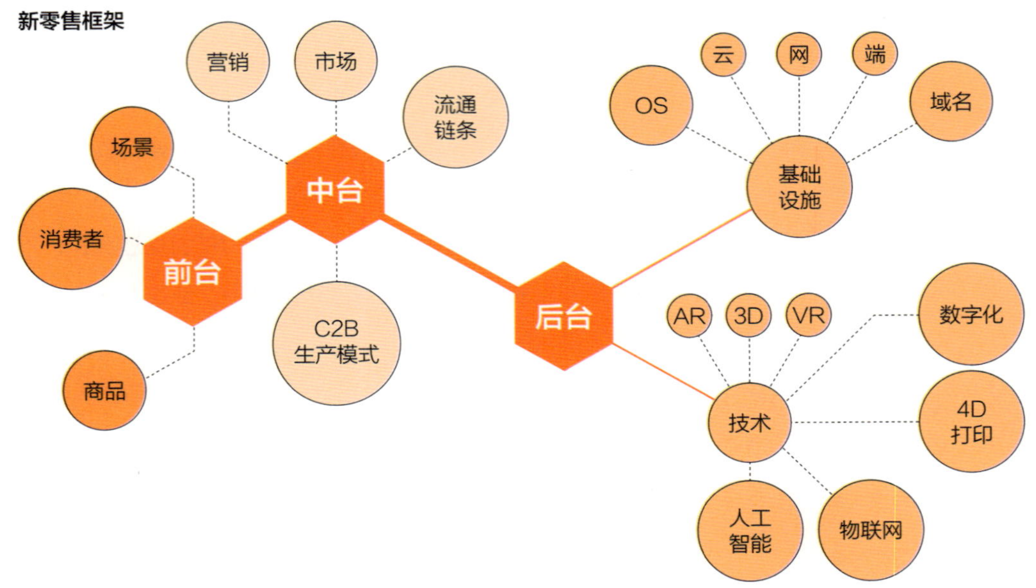

动新商业文明时代的到来。

大咖之间的“和而不同”，似乎也意味着，零售的游戏规则不再是“竞争趋同”，而是“竞争求异”，每个参与者最关心的是建构好自己那块“独特”的积木，从而在零售生态中获取无法取代的地位。这样，不同的积木以不同的方式组装在一起，构成未来共生、互生、再生的零售生态。为此，他们纷纷向着各自认定的零售新方向生猛进军。

盒马鲜生是阿里新零售战略的第一个落地项目。盒马鲜生由原京东物流负责人侯毅在2016年创立，开始时仅仅是一家开在上海的生鲜超市。在得到阿里的全情介入后，侯毅开发了超市配送体系，打出“传统商超+外卖+盒马APP”的组合牌，提出5公里（目前盒马的配送范围为门店周围3公里）范围内半小时送达的零售新概念。此后，盒马单店的覆盖半径和售卖效率提升了好几个档次。[①]

① 《全面揭秘盒马鲜生：阿里巴巴的新零售样本是如何诞生的》，新壹流，虎嗅https://www.huxiu.com/article/207761.html，2017年7月31日

随着盒马模式的快速迭代升级，盒马鲜生的扩张也在加快。按照计划，盒马鲜生将会采取“自营+合资”两条路线的扩张模式，未来在中国30多个城市开店。而到2019年底，盒马鲜生已连下全国20余城，坐拥170余家门店。

值得注意的是，除了有较快的扩张速度外，盒马鲜生在每一个城市都取得突出的业绩。在中国，商场在计算经营效益的指标时，是以“坪效”来代表每坪的面积可产出的营业额的，譬如手机巨头苹果的专卖店坪效是40.2万元，轻奢珠宝品牌蒂芙尼坪效是21.4万。由于不同行业有不同特征，其坪效极限也不一样，相对于电子产品和奢侈品，传统零售卖场的坪效大约为1.5万元，这已是传统零售企业经过多年优化的结果。不过，盒马鲜生打破了这一纪录，坪效是一般超市的

线上线下融合的新零售模式提升消费效率

资料来源：《2018 年中国新零售市场分析报告》

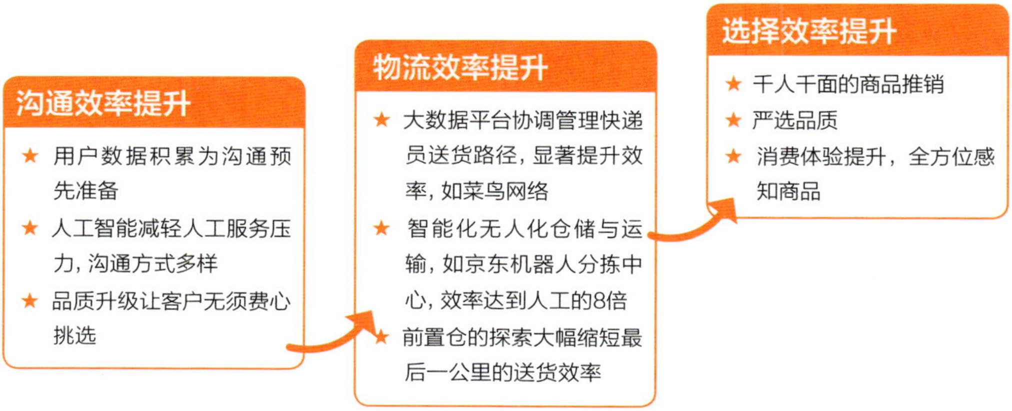

沟通效率提升

- ★ 用户数据积累为沟通预先准备
- ★ 人工智能减轻人工服务压力，沟通方式多样
- ★ 品质升级让客户无须费心挑选

物流效率提升

- ★ 大数据平台协调管理快递员送货路径，显著提升效率，如菜鸟网络
- ★ 智能化无人化仓储与运输，如京东机器人分拣中心，效率达到人工的8倍
- ★ 前置仓的探索大幅缩短最后一公里的送货效率

选择效率提升

- ★ 千人千面的商品推销
- ★ 严选品质
- ★ 消费体验提升，全方位感知商品

3—5倍。实际上，盒马鲜生的高坪效是线上线下共同发力的结果。

盒马鲜生的定位，是以大数据支撑的线上线下一体化超市。简单来讲，消费者可以在门店直接采购商品，也可以在APP上下单，盒马专业配送团队则提供最快30分钟送达的配送服务，将产品直接免费送到消费者手中。

之所以能做到30分钟送达，是因为盒马鲜生后端实现了5分钟内从下单到拣货的过程。系统接收到线上订单后，拣货员根据PDA（手持终端）显示订单，前往零售区或仓储区拣货，用PDA扫码之后放入专用捡货袋，再将打包好的捡货袋挂上传送带，通过自动传输系统把商品传送到合流区，由配送人员送货上门。

以盒马鲜生为典型实例，新零售的概念火爆了。之后，人们的关注点从线上向线下转移。遍布各大城市的名创优品是新零售的另一个典型。2020年10月15日，名创优品正式在纽交所敲钟上市，总市值60亿美元以上。昔日的“十元店”，脱胎换骨成了新零售行业中一个的商业帝国，不禁让人想一窥究竟。名创优品全球联合创始人兼首席执行官叶国富曾说：“名创优品没有秘密，但是名创优品把最本质的东西做到了三个极致，**极致的产品设计、极高的性价比、极好的购物体验**。”①

在设计源头，名创优品打造了全球设计平台，全世界的设计师都可以上传自己的设计并将其变现。

在供应商管理环节，叶国富早年创立主营小饰品的“哎呀呀”时就积累了一定的供应商人脉。他本人是个“供应商控”，善于经

① 冯珊珊：《一文读懂新零售丨案例Ⅱ：“名创优品”的三个极致》，首席财务官，搜狐网，https://www.sohu.com/a/201876906_161258，2017年11月2日

营供应关系，能设身处地从对方角度出发以谋求合作，同时还亲自考核供应商的能力和品质，实现与供应商的共生共赢。名创优品的供应商阵营实属国际一流，香水的供应商长期为迪奥、香奈儿供应原材料，化妆品的供应商则是全球第一化妆品贴牌制造巨头——为全球化妆品前30强中的26家提供过产品研发和生产服务的意大利莹特丽集团。

在产品流通环节，名创优品坚持直采，取缔了从工厂到门店的中间代理商，不仅降低成本，还利于掌握定价权，以获长远发展。品质得到保障的前提下，低于卖场价格的产品无疑为消费者带来更高的性价比。同时，大数据也被运用于助力门店获悉什么样的产品、风格和价格最能获得消费者的青睐，由此显著提升商品的售卖效率。

回看盒马鲜生、名创优品等新零售的由来，其升级的脉络无疑是清晰的。

2003年以前的传统零售1.0时代，是传统通路和现代通路的时代，那时多依靠自然流量的到店转化，或是依靠促销为主激活流量形成转化。2003年到2016年的电商2.0时代里，O2O模式强势来袭，以“多快好省”的传统电商模式为主；作为新零售元年的2017年，则开

名创优品三个极致

启了**零售3.0时代，这个时代强调用户数字化经营，提升单店坪效及单客盈利，并基于全渠道、数字化的手段，了解用户需求，通过社群变坐商为行商。**

过去未去，未来已来。在易观国际共同创始人杨彬的眼中，面向未来的新零售，其创新会有三大改变：首先，服务对象将是消费升级大生态；其次，实体企业深度拥抱电商和互联网；再次，伴随人工智能、数字技术，互联网电子商务迎来智能时代。

显然，以盒马鲜生为代表的新零售，其背后核心是大数据和新业态的融合，因而如何在从线上到线下的拓展中加强管控，已然成了所有正在转型中的企业面临的挑战。在这个不断试错和修正的过程中，**更大程度拆除“线上”区别“线下”这一思维之墙，并以更多方位获取和使用数据，才能更快一步掌握先机。**

从这个角度来说，新零售的征战才刚刚开始。

1.0

传统通路和现代通路的时代，依靠自然流量的到店转化，或是依靠促销为主激活流量形成转化

2.0

O2O模式强势来袭，以“多快好省”的传统电商模式为主

3.0

强调用户数字化经营，提升单店坪效及单客盈利，并基于全渠道、数字化的手段，了解用户需求，通过社群变坐商为行商

换赛道，从淘品牌到播品牌

电商作为新渠道打败传统百货的同时，基于电商平台发展起来的品牌也走入大众视野，茵曼、膜法世家、韩都衣舍、阿芙精油等名噪一时。淘宝还特别为这些在电商平台上发迹的品牌授予了“淘品牌”称号，时代特征颇是浓厚。

不过，时代之风来则摧枯拉朽，去亦飞沙走石，且相形无常，令人不可捉摸。2018年，阿芙精油创始人雕爷给员工发了一封邮件，其中提道：阿芙精油将并入御泥坊。时人或许不知，这封邮件是向时代发出淘品牌逐渐衰落的信号。随后几年，传统电商演变出新的模式——直播电商，由此孵化的一批“播品牌”成为资本和潮流的宠儿。淘品牌和播品牌都是时代的产物。二者渠道不同、服务的对象不同，催生的品牌也不同。从淘品牌到播品牌的变化，是人、货、场的又一次重构。

传统电商到直播电商

2020年，突如其来的疫情，给全世界按下了暂停键，社会各个行业几乎都受到了重创。只有一个行业例外，那就是直播行业。当时的直播在疫情带来的“沉寂”中，掀起一片火热，甚至学校的老师们都开始借鉴这种模式实现云上课，参与到了全民直播的队伍中。2020年，在线直播用户达到5.24亿。用户的暴增掀起了直播带货潮。2020年度，直播电商GMV（成交总额）从三年前的200亿元飙升至4300多亿元。当时的直播圈有这样一句话：“人人皆主播，万物可代购”。

显然，直播电商并不是最近才兴起，而是在疫情影响下加快了发展进程。5年前，直播电商带货悄然出现，主要形式是在洋码头或者小红书上进行海外带货。那一时期，直播电商的焦点主要集中于证明自己的货是真实的。彼时，快手短视频平台尚有一些小成绩，抖音则刚刚问世。

如今，抖音和快手已成为新兴直播平台的两大代表。快手曾在短视频平台耕耘多年，秉承着“公平”的流量态度，发展成一个用户相对多元、头部用户占流量较小的平台。相反，抖音在成立初期主动培植了一批优质内容用户，头部流量占比大。基于此，快手和抖音的直播运营模式也有很大的差别。快手直播更多元，更适合做电商，抖音则在引流方面有着较大的优势。

如果说快手是门店，那么抖音就是传单。一个不起眼的小号通过一个作品就有可能在抖音获得千万量级的曝光。**抖音的算法是“流量赛马”机制**，即首先给新视频较小的流量，当其在同类视频中胜出之后，给予的流量便增多，而那些被PK掉的视频就逐渐消失在观众视野里。换言之，视频越抓人眼球，获取的流量就更多。

实际上，排除平台优势本身，直播卖货其实是一种以信任为前提，以销售为本质，以直播形态展现的三位一体的零售模式。这种模式打破了次元销售，更为具象化，其核心关注点已不再是货物真假，也不是产品质量，人们关注更多的是销售人自己。比如李佳琦的淘宝直播电商，就是基于对他个人信任建立起来的。①

为什么李佳琦直播带货如此火爆？简单来看有三个关键原因。一是李佳琦够专业，欧莱雅专柜美容顾问出身的李佳琦对美妆产品的理解深度及讲解能力远胜其他业余美妆博主。二是单品类突破，他把口

① 晓翼：《深度解析：为什么直播电商为何颠覆传统电商？》，人人都是产品经理，http://www.woshipm.com/it/3809119.html，2020年5月6日

红经济玩出了新的花样,用一条点赞破100万的报MAC色号的视频，塑造了“口红一哥”的人设。三是极具煽动性的销售口号，“偶买噶”（我的天！）“买它！”“所有的女孩们”等等极具煽动性和感染力的销售话术，让他快速区别于其他主播，成功破圈，红遍网络。

相比起李佳琦单点突破的战略，淘宝带货一姐薇娅的直播间则囊括了所有生活中需要的东西，用“小到门把手大到火箭发射”的夸张描述也不为过。薇娅也不是一夜之间成功的。退出娱乐圈之后，她先是在北京动物园服装批发市场开了6平方米的小店，后来转而去西安发展，陆陆续续做到了10家服装店的规模。如同李佳琦在口红领域一样，薇娅在服装方面可以说同样专业。而且，除了全品类和专业性之外，薇娅还有敏锐的商业嗅觉和果敢的行动力。看到顾客在店内试完衣服继而拿出淘宝比价后，她意识到电商发展的前景，果断关闭了西安的实体店，去广州做起了电商。

拥有了一批粉丝之后，薇娅将“宠粉”原则坚持到底，打造出个人品牌。一路走来从实体到电商到主播，薇娅可以说是中国零售人的写照，或许很多做实体的人从她身上看到了新时代的出路和希望。

以李佳琦和薇娅为代表的头部主播，依靠自身专业性获得巨大流量，同时还拥有了与供应商的高议价权。在此背景下，这些头部主播可以给粉丝带来更低的价格、更大的优惠，以此吸引更多的粉丝并且增加其黏性。如此这般的头部主播带货，就形成了一个良性循环。

个体只是时代的投射，放眼电商的发展图景，不难发现，从传统电商到内容电商再到直播电商的转变，实则是一个被“逼上梁山”的过程。随着获客成本的不断增高，零售更加追求高效率和低成本，由此电商也不断进行卖货形式的升级。相比于传统电商，直播电商在获客成本、客户转化方面都有先天的优势。将人、货、场关系进行重构，他们把人场货，变成货场人，将传统的人找货变成了货找人[①]，从而更精准地吸引流量，并抓住消费者的购买欲望，引导其消费。

值得多提一点的是，在消费体验上，阔别导购已久的中国消费者，开始怀念购物时真切的场景和互动体验。直播电商强大的交互性把被电商扼杀的购物乐趣重新找了回来，打造消费场景，实时互动及时解答疑惑，极大地提高了线上消费体验。不过，直播带货的“轻骑兵”并没能完全占领电商堡垒。面对庞大的市场红利，一方面，传统电商短期内受制于“人找货”的销售模式，无法拥有预期的直播效果；另一方面，独立直播电商虽然来势凶猛，但还未能强大到足以建立完整的电商服务体系。由此两者进入了一个对峙的局面。

因为没有压倒性优势，甚至一定程度上还需相互加持，近年来，直播电商与传统电商的“竞合现象”出现了，两方各取所需，走向了暂时合作共赢的阶段。目前看来，淘宝和抖音再度合作，京东携手快手，这两大阵营开创了两种“传统电商+直播电商”的竞合模式。抖音跟电商合作过程中的作用更多是引流。而快手在跟京东实现全面合作之后，用户可以在平台内部完成购买。显然，后者让直播电商来更有利可图。对于快手来说，用户在平台内完成购买，意味着用户流量依然保留，而京东只负责仓储、物流和服务，并且京东的品牌背书还能改变一直以来的“土”“俗”标签，这笔生意称得上是稳赚不赔。当然京东也不只是为他人作嫁衣，面对拼多多快速崛起，京东感受到自己的地位岌岌可危，迅速布局下沉市场。而拼多多瞄准的下沉市场，快手也已精耕多年，正是看中这一点，京东通过与快手的合作，和拼多多正面交锋。

①《传统电商—直播电商，什么变了？什么没变？主播净赚600万品牌倒亏20万，个人图书馆》，http://www.360doc.com/content/20/1201/06/60421895_948825655.shtm，2020年12月1日

从传统电商到新零售再到直播电商，电商的发展以媒介的更迭为依规。“人、货、场”三要素不断重构，产业链和价值链也常变常新。从“人找货”到“货找人”的转变，也给了很多在受传统电商平台挤压的中小品牌生存的土壤，尤其是在直播电商兴起过程中所诞生的很多新国货品牌。无论直播电商未来如何发展，当它最初在巨头屹立的电商行业中异军突起时，传统电商无疑捏了一把汗。而这一现象，只是未来市场向现在发出的小小预警。

垂直电商到社交电商

互联网世界的几乎所有创新，都具备颠覆式特质，它们往往突发于边缘，从微不足道的市场上浮现出来。[①]

2020年“双十一”大战落下帷幕之后，拼多多公布了第三季度财报，以营收超过142亿元，净利润4.664亿元的成绩，首次实现季度盈利。而依靠创立拼多多四年以来的突出表现，黄峥也在这一年坐上了中国富豪榜的第二把交椅。实际上，从2018年开始，社交电商就开启了变革，并进入高速发展期。当人们意识到时，星星之火已成燎原之势，社交电商以难以预见的势头一路过关斩将，拼多多、云集、小红书、美团团购等发展均势如破竹，重新定义了社交卖货的各种可能。一个属于社交电商的时代来了！

在社交电商高歌猛进的同时，一批垂直电商渐渐淡出，比如：曾经名噪一时，销售额接近100亿的蘑菇街；为自己代言，比阿里更早上市的聚美优品；被誉为“中国的亚马逊”，垂直电商领军者的当当网。

① 吴晓波：《腾讯传》，浙江：浙江大学出版社，2017年

社交电商是怎么打败垂直电商的？从拼多多、云集和小红书的发展路径来看，可以大致梳理出社交电商的三大主流方向：分享、零售和内容。拼多多以微信庞大的社交流量池为基础，用拼团、砍价的招数将分享做到了极致；小红书依靠“种草”起家，旨在网红分享生活的同时完成种草、购买的闭环；云集则着重分销，重构整个商品流通链条，创造S2B2C的会员制电商新通路。

单从拼多多的发展来看，四年前横空出世，四年后就独霸一方，其成功背后的秘诀是什么呢？首先是信任背书，拼多多的砍价及拼团分享链接大都由关系较近的微信好友发起。信用背书因情感互动而产生，个体认同且参与的购买行为则更果断、更频繁。由此，在信任背书的基础上，拼多多也获得了巨大的流量。同时，点击分享拼团链接，下单购买环节在微信小程序中即可完成。相比于打开APP，这一做法创造了新的消费场景。

最后，拼团和砍价的运营方式能够快速深入用户关系网，传播力极强，一对多的分享模式带来了高频裂变。**所以，信任背书+微信消费场景+高频裂变=拼多多成功的秘诀。**

不过，更值得关注的是，拼多多社交电商模式的目标群体是广阔的下沉市场。拼团购买价格比传统电商更低，吸引了一批下沉市场的用户，同时这种模式获客成本极低，庞大的下沉市场流量缔造了拼多多的传奇。简言之，**下沉市场或是社交电商未来发展的焦点。**

对外经贸大学国家对外开放研究院研究员程絮森曾指出：“传统电商向社交转型是未来的一个发展趋势。”事实上，当拼多多被关注时，社交电商的赛场上就已不止一条起跑线。综合型电商如阿里巴

拼多多运营模式

资料来源：公开资料

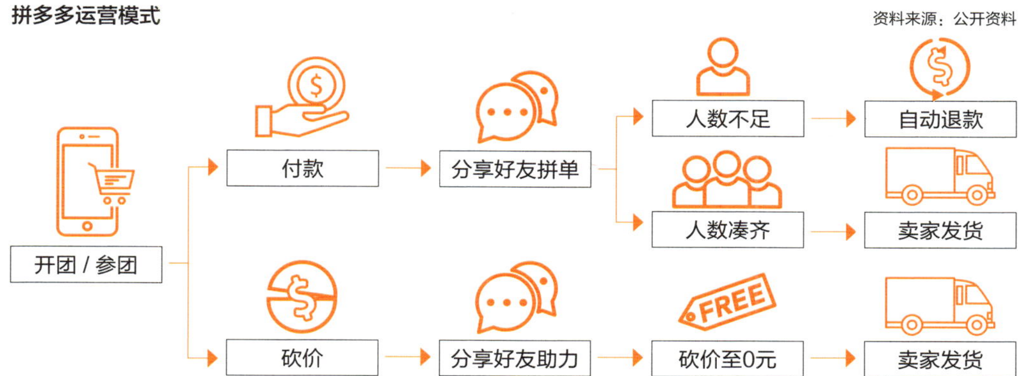

巴、京东等也进入了社交电商的赛道。淘宝正在内测“淘宝高手”，京东也曾推出“京东拼购”、超新星计划，主攻下沉市场，让草根带活非一线城市用户。[①]阿里巴巴和京东打着“好货低价”的口号向社交电商转型，以供应链为切入点降低成本，在某种程度上也帮助社交电商不断地走向规范化，带来低价市场的消费升级。

公域流量到私域流量

佳地花园是太原的一个大型住宅小区，常住人口3000余人。跟很多小区一样，门口来往的美团配送骑手络绎不绝。不过，同样在美团平台上，距离小区最近的唐久便利店配送费却高得惊人，最少时也要2元。好在很多老客户知道，只要给店长打一个电话，就可以免费送货上门。唐久各个门店的店长跟周围居民的关系都十分融洽。“能帮就帮了，都是邻里邻居的。现在商家在平台上也不好过，获客成本太高。”唐久佳地花园店店长如是说。

① 蔺倩：《社交电商那些事儿》，华高莱斯（ID：RL-CONSULT），2020年11月18日

后来，类似唐久经营逻辑的社区团购在中国大火，随之而来的则是一个新名词：私域流量。尤其是在2020年疫情暴发后，公域流量失灵，挖掘私域流量成了企业自救的方式。因此有人将2020年定义为“私域流量元年”。私域流量最初的典型代表是微信公众号、微信个人号以及微信群，其最明显的特征是商家变被动为主动，将分散的用户聚合在由自行主导的圈子中，由此可以多次几乎零成本地与用户沟通，实现货找人。相对而言，公域流量则掌握在传统互联网电商平台手中，虽然对平台内所有商家开放，但商家处在被动的地位。

一组数据对比可以体现以上两者的区别。2016年，背靠社交流量兴起的社交电商拼多多，获客成本仅为3.68元；京东平台电商获客成本为98.63元；当时第一大巨头阿里巴巴的获客成本高达141.12元。到了2018年，三者的获客成本分别是60.37元、272.48元和187.29元。京东获客成本暴涨；阿里扶持微淘，留住私域流量，成本下降；拼多多仍有极大的成本优势，一路迅猛发展。由是观之，从依赖公域流量到培育私域流量，已是大势所趋。

2020年后疫情时代，直播电商更是以史无前例的速度席卷全国。企业老板更注重投入产出比，纷纷将目光投向直播电商行业。抖音在2020年7月30日巨量引擎夏季峰会上分享了两个数据：在抖音直播中，一些做得比较好的直播间，观众粉丝占比能达到近40%；而直播间内的电商转化率，粉丝相比非粉丝高出15倍以上。

头部主播之所以能够玩转私域流量，关键在于他们拥有议价话语权，可以给粉丝带来真正的福利。久而久之，用户会形成一个观念：**头部主播直播间=低价+品牌+名人背书。**好货低价，对于消费者来说就是实打实的优惠。一旦消费者在直播间中真正获得了实惠，很容易引发二次购买，进一步增加黏性，成为主播的私域流量。此外，“微信公众号+微信粉丝群+微信助理个人号+企业微信助理”的流量运营模式将服务做到极致。

老牌便利店唐久留住流量的关键跟头部主播不谋而合：**维系好客情，是玩转私域流量的密钥。**跟一般的连锁便利店不同，唐久针对太原的三线城市特征谋篇布局，重视社区店以及街边高流量门店的经营，在便利店中创造了家庭消费的场景。2014年之后，唐久开始运营线上交易，将社区门店周边客户沉淀至微信群，同时开发“唐久优品”小程序，进一步开展社区团购业务。基于家庭消费场景，唐久则打出“与邻居团好货”的标语，实现全品类拼团，常见的水果蔬菜成为拼团中的翘楚。除此之外，唐久还可以提供充公交卡、煤气费、水电费、快递代收等服务，将“服务消费者”做到了极致。

对于很多中小品牌来说，私域流量除了**成本低、自由触达**的优势之外，还可以帮助品牌规避第三方公域平台所带来的风险；在拉近买卖双方关系的同时，还能**精准获取消费者的反馈并及时调整**。由此可见，私域流量正是当下新兴品牌需要抓住的风口，这也解释了为什么拥有私域流量（粉丝）的直播电商平台能成为新国货品牌诞生的沃土。

平台卖货到网红带货

2020年春天，跟很多线下门店一样，线下销量贡献率占比达75%的美妆国货品牌“林清轩”遭受重创，面临倒闭。因为疫情，商场无法开门卖货，林清轩在春节期间的营业额暴跌90%。百感交集之下，创始人孙来春将目光投向直播电商。尽管此前曾多次与阿里巴巴互怼，但在生死存亡的关头，他已经顾不上那么多了。

孙来春的决心，来自武汉林清轩门店的一位店长。当时，武汉是疫情中心，这位店长被隔离在荆州，店铺无法运营。情急之下，她选择了做直播。第一次直播时，直播间里只有两个人，其中一个就是孙来春。这位店长主播有些生涩，她只是瞪着眼睛、精神百倍地讲解产品。孙来春听了十分钟，感觉自己都心动了。可看着清冷的直播间，孙春来又觉得很心疼。再想到那位店长直播时的生涩、胆怯和卖力，孙来春觉得是时候改变了。

孙来春终于迈向了直播间。第一次，他还给自己准备好了直播讲稿，但临场竟因为太紧张找不着了，只能靠即兴发挥。令人欣慰的是，林清轩的第一场直播累计6万人观看，销售额近40万元，相当于在2小时内完成了4家门店一个月的业绩。不久，林清轩迎来了业绩的全面复苏，营收同比增长45%。重获新生的孙来春真诚地写下了一封感谢信，信中这样说道："如果能在这次风波中得以生存下来，我将把线下的柜台和门店改造成直播间。"[①]

疫情之下，林清轩是众多品牌的缩影，无数个面临倒闭的品牌都指望通过直播电商打一场翻身仗。据淘宝数据显示，2020年2月在淘宝开了新店的人数超过100万，而新开直播数环比增长719%，成交金额翻倍增长。仿佛一时之间，聚光灯下挤满了竞争者，而其中不乏像孙来春这样被"逼上梁山"的企业家。

雷达财经的数据表明，仅仅在2020年第一季度直播上场的企业家就有40位。携程董事长梁建章8场直播带货总额2.5亿；格力电器董事

① 梁春富、长帆：雷达财经：《超40位企业家直播带货，最高超2.5亿，要抢李佳琦们饭碗？》，界面，https://www.jiemian.com/article/4346493_foxit.html，2020年5月8日

长董明珠直播时在线人数21.63万，销售额达22.53万元；三一重卡梁林河在直播间卖出186辆重型卡车，销售额达5000万元……当然，面对直播带货的镜头，最具号召力的还要数李佳琦和薇娅。在抖音上，李佳琦一场直播带货百万，15秒卖出去15000根口红，和马云同场直播，可一击秒杀这位阿里巴巴创始人。而2019年的“双十一”，薇娅达成27亿的成交量，则缔造了直播带货的“珠峰”。**显然，企业家不具备流量网红的优势，但拥有极强的信任背书。但同时，对于企业家而言，没有别人比他们更懂自己的产品。**

相反，网红带货成为风潮，但很多网红缺乏专业的产品知识，在卖货前很少能做到对品类的所有细节都了如指掌，因此直播过程中可能会出现“信口胡吹”或是使用不当的现象，进而导致售后问题频发。李佳琦卖不粘锅就是缺乏产品知识的一个典型案例。选品也是关键的环节，快手头部主播辛巴就因为售卖假燕窝被推到舆论的风口浪尖。

不过，网红带货和企业家直播并不冲突。原因在于，**直播带货是一种组合型营销：活灵活现+体验感强+限时促销+好奇心+冲动消费+明星效应+信任背书**。知名电商专家白云虎认为，企业家直播所发挥的信任背书的作用具有不可持续性；而网红带货，则更多是一种“流量转化和销售变现”价值，是强黏性、可持续的。网红带货和企业家直播是互补的，二者将长期共存。从平台卖货到网红卖货，牵扯了太多不可预测的因素。目前，直播电商这种零售模式并未进入成熟阶段，判断直播电商能否成为真正的常规业态，还需要从产品购买的多样性、消费者覆盖的广泛性以及交易场景的有效性等零售的底层逻辑进行验证。

而如果说未来的零售流量，会像直播带货中“网红吸粉”一般，最终靠近某个主旋律，那么发出这个声音的，**一定是内容和服务本身**。

品牌的较量

环境在变，时代在变，新产品、新事物如雨后春笋般冒出，在各个行业和领域，掀起一股风起云涌的新国货浪潮。

国货来袭

阿里研究院发布的《2020中国消费品牌发展报告》中提到，过去一年，中国人的购物车里有八成都是国货。不言而喻，国货发展正处于井喷期，“国潮”已成为最热门的商业风口。

《报告》中还这样描述新消费品牌的诞生逻辑：互联网让消费者的声音汇聚成一支不可忽视的强大驱动力量，以消费者的声音为中心，组织产品、服务、营销，可以激活更细化的个性化消费渠道，其中的代表就是新消费品牌。

新消费新在何处？其包含的商机有几个关键词：精致日用、她经济、新概念饮食、一人食、长效网红、国货新生、小品类、消费边界模糊。基于这几个关键词，未来的消费趋势将围绕消费细分、健康养生、国潮文化、亚文化兴起四个方面展开。“国潮”之风乍起，就是新消费在视觉层面上的直观体现。在新消费的趋势下，彩妆、奶茶、食品、服装、电子产品等国货大肆生长，完美日记、花西子、喜茶、奈雪の茶、王饱饱等成为时代新秀。除了新兴企业，老牌国货也在新国潮中重新焕发生机，李宁、皇后、大白兔、百雀羚等老牌变潮牌，甚至故宫也发展了文创品牌，争当“顶流”。

一杯奶茶的战争

“奶茶店干了接近一年，实在开不下去了。”37岁的新茶饮创业者小陈在门口贴上了“旺铺转让”的告示，准备关掉他辞职下海后的第一家店。开奶茶店是妻子的梦想，而奶茶近些年已是年轻人的消费热点，所以在看到瑞幸咖啡旗下的奶茶店小鹿茶的招商广告时，小陈没多想就踏进了新式茶饮的“红海”。可经历了疫情、母品牌丑闻、代言人风波之后，小陈的奶茶店还是没能挺住，倒在了2020年的最后一个月。开店接近一年的时间，小陈的奶茶店赔了近100万，每天一睁开眼，他就只想着自己的设备能不能在二手市场上卖个好价钱。[①]

或许很多幻想奶茶是暴利行业、一片“蓝海”的人，都像小陈一样栽了跟头。据小陈所言，同条街上还有其他3家奶茶店，而其中两家第二年也将退出这场微型的奶茶“巷战”，另谋出路。显然在这个行业，普通人赚不到暴利，想挣快钱的人大多都赔了本。有人说，奶茶店现在已经不是“红海”了，而是“血海”，可见竞争之残酷。

市场调研机构欧睿2019年4月的调查数据就显示，奶茶店的市场规模从2013年的150亿激增到2018年的407亿，且预计其后五年内规模还会翻番。然而，同样是在2009年，倒闭的奶茶企业超过3478家。行业迅猛发展的背后，是越来越多个体的惨败，像小陈一样的玩家们悄无声息地倒在竞技场上。

当奶茶行业的大军经历冰火两重天，其中的一些品牌穿过枪林弹雨，轰轰烈烈地崛起了。喜茶、奈雪の茶和茶颜悦色三大网红奶茶品牌以迅雷之势成为行业头部。在目前茶饮市场中，排名前两位的是喜茶和奈雪の茶。根据市场测算，喜茶的估值约为240亿元，门店数为695家（截至2020年12月）；奈雪の茶估值约为130亿元，门店数为507家（截至2021年1月）。

① 唐吉：《都说奶茶店暴利，为什么我一年亏损了100万？》，腾讯财经（ID：financeapp），2020年12月17日

中国新茶饮市场主要市场参与者商业发展及特点概览

数据来源：公开资料，沙利文研究

	HEEKCAA 喜茶	奈雪の茶	茶颜悦色	LELECHA	SEVEN BUS	KOI Thé	伏见桃山
成立年份	2012	2015	2015	2016	2015	2011（进入大陆市场）	2017
2018～2020年店铺增长率（%）	–82%	–70%	–49%	–45%	–145%	–40%	–176%
覆盖中国大陆城市数量	58	61	3	13	24	21	55
平均客单价（元/单）	52–56	45–50	30–35	40–45	32–35	35–40	28–32
杯均单价（元/杯）	25–30	22–26	15–20	20–25	16–22	18–22	18–24

喜茶和奈雪の茶算是“老乡”，都是“广东茶”，喜茶诞生于江门，奈雪の茶初创于深圳。除了诞生地的渊源外，二者的发展模式、推新逻辑，甚至发展路径也极为相似，陷入了同质化竞争的泥潭。似乎一山不容二虎，两家在奶茶界非要争出你强我弱，但又一直难分高下。

实际上，奶茶界的斗争并非限于品牌之间。时至今日，新式茶饮市场更新迭代速度加快，单一的健康饮品已经无法满足消费者的需求，在此大环境下，多元化、复合式经营方式正在成为新式茶饮行业未来发展的主流，这也对茶饮品牌提出了**“完成从传统零售到新零售，从单品、单店到平台、生态，最终实现点、线、面、体终极进化”**的升维要求。

在喜茶和奈雪の茶的多元化、复合式经营中，线上电商渠道的构建并不是唯一重心，产品线的延伸和多元消费场景的构建，才是两者在新零售布局上的关键。

近一两年，喜茶陆续推出了饼干、薯条、爆米花等零售产品，试水新零售。同时，通过与芝麻街、多芬、科颜氏、大英博物馆等品牌的跨界联名，喜茶开始从茶饮领域向食品、服饰潮牌、文创、生活用品、美妆护肤等多元产品领域渗透。而在消费场景拓展上，喜茶不仅推出了标准店、Pink店、黑金店、DP店和Go店等不同类型的线下门店，还在深圳开了一家宠物主题店。

另一方面，2019年，奈雪の茶在北京推出了“有为青年，看报喝茶”的主题快闪店，在现场设置了小卖部、拍照打卡房间、互动小游戏等体验环节；同年，奈雪の茶在北京和深圳共开设了三家酒吧，命名为“奈雪酒屋”，并在深圳海岸城开设了全国首家梦工厂，将奈雪饮品门店、奈雪酒屋、奈雪礼物店等组合在了一起，商品类型涵盖烘焙、牛排、零售、酒水、茶饮、咖啡等领域1000多种产品。

在新零售思维下，喜茶和奈雪の茶对产品矩阵和消费场景的频繁拓展，不仅是基于盈利模式多元化的出发点，也是通过全新的购物体验增强消费者体验，强化品牌辨识度的寄望所在。喜茶、奈雪の茶的主力消费群体都是年轻用户，因此，不管是推出跨界联名产品还是整合碎片化消费场景，它们的目的都在于尽可能去触达更多年轻消费者，在线上线下为他们营造沉浸式体验氛围，树立良好的品牌形象。

新式茶饮概念走红后，入场的玩家逐渐越来越多，其中不少品牌开始复制喜茶、奈雪の茶的饮品类型，这为喜茶、奈雪の茶带来了极大的创新压力。因此，它们不仅需要通过高频的产品更迭来继续保持引领力，也希望通过丰富产品和消费场景，实现全渠道的融通，让自身在新式茶饮市场形成差异化竞争壁垒。[①]

茶颜悦色这个长沙茶饮“地头蛇”，一度被认为是喜茶、奈雪の茶的有力竞争者。虽然价格比不上喜茶和奈雪の茶，但茶颜的出品给人的第一感觉就是“讲究”，“鲜茶+奶+奶油+坚果碎”的搭配方式，看起来饱满且美观，为了让你“get到”产品的美味，店员也会不厌其烦告诉你先吃坚果和奶油，再喝茶。

原料很多都是进口的，如锡兰的红茶、美国的核桃等等，配料选择标准高且不过夜，而且顾客享有“一杯鲜茶的永久求偿权”，喝得不爽可以无条件重做。茶颜悦色门店近300家，且全部集中在长沙，尤其在热门商区，不到50米就会出现一家，其密集度可谓品牌之最。门店即品牌，相比互联网时代的效果广告所讲究的流量精准度，茶颜悦色的品牌广告显得非常传统，甚至有些简单粗暴。

奈雪の茶创始人彭心是IT经理出身，喜茶的IT部门甚至是全公司员工最多的，而茶颜悦色创始人吕良对IT一窍不通，茶颜悦色到2020年9月才开始采用小程序电子积分，其开店逻辑更像是一种感性认知，但它的高密度覆盖，让市场中的决策者、购买者、体验者和传播者都能接收到品牌信息，蛮不讲理地占领了消费者心智。来过长沙的人，无论喝不喝奶茶，都无法忽视茶颜悦色这个名字。

相比品牌形象以及产品取名上的“高大上”，茶颜悦色对外语言的极度“接地气”形成了一种奇特的反差。公众号上鸡零狗碎都写，橘子坏了，柠檬发霉了，喜茶来长沙玩了，中午吃啥……没有任何逻

① 《双十一首战告捷后，喜茶、奈雪在新零售战场的竞争进入白热化》，钛媒体APP，https://baijiahao.baidu.com/s?id=1683533499493028051&wfr=spider&for=pc，2020年11月17日

辑，全是具体生活场景。在给顾客的小票上，写的也都是些口水话，并且隔段时间就换，还跟消费者汇报公司最新进度。最早因为小票上热搜就是因为山寨频出，小票上出现了一句“等我们有钱了就去告他们”，言语间的真实感扑面而来。很多时候，吕良会被传播报道描述成了一个“铁憨憨”，时常马虎，总是道歉。如果说，喜茶和奈雪の茶是高冷的网红潮牌，那茶颜悦色就是隔壁家傻哥哥开的糖水店。[①]

无可厚非的是，喜茶、奈雪の茶和茶颜悦色三大网红奶茶品牌，因符合新式茶饮消费升级的趋势，受到资本青睐，先后获得了IDG资本、天图资本和阿里系资本的投资。其实对于新式茶饮而言，不管是业界把它定义为茶的年轻化还是奶茶的升级版，它最初的火爆是源自产品特性的创新，以此打开了90后、00后新一代年轻人市场。

定位年轻消费者的这些新式茶饮品牌，在产品上更契合年轻人的口味。它们的产品研发团队既能专注于研发符合市场需求的各款经典产品，还能不断优化产品结构，推出当季最新鲜的风味，其产品的高颜值设计更具有社交基因。比如，通过受欢迎的低脂奶、鲜果等来改良产品的口感，弱化传统茶饮苦涩的口感。这些，对于年轻人来说，这种变化是能够直观体验到的。虽然这条赛道现在已经比较拥挤了，但有创新力的品牌一定会更有竞争力。

一股元气唤醒新商机

“我们的品牌也是‘0糖0脂0卡’，但是消费者只知道元气森林。”一个老牌快消品公司的员工这样吐槽。传统快消品牌看到元气

① 《茶颜悦色走不出长沙：求稳，还是创始人太“怂”？武汉能破局吗？》，豹变，搜狐，https://www.sohu.com/a/429604047_120816185，2020年11月4日

森林的火爆大概都会愤愤不平。因为这是一个外行人“吊打”内行人的真实案例。

元气森林的创始团队是一个互联网团队，跟快消品行业完全不搭界，创始人叫唐彬森。多年前，80后、90后都在热衷的一款名叫“开心农场”的人人网游戏，其开发者就是唐彬森的智明星通公司。后来，智明星通团队又开发了游戏《帝国战争》《列王的纷争》，让唐彬森在互联网行业名声大噪。其时有人预言，唐彬森将成为下一个马化腾。而唐彬森后来却希望能做中国的可口可乐。于是，2020年度新消费品牌价值TOP100榜单中出现了“元气森林”的名字，并位列第七。

从互联网起家的唐彬森，有着“以用户为中心”的行业素养。相应的，当他进入新消费领域，对反向营销逻辑则更为精通。饮料行业的门槛不高，但与很多玩家不同的是，元气森林首先成立的就是研发中心，研发人员占公司总人数的10%以上。而以产品研发为核心的反向思维的本质，正是以用户为核心。

因此，元气森林更能抓住当下年轻消费群体的需求，更擅长解决市场的痛点。在饮料市场上，碳酸饮料这一支常胜队伍始终稳居首位。但在新消费的趋势下，消费者往往对糖分爱恨交加，无糖的不好喝，有糖的不健康，“好喝又健康”成为汽水领域的新消费需求。可口可乐在十几年前就已有洞察，并推出了零度无糖系列。元气森林之所以能成为后起之秀，在于一款能与可口可乐无糖系列相对抗的秘密武器——赤藓糖醇。相比起大多无糖饮料使用的阿斯巴甜来说，赤藓糖醇更天然，更接近蔗糖的口感。

饮料行业的独特性在于，不管社交电商、直播电商怎样如火如茶，饮料行业的主战场总是在线下。因此，元气森林上市之初就把线下便利店作为目标渠道。**便利店是城市的脉络，也是年轻消费者青睐的消费场景。**在便利店的网络辐射下，元气森林迅速进入大众视野，提升了品牌认知度。线下铺货解决了触达和销量的问题，线上的品牌宣传紧跟其后，通过年轻明星和李佳琦等头部网红的互动和曝光，让更多人知道了元气森林的品牌，为实现年轻流量变现打下基础。

只不过，唐彬森大概不会想到，曾经自己首选的便利店渠道，如今成了自己最强有力的竞争对手之一。在元气森林之后，7—11便利店推出了同样是“0糖0脂0卡”的气泡水，不仅口感更好，单价还低了1.5元，给了以便利店为主要售卖渠道的元气森林精准打击。除了7—11，更多的跟风者涌入“健康饮料”的竞争赛道，在饮料市场上引发了一场“无糖革命”。

喜茶进军即饮市场，并且推出添加赤藓糖醇的0糖0脂气泡水“喜小茶”，在便利店比元气森林便宜0.5元，一经推出就在薇娅直播间卖出25000箱。传统饮料企业也不甘示弱，伊利推出伊然气泡水，主打仍是“0糖0脂0卡”。统一推出首款无糖茶“茶里王”进军无糖领域。农夫山泉的“东方树叶”本就主打原叶茶的概念，现在也在瓶子的包装上醒目的写上了“0糖0脂0卡”的标签。已经深耕无糖领域多年，推出多款无糖产品的可口可乐也上市了新的“三0”轻型气泡水AHHA。除了瓶装即饮饮料，在喜茶和奈雪の茶线下门店还推出了无糖饮品。很明显，无糖饮品领域已经杀成一片。众多玩家涌入无糖饮料领域，原因实则在于健康养生的新消费趋势。而有这一需求的恰是具备相当消费能力的年轻人。因为对健康感到焦虑，他们成为线上保健品消费增长的推动力。而更为直接的体现，是在饮食方面，麦片行

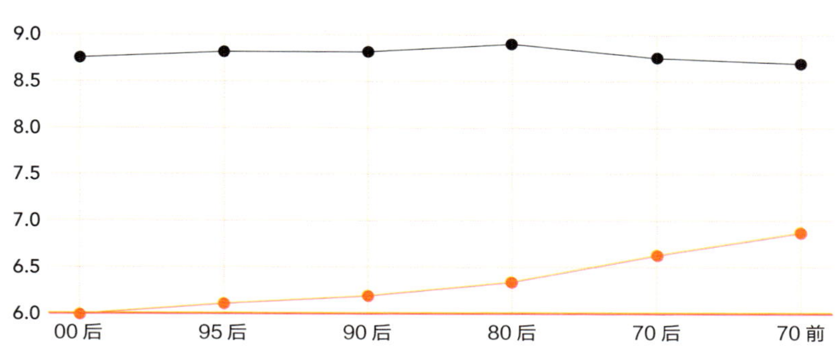

业的颠覆者王饱饱是其中一个成功案例。

跟元气森林不同，王饱饱在品牌创立之初走的是“线上内容种草+直播私域流量”的推广模式。尽管这种品牌传播的方式主要依靠线上网红，但是新消费趋势下，网红品牌给消费者带来的价值等同于品牌溢价（否则消费者不会为此买单）。

那么，王饱饱是靠什么吸引力才在麦片市场中崛起的呢？首先是用技术打破消费者固有认知。过去市面上有两种麦片，一种是裸麦片，健康但是不好吃；一种是加了膨化粉的麦片，好吃但不健康。王饱饱则利用低温烘焙技术让麦片的口感变脆、香味散发，做到“鱼与熊掌兼得”。第二，下猛料。王饱饱麦片里不仅有麦片，还有冻干酸奶块、大块水果干、干果等配料，口感和味道更加丰富，并且看上去也十分赏心悦目。第三，是线上营销视觉传达。众多明星网红纷纷种草引发消费者购买，完成零售的闭环。

值得一提的是，王饱饱在崛起的同时，开创了烘焙麦片的先河。不过，这个创举并非一劳永逸。在2021年麦片十大品牌排行榜中，王饱饱仅名列第八。在它前面的是桂格、雀巢、卡乐比、捷森、西麦、欧扎克等传统麦片品牌。这些品牌都已深耕麦片行业多年，对细分领域具有强大的号召力，例如冲泡健康型的桂格、捷森、西麦，主打口感的卡乐比、欧扎克。王饱饱的做法是取长补短，实则也是在口感和健康之间做了折中。在王饱饱推出烘焙麦片之后，传统麦片品牌也迅速反应推出了相同类型的兼顾口感与健康的产品，快速补齐了自己的短板。在这种情况下，王饱饱再想突围似乎并非容易。扩展产品sku，创新麦片新的使用场景和吃法，成为未来王饱饱长久发展必须解决的问题。

以元气森林、王饱饱等为代表的新消费品牌为什么在新消费时代如此发展迅速？[①]首要考虑的是消费群体更迭，每一代人都有每一代人的主流消费趋势。

正如完美日记合伙人之一Christy所言：追逐个性的95后是品牌的主战场。今后到了05后、10后成年，审美仍然会变。只要有变化，就会产生新的消费需求，就会形成新的消费趋势。所以**只要有主流消费人群的更迭，就有需求的变化，就有品牌的衰落与新兴**。

另一个原因则是信息渠道爆发。以前人们接触信息主要靠的是电视、电脑、报纸、公交地铁广告、超市等。而随着智能手机和移动互联网的发展，人们接触信息变得更多面、更便捷，单从一个手机上就能区分出不同的平台，通过观看视频、音频、图文等等。这些平台都是强黏性，每一个渠道都像一个触手能通向消费者的大脑。**言而总之，在大品牌没有反应过来的时候，无论是需求、研发、渠道还是传**

① 小美：《元气森林、三顿半、王饱饱刷屏背后，新零售消费品的崛起秘诀》，三节课（ID：sanjieke01），2020年9月23日

播，任何新的商机触点，都能快速唤醒消费者对新品牌的认知。而当这些新兴品牌成为大品牌后，留给后来者的就只有残羹冷炙。这就是所谓的平台红利，只有抓住红利期，才能快速崛起。

老牌变潮牌

十多年前，中国本土的运动鞋服公司一度纷纷上市，其中包括李宁、安踏、特步、361度等。同期，这些品牌赶上“奥运热”，发展尤为迅猛。当时，在全国的门店数量超过3000家的运动品牌超过15个，而安踏、李宁、361度、特步品牌门店数量在2011年均超过了8000个。不过，行业规模过度扩张的背后，是粗放式增长及零售管理薄弱等留下的隐患。

由此，2008年开始，运动鞋服库存积压不受控，持续至2012年，“关店”和“清库存”已成为行业一阵火热后面临的尴尬词。此后，许多品牌荡然无存，仅留的本土企业也在低谷中寻觅出路，其中尤为值得一提的便是李宁。

其实，受到冲击之后的很长一段时间，许多人大概都认为李宁已慢慢退出历史舞台。可在2018年的春天，它又突然火了。起因是李宁带着“悟道”系列参加了纽约时装周。走完秀后的一分钟，印有“中国李宁”的卫衣在天猫平台售罄。2019年，李宁又一次登上巴黎时装周，同样是浓郁的复古风和明亮的色彩搭配，将中国文化和现代设计融为一体，十分抢眼。2020年，李宁发布了以“运动的艺术”为主题的数字时装秀。频繁亮相国际时装周，让李宁贴满“国潮”标签。

从前认为运动品牌是阿迪达斯、耐克的天下，对李宁不屑一顾的年轻人，现在开始抱怨抢不到李宁的货。

变身潮牌只是李宁品牌重焕生机的第一步。放眼中国运动服饰市场，国外有阿迪、耐克等经典品牌，国内则有安踏、特步等国产品牌，李宁要想把国潮的路走长走远，并不是一件容易的事。运动品生产的技术壁垒虽不至于很高，但品牌的树立绝非一朝一夕。因此，这个行业的集中度相对较高。按照2018年的数据，排名前10的企业市占率达70%。

要论资排辈，耐克和阿迪达斯无论是在国际上还是在国内都处于领先地位。2018年，两家公司的市占率达到27%，其中耐克在2015—2018年的复合年均增长率为6.5%，阿迪达斯同期则为12.6%。两家公司的产品富含“时尚”及“科技”元素，能同时满足消费者对审美和运动的要求。

老虎证券投研团队认为，品牌效应对头部企业来说的另一个明显好处是利润率较高。耐克、阿迪两家公司都在明星市场大肆营销，为的就是引爆市场关注。个性化的热度，加上公司的营销策略，会使消费者无法抗拒。

国内另一体育用品巨头安踏，则与李宁走了一条分岔路。在2011年的行业库存挤压期，安踏快速调整节奏，走出瓶颈，并在李宁最低谷的那几年实现超越，成为国内销售额最大的运动品牌商。随后，安踏在并购和收购上动作频频，把影响力较大的中高端品牌斐乐也纳入麾下。相反，历经挫折的李宁则更注重内生式增长，更加聚焦于自身品牌的塑造。

相较之下，截至至2020年9月6日，李宁公司总市值为813.76亿

截至 2020 年 9 月 6 日国内运动上市品牌市值（单位：亿港元）

资料来源：Choice 前瞻产业研究院整理

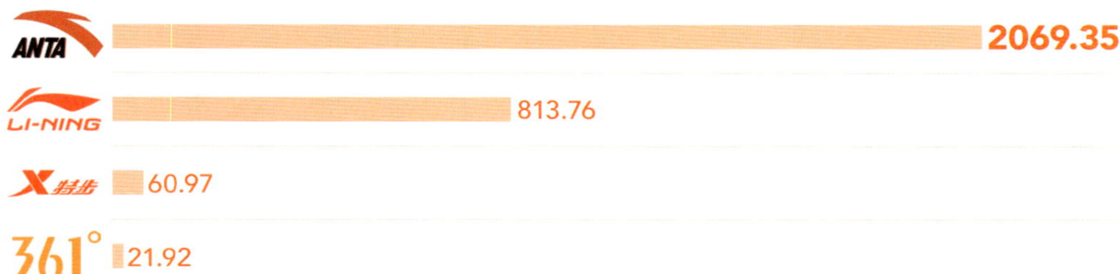

港元（约合717.76亿元），以6.3%的市场占有率排在第五位。而安踏公司总市值为2069.35亿港元（约合1825.23亿元），市场占有率高达16.4%，仅次于耐克和阿迪达斯。对李宁而言，安踏是当下最具威胁的国内运动品牌竞争者。①值得注意的是，2015年被安踏反超后，李宁就开始穷追猛打，不断缩小差距。2018年走上国潮之路后，李宁增长势头强劲，与安踏的总市值比值快速从5.48倍缩小到2.54倍。显然，从老牌国货到潮牌的发展逻辑，将李宁重新拉回了头部运动品牌的竞争赛道。靠着国潮打了一场漂亮翻身仗的不仅是李宁。热衷联名的故宫和颐和园、国货美妆百雀羚以及大白兔等，都在新消费趋势下让自己变得潮起来。

这种老牌变潮牌的现象，实则是在国货品牌崛起的大背景下发生的。而从品牌传播的角度来看，国潮从2018年按下快进键发展到今天，其概念发生了变化。现在的国潮代表了一种消费概念，是指国货群体和带有中国特色产品的走红。**国潮既要有国货背书，又要有流行元素，还要不断创新让消费者保持好奇感和新鲜感。**让人看腻的元素就不能称之为“潮”，只会跟随潮流的产品也不能称为“潮”。因此，要想让消费者买账，**创新仍是国潮的核心，只有创新才能创造潮流。**

① 前瞻产业研究院：《龙头之争：安踏VS李宁谁才是国产运动品牌之王》，东方财富网，https://baijiahao.baidu.com/s?id=1677252629505837092&wfr=spider&for=pc，2020年9月8日

超级品牌挑战赛

国潮的兴起，折射出当下中国人对传统文化、本土文化的认同感和自信心，体现了中国改革开放以来几十年积累的供应链实力，**也揭示了供应链经济中，品牌营销的重要性正在逐渐加码**。

与此同时，国潮兴起后的每一个细分品类赛道的冠军，也就是被我们称为“新国货”的消费靶标，代表着一个新的心智入口的形成和新的品牌势能的建立[①]，它们是未来超级品牌的接力者，将引领行业焕发生机。

叫板星巴克

2021年2月，瑞幸咖啡在纽约根据《美国破产法》第15章申请破产保护。早在一年前，这家因资本而生的咖啡公司，就因财务造假退出纳斯达克，此后便在相对沉寂之中寻求资本以自救，一步步进行重组。对于申请破产保护一事，瑞幸称其是“为了更好地重生”。2021年3月，瑞幸发出公告，表示正在积极利用多种渠道进行融资，拟通过私募募集至少2.5亿美元。一别往日凶猛独角兽的姿态，此时的瑞幸已不再是火热咖啡战事的发端者。

从创立开始，仅用三年多的时间，一路狂奔，一度直逼老牌咖啡星巴克。

① 左林右狸：《国潮品牌崛起背后的四大路线图》，搜狐，https://www.sohu.com /a/429315183_117091，2020年11月3日

“瑞幸咖啡主要不是抢星巴克现有的用户，而是用更高的性价比、更到位的服务吸引新用户，预计瑞幸咖啡2018年底超过星巴克。”瑞幸咖啡时任董事长陆正耀曾公开宣称。

成立不到一年的瑞幸咖啡公开“叫板”行业老大星巴克一事引发广泛关注，“狂妄”的底气来自用户数的快速增长。2017年11月，神州优车前COO（首席运营官）钱治亚离职创办了这个咖啡品牌。她像争夺网约车市场一样，疯狂烧钱抢市场。在接受媒体采访时，她表示瑞幸咖啡前期拟投资10亿元进行品牌推广与市场教育。只要瑞幸在某个写字楼开了店，这个门店所能覆盖的用户都可以看到瑞幸在微信端投放的广告。社区和写字楼的广告位也被瑞幸占满。除了明星代言，捆绑星巴克上新闻也是一种营销策略。

这种进击市场的姿态不禁让人想起，滴滴、摩拜单车等最初进入市场时，也是疯狂占领、扩张市场，并用大手笔的补贴来获取用户。这背后无疑需要资本的支持。

根据伦敦国际咖啡组织的统计，与全球平均2%的增速相比，中国的咖啡消费正以每年15%的惊人速度增长。第一资产首席投资官吕晓彤指出，星巴克现在的市值789亿美金，如果有人说自己花100亿美元可以再造一个星巴克，很多投资人会愿意买单。因此，现在瑞幸咖啡烧的钱，在一些投资人眼里非常正常。[①]

瑞幸的快速扩张，无疑让星巴克的管理层感受到了危机。尽管面对瑞幸发起的数次挑衅，星巴克的回应总是带着一丝不屑，但从实际的行动来看，在开店、产品创新、供应链和数字化等方面，星巴克都有了明显的提速。

① 光谷梦想网：《叫板星巴克，瑞幸咖啡哪来的底气？》，搜狐，https://www.sohu.com/a/232436201_123419，2018年5月22日

迅猛的开局之后，瑞幸中途遇坎，被爆出财务造假丑闻，但叫板星巴克一事，让咖啡市场透露出一丝微弱的商业信号。仅凭此，关于咖啡的战事便依旧沸腾。

三顿半的出现，是咖啡界另一个向外资发起的挑战，并搅起一池春水。

2020年的“618购物节”中，三顿半走出咖啡品类，成为冲调大类销量冠军，雀巢、星巴克家享咖啡位列其后。“超速溶咖啡”单点创新，配合研发、体验、用户为核心的全链条辅助，历经多年的摸索和试错，三顿半终于站在了咖啡品牌的头部阵营。

三顿半的鹊起又凭何物?

其一，抓住时代的机遇。在咖啡市场，第三空间现磨咖啡的饮用场景和高昂的价格决定了其市场十分有限。相关数据表明，现磨咖啡市场只占咖啡市场的15%—20%。主打便利饮用的速溶咖啡则有着60%—70%的市场份额。这是时代的机遇，越早入场越有机会成功。

其二，老科技应用新领域。三顿半速溶咖啡与传统雀巢咖啡本质的区别在于，三顿半咖啡粉使用冻干技术。冻干咖啡粉在任何温度的液体中可以速溶，不需要热水，不需要搅拌。这一创新不仅更进一步还原了咖啡的口味，还简化喝咖啡的操作。冻干技术不是一项新技术，在方便面的蔬菜包、自热火锅、果蔬干等食品中早已得到应用。

其三，从始至终给用户全新体验。跟元气森林的创始团队一样，三顿半的团队也是互联网团队，深谙用户为中心的道理。“我们要把咖啡做成内容展现给消费者，同时把技术直观化，让消费者觉得产品有意思，有独特的体验感”这是三顿半创始人吴骏的“经验之谈”。

其四，以用户为中心，不只是口号。三顿半最初兴起于“下厨房”APP，这里的用户是热爱美食热爱生活的精致小清新。三顿半内测时，将产品寄给下厨房的重度用户，并且将他们的建议真正落实到了产品的研发中。这些初期被选中的用户被三顿半称为“领航员”，后续种草过程中三顿半还挖掘了一部分“预备领航员”。这些忠实用户提出的建议只要超过了一定的比例，三顿半就会根据他们的意见改进产品。①

很多人对网红品牌有着天然的偏见，认为它们的成功只是简单的流量逻辑，但只要回顾这些超级品牌的发展过程，便会发现，**在新消费时代，单点创新越来越难以为继，一个品牌的崛起靠的是全链条的创新**。这意味着，从创始人的品牌定位开始，到后台的产品研发、供应链管理，再到前端的流量和媒体应用，都需要重做一遍。

写下“一夜爆火”的秘密

2020年11月19日晚，从广州走出的国货美妆完美日记母公司逸仙电商在纽约证券交易所敲钟。此次IPO发行价为10.5美元，市值近70亿美元（约合人民币460亿元）。

目前，美妆市场需求强劲，2020年1—10月全国化妆品销售额达到2569亿元，同比增长了18.3%。相关数据表明，从2013年到2020

① 峰瑞资本：《三顿半做对了什么？》，钛媒体APP, https://baijiahao.baidu.com/s?id=1670466711623812409&wfr=spider&for=pc，2020年6月25日

年，美妆行业一直保持着稳定增长的趋势。在市场占有率TOP10的品牌中，国货品牌完美日记名列第五。[①]

“一夜间火起来”的完美日记确实风光无两。2016年，大多数美妆品牌还在沿用“线下铺货+传统媒体广告”的模式。而当时成立的完美日记则选择了从社交媒体上发家，让人们再次感受了社交媒体的“造神”力，也让人们看到了美妆品牌在广告、代言、线下渠道之外的另一通路——做美妆品牌，从玩转社交媒体开始。

那时候的小红书还不是今天的“国民种草机”，但恰恰抓住了社交媒体兴起的红利，采用KOL（关键意见领袖）、KOC（关键意见消费者）、素人全面带货的模式。在招股书中论述自己优势的时候，完美日记也花了大量篇幅对这一模式进行了论述。

完美日记的阵地不止小红书，其对抖音、微博等各大社交媒体都做了全面的覆盖。截至2020年9月30日，完美日记已经与近15000个KOL进行合作，其中有800多个粉丝量级以百万计。

在小红书搜索完美日记，有29万+的种草笔记，而国货前辈卡姿兰、玛丽黛佳只有3万+。到2020年年底，完美日记已成大V，小红书粉丝达到195万。而相较之下，国际大牌雅诗兰黛的20万、欧莱雅的28万，早不可与之并论。

由此，一个起初没有线下店的完美日记，做到了人人皆知。在完美日记诞生之初的几年，它常常与“大牌平替”这四个字联系在一起。而如今它真正朝着国际大牌发起了冲锋。从饭圈到时尚圈、文化艺术圈，再到萌宠和国潮，完美日记可以说是全面覆盖，并且又赶在

① 程真、益阳、心培：《大数据分析：2020年国货美妆市场洞察报告》，好看的数字（ID：weixin-20191215），2020年12月27日

上市前宣布周迅成为其首位全球代言人。这些都意味着完美日记将进一步打入主流市场，从学生党、职场小白走向更具消费力的人群。

然而，令不明者惊愕的是，2021年3月，逸仙电商发布了其上市后的首份财报，其中显示，公司2020年全年营业总收入增长72.6%至72.30亿元，而全年却净亏损26.9亿元。

其实，对于本就注重营销的逸仙电商而言，这显然是在情理之中的。彼时之前，为上线新产品新品牌，逸仙电商在营销费用上屡掷大手笔，同时完美日记线下开店费用也逐步增长。而面对已不再是秘密的流量天花板，净利亏损中，实则包含着逸仙电商面向未来的战略手段。

2020年10月30日，逸仙电商与欧洲最大的皮肤医学及护理集团之一——法国Pierre Fabre（皮埃尔·法布尔）集团达成协议，收购其旗下高端美妆品牌Galénic。在上市当天的媒体沟通会上，完美日记表示未来几年的重点依旧是国内市场，争取尽快做到国内最大美妆集团，再重点推进国际化。[①]

而就在财报发布前几日，逸仙电商签订了收购Manzanita Capital旗下著名的护肤品牌EveLom的最终协议。这正是逸仙电商希冀通过走国际化来求得突破的一步棋。

国际化、大牌化的路上竞争激烈，前有雅诗兰黛、欧莱雅、兰蔻等国际大牌。尤其是，完美日记社交营销并不是不可复制，在其成功后便吸引了一批追随者。在高价位领域，越来越多的大牌开始拥抱全媒体整合营销，让完美日记颇感压力。在2020年的“双十一”中，IPSA茵芙莎就开展跨平台策略，多平台线上线下联动，同时利用“明

① 杨继云：《三位80后校友敲钟：完美日记正式IPO，市值460亿》，投资界（ID：PEdaily2012），2020年11月19日

星+头部网红”来收割流量和热度。

与此同时，很多平价的国货美妆品牌也不甘落后，凭借差异化竞争“一枝独秀”。主打专注敏感肌肤的薇诺娜利用“精准差异化定位+核心内容传播”在2020年“双十一”声量暴涨，比上一年多了17倍。

除此之外，2017年成立的国货品牌花西子，也是完美日记的强劲对手。同样是线上布局的手法，花西子玩转跨界营销，血洗社交平台。花西子的独特之处还在于差异化的品牌定位——“东方彩妆，以花养妆”：在成分上，根据古方化妆品配方，以天然花草萃取为主；在产品设计上，将苗银艺术和传统雕花技艺应用到包装设计上，用浓浓的国潮风吸引当下年轻消费者。

有数据显示，2020年5月份，花西子的GMV超过完美日记，同时其爆款的月销售量达45万元，是完美日记爆款TOP1的两倍。自2019年9月李佳琦成为花西子的首席推荐官后，更是开口不离花西子，在其推荐下，花西子的散粉、雕花口红都被推成了爆款。

完美日记、花西子爆红的背后，是国货彩妆的集体崛起。

2019年，中国超越美国成为全世界最大的美妆市场，总销售额约为3490亿元，在过去三年的年增速超过20%。预计未来中国美妆市场将继续保持高速增长，销售额有望在2026年达到6760亿元。完美日记立志要做中国的欧莱雅。众所周知，**欧莱雅目前的20多个品牌中，大部分都是在其100多年的发展过程中不断收购的**，很多全球性美妆企业的发展路径大抵如此。在逸仙电商的招股书中也不难看出，流量红利触顶之后，他们同样企图用自主孵化和外延收购的方式实现“中国欧莱雅”的跨越。

如今，完美日记借着新一代年轻人的消费力敲钟，国货美妆的春天才刚刚开始。就像2019年的最后一天，在海拔1300多米的北海道二世古雪场，高瓴创始人兼首席执行官张磊对完美日记创始人黄锦峰说的那句话：中国一定有机会诞生新的欧莱雅。

用飞行俯瞰世界

二十多年来，国产电子产品与众多国内品牌一样，不断自我革新，并在新消费时代汇合，点亮了国货之光。不过其发展之路可谓自成一脉，在历经从模仿到创新的淘沙，国货电子产品最终走出国门，面向世界。

根据互联网数据中心IDC发布的信息，在2020年第二季度全球智能手机销量的排行榜前五名中，中国手机品牌位占三席，分别是华为、小米和OPPO。无疑，国产手机已经成了国货电子产品的“代言人”。

国产手机会在国外受欢迎，原因主要来自两个方面。第一，随着中国综合国力的增强，国外对来自中国的事物越来越愿意接受；第二，在国内厂商的努力下，曾经与苹果、三星相去甚远的国产手机，逐渐有了更高分的表现，不仅在多个方面超越了苹果、三星等，而且在售价上也有了优势。

市值超8000亿港元的小米是一个典型代表。小米十分重视科技的研发，从2019年至今，一直在投资芯片企业，比如2019年7月份，小米投资了芯原微电子，成为其第四大股东，11月份投资了安凯（广州）微电子技术有限公司。2020年2月，投资了昂瑞微电子，同年8月份投资了灿芯半导体。①

这些投资例子只是冰山一角，小米科技领域的布局从未停止，甚至还推出了自研的物联网操作系统Vela，打通物联网应用。显然，小米正成长为一家领先的科技公司。

相比小米、华为等手机巨头，另一家中国手机品牌则是墙内开花墙外香，那就是精耕非洲市场多年，有着“非洲机皇”美誉的传音控股。2019年，传音控股手机出货量1.37亿部，以52.5%的市场占有率，在非洲排名第一，以8.1%的市场占有率，在全球排名第四。

在非洲，一半以上的人都在使用传音手机，这并不是靠运气能取得的成绩。大功率的扬声器、四卡四待、防尘显示屏等等，都是传音为非洲用户匠心打造的特殊功能配置。面对国内手机市场的激烈竞争，专注非洲市场的传音无疑走出了一条差异化竞争之路。

实际上，伴随着国货的崛起，很多曾经的国外手机品牌在中国的市场已不断受到挤压。6年前，三星还是中国智能机市场的霸主，市场占有率在20%左右。但是由于中国手机厂商的迅速崛起，定价高昂的三星失去大量在华市场份额。而2016年三星手机起火事件，更是让三星品牌声誉严重受损，加速了三星手机在中国市场的萎缩。此后，三星手机曾试图发力，东山再起，但其在中国智能机市场的份额仍只在

① 《又一国产手机巨头崛起，市值超8000亿元，苹果、华为迎来挑战》，腾讯，https://new.qq.com/rain/a/20210122A085N200，2020年1月22日

1%左右徘徊。

此外，主打高端机的苹果，素来以高利润遥遥领先。但它在中国手机市场所占的份额，也在近几年里受到华为等国产品牌推出的高端手机的蚕食。不过，因为遥遥领先的高利润，纵然手机销量有所下滑，苹果公司恐怕也不肯轻易放弃中国这样千亿级的市场。

如果说国产手机品牌是用一种正面角力的方式与外资竞争，那么大疆无人机则堪称以飞行的雄姿俯瞰海外。

大疆创立至今仅15年，员工平均年龄不到30岁。就是这样一个年轻的企业，凭借着自己的技术创新，成为全球增长速度最快的科技公司。从最初的创客到今天全球无人机市场的领跑者，大疆用“飞行”让世界看到中国制造的崭新姿态。

2015年，大疆收购了瑞典相机厂商哈苏的大量股权，哈苏在航空影像领域久负盛名，其技术和设备曾被运用在人类首次登月的任务中。2017年8月，大疆凭借在美剧中的出色航拍表现，获得了美国电视界的最高奖项艾美奖。

现在，无论是从飞控到飞机整体，还是从云台到无线图传设备，大疆已经构建了一个完全自主的技术链条，具备了完整航拍解决方案的能力。在遥远的佛罗里达州，无人机服务公司Flymotion的首席执行官瑞安·英格利希（Ryan English）曾表示，“大疆拥有全球市场。大疆的一个特点是，其先进技术是很难被超越的”。

当亚马逊首席执行官杰夫·贝索斯承诺未来用无人机送货上门

时，质疑者都抱着一种嘲讽的态度，但无人机正在成为科技行业的“下一个大事件”。今天，大疆的无人机已经大规模用于农业、大型比赛现场、3D地图制作等各个领域。尤其在热门的影视作品中，大疆的一体化云台相机更是为专业的航拍做出了巨大的贡献。在《爸爸去哪儿》《舌尖上的中国》《狼图腾》以及《国土安全》等作品中，大疆无人机提供了极多高质量的航拍镜头。如禅思X5s云台相机采用了最新一代M4/3传感器，拥有12.8档动态范围，可支持最高5.2K 30fps CinemaDNG无损视频录制和Apple ProRes视频录制，以及高达2080万像素每秒20帧的DNG无限连拍技术，已成为影视航拍技术新的性能典范。

据《彭博商业周刊》报道，大疆在民用无人机领域市场份额已上升至77%，在美国全部50个州的政府机构都在使用大疆无人机——而这也给大疆带来了新的挑战。

事实上，无人机技术早已打破疆界，成为全球公共安全和应急事务中不可或缺的重要工具。从2019年4月巴黎圣母院火灾，到最近的全球疫情，无人机不仅大幅提升了工作效率，同时有效保护了一线工作人员的安全。

念念不忘，必有回响。正如大疆官网贴出的一段话，“一个初出茅庐的年轻人不去曲意逢迎、不去投机取巧，只要踏实做事，就一定能取得成功。我们相信，那些回归常识、尊重奋斗的人，终将洞见时代机遇，并最终改变世界”。

近些年来，心怀梦想的中国企业正在以各种方式走出国门。但是，因为商业法规、消费者偏好、文化隔阂等种种障碍，“出海”之路并不容易，尤其是在5G、AI技术、AI芯片、机器人和半导体等高科技领域，遭遇种种壁垒和打压。尽管如此，许多企业依然不畏艰难，寻找着属于他们的姿态面对海外的世界，此间道阻且长，但他们相信前途光明。

解码新国货

如何从一个晾衣架迈入万亿智能家居市场

农历六月初六，是民间极具特色的传统节日——“晒衣节”。每逢这一天，家家户户都要拿花衣、花裙和装饰用品出来晒晒，呈现一派“阳光洒下半天衣”的美丽风光，“六月六，家家晒红绿”的俗语也流传至今。

广东好太太集团致力于传承传统晾晒民俗，提升消费者晾晒体验，于2015年首次举办中华晒衣节，不仅让大众加强中华传统文化的认同感，同时体现出传统晾晒文化在现代生活中的变化和跃迁。

从新中国成立，到改革开放，我国经济建设取得了举世瞩目的成绩，女性逐渐成为举足轻重的一股新势力，太太们也逐渐在新时代中闯出一片新天地。2017年，好太太集团选定每年9月20日为“好太太节”，为女性发声，向好太太们示爱。

好太太们，润物细无声的融合力、适应力、关注力成为新时代弥足珍贵的“她力量”，如果说女性群体是一个浩瀚宇宙，好太太节就是一架哈勃望远镜，看见每一颗发出耀眼光芒的“她”。一个个美丽的，与众不同的“她”，发出了耀眼光芒。

好太太作为晾晒行业翘楚，始终践行“研制好产品，提供好服务，创建好品牌”的经营理念，提出“打造全球领先的智能家居”企业愿景，在智能家居道路上一路向前，从开创新品类——晾衣架，成为晾晒行业的品牌名片，到开辟第二曲线，打造AI智能锁头部阵营，再到以健康为核心全屋智能生态圈的建立，不断迭代和创新，不断突破企业发展边界，一步步迈向更广阔的未来。

解决用户痛点，开创晾晒新品类

这是一个关于爱的故事，好太太晾衣架的诞生来源于董事长沈汉标先生和总裁王妙玉女士在生活中萌生的一个想法。在一个春和景明的清晨，丈夫沈汉标先生看着怀孕的妻子用撑衣杆晾衣服特别费力，心有触动。那时候，晾衣服除了抬头举手的辛劳，还要面临衣服经常被风吹到一起难以晾干的问题，十分不便。夜里，沈汉标先生与妻子聊天时，突然冒出一个想法——能否发明一个晾衣服的机器，将人的双手解放出来呢？这样的话，晾衣服更加轻松便捷，阳台也变得更加美观，不仅解决了用户的痛点，其中还蕴含着巨大商机。

想法很好，实现却很难，从理想到现实，往往有很长一段距离。

怎么将理想照进现实，沈汉标为此整日苦思冥想，半夜也睡不着，直到楼下汽车的鸣笛声传来了灵感之泉。他灵光一闪，“能否借鉴汽车手摇玻璃窗户的原理，通过把手控制升降，需要停到哪就可以停到哪。”抑制不住心里的激动，他半夜三更爬起来，把自己的汽车门拆了，反复研磨，经过一次次推倒重来的实验，终于研发出心连心结构。通过该项技术，推拉把手可以分别控制两根晾杆的升降，晾晒

好太太集团董事长沈汉标先生和副董事长兼总裁王妙玉女士

衣物不再需要抬头举手，“轻轻摇一摇，衣服就晾好”。

除了心连心结构技术，好太太另一个核心创新是连体晾杆。早期产品，衣架要挂上不锈钢晾杆，为了防止高层住户的衣物被风吹走，产品设计为一条尼龙绳套一个环，再把它串到不锈钢晾杆里，最后把衣架一个一个挂上去。为了更加便捷，好太太在此基础上发明出连体晾杆，如此一来，就不需要连着绳了，全部整合为一体，受力提升，适配性更强。

好太太晾衣架是完全基于东方文化的发明，具有典型中国特色。国外晾衣文化跟我们不一样，特别是欧洲，衣服通常采用烘干，根本不会出现在花园里，也不存在晾衣的动作。放眼全世界，没有类似产品。

产品研发出来后，面临取什么名字的问题，沈汉标建议命名为“好太太”，一方面是利于后期品牌的传播和推广，另一方面也表达自己对妻子的赞美。晾衣服这项家务当前是太太做得多，每个结婚的太太都希望成为好太太。正如王妙玉女士的内心憧憬一样，希望美好的寓意带给千家万户。

1999年，好太太品牌的正式成立，宣告开创了一个晾晒行业新品类，将晒衣从“纯手工”推进到自动时代，开启了晾晒新纪元。

对于一个品牌来说，拥有好产品是第一步，如何将好产品卖出去，则是重要的第二步。要将产品卖出去，首先需要让更多的人知道，因此，放大品牌声量，扩大知名度和影响力，是一个重要的课题。早年，明星代言+央视广告，是迅速打响品牌的不二途径，但这需要超前的品牌意识，以及足够的胆量和魄力，因为背后意味着大笔资金投入。投入产出比值不值得，如何权衡当前企业生存和长远企业发展，是企业领导人需要思考的现实问题。

纵观国货发展历史，可以得知：谁有品牌，谁就有话语权；谁能占据心智，谁就能抢占市场。显然，好太太选择了走品牌之路。

公司成立第二年，好太太重金聘请当红影视演员林心如作为品牌代言人，并花高价在央视打广告。林心如主演《还珠格格》一举成名，该剧创造出收视率中国第一、亚洲第一、重播率最高等多项纪录。现在大家对明星代言和广告并不陌生，但在20多年前的中国，实属先锋之举。随着广告的播出，一时间，晾衣架市场开始被大众所熟知，“轻轻摇一摇，衣服就晾好，好太太自动晾衣架”成为家喻户晓的广告语。16年后的2016年11月，好太太再次签约著名演员、国民

“好太太”刘涛为品牌代言人，持续进行品牌推广。

好太太不仅仅是想做个产品，或者说是这个产品短期内能带来什么回报，而是将其当成一份长久的事业，希望打造成一个深入人心的品牌。

创建新品牌的有效途径是在一个细分领域开创新品类，而在开创新品类后，还需要通过大量传播迅速占领用户心智。成为用户心智中的品类代表后，积极推动品类发展，最终主导品类，就能最终创建真正的强大品牌。好太太就是循着这样的路径，开创晾晒新品类，通过强势广告让好太太品牌家喻户晓，抢占用户心智，成为晾衣架的代名词，人们购买晾衣架首先会想到好太太。而随着晾晒行业的发展，作为头部品牌的好太太自然受益。

持续创新，成长为晾晒行业第一股

作为行业开创者，必须不断创新和前进，不断技术迭代升级，建立竞争壁垒和优势，才能拉开与后面追赶者的差距，保持领导者地位。

好太太第一代产品手摇晾衣架研发出来后，不断创新，持续改进。通过延长产品使用寿命，成为行业标配。首先，是第二代防反转技术的问世，当手摇器的钢丝绳使用到尽头时，市面上其他手摇器会反向继续缠绕钢丝绳，从而减少使用寿命，而好太太发明的防反转装置会在尽头处把手摇器卡住，升降省力不卡线，也不再反向绕线，从而大大延长了晾衣架的使用寿命。二是好太太晾衣架顶座缓冲技术的运用。晾衣架有顶座结构，当包括晾杆在内的运动部件上升到最顶端时，运动部件会与顶座结构产生碰撞，造成配件磨损加剧，安全性和使用效果均不佳，好太太通过使用具有固定缓冲装置的顶座结构克服了这一缺陷，进一步延长了晾衣架的使用寿命。

好太太一直走的是一条创新道路，洞察用户需求，解决用户痛点，不断创新迭代，推动企业可持续发展。在好太太看来，从来没有“最满意”的产品。凭借着这股永不止步的拼劲，好太太晾衣架获得授权专利累计超过700项。

2004年，好太太第一台智能晾衣机面世，意味着晾衣从自动进入智能时代。当时整个电子产品、家电和手机，都在朝着智能化发展，好太太也在思考怎么再往前迈一步，实现晾衣智能化。好太太开创晾晒行业的初衷，就是为了解决晾晒的问题，让做家务更轻松。能不能通过一些方式让用户不费力气、更轻松地完成这样一个家务动作呢？正是基于这样的用户思考，才有了后来智能晾衣机的研发。

智能晾衣机符合消费升级的趋势，解决了更多人的痛点，满足了人民对更高品质生活的要求，好太太也由此开拓了更宽广的市场。好太太以家庭实际需求为出发点，研发的智能晾衣机不仅能满足人们高标准的晾晒需求，还为阳台增添了新的活力与趣味。通过智能晾衣机的使用而使阳台发生的巨大变化，无异于一场颠覆传统认知的阳台革命。

2014年，好太太声控晾衣机面世，只需简单说几句指令，就能彻底解放双手。由此引领行业迈入智能探索领域。聚焦一个单品，持续创新，就能形成累加效应，中国市场足够大，能够在任何细分领域诞生独角兽。作为行业开创者，持续创新者，好太太以先发优势占据了用户心智，建立起足够深的护城河，后来者唯有开辟新赛道。2017年12月，好太太成功上市，成为晾晒行业第一家主板上市企业。依靠一个单品晾衣架上市，很多人投来惊讶的目光，但在好太太看来，上市只是企业到了一定阶段，顺其自然的过程。上市有利于对各方面资源的吸引、人才引进等，能够给企业带来更大的发展空间。

大战略：布局智能家居

随着5G时代到来，“智能物联”是大势所趋，智能家居成为一个万亿级的风口市场。

全球移动通信系统协会（GSMA）发布的《2020年移动经济》报告显示，全球物联网收入到2025年将达到1.1万亿美元，相比2019年的3430亿美元，增加三倍以上。智能家居作为物联网细分领域最具规模市场之一，市场规模高达千亿美元。而中国是全球智能家居主要市场。在智能家居时代，家庭自动化逐渐向智慧家庭转变，家居生活将进入Home AI（家居人工智能）时代。

长年关注智能家居的物联网高级顾问杨剑勇认为，消费者对智能设备需求旺盛，推动智能音箱、智能家电、智能门锁等智能设备呈现高速增长，巨头们不约而同地瞄向了这条新赛道。但各家更多聚焦在智能单品层面，围绕生态并结合IoT+AI成为推动智能家居落地关键，谁能聚拢更多优势资源是智能家居生态取胜的关键。在中国智能家居市场竞争中，海尔智家成套化场景落地和物联网生态，以及小米AIoT智能生态走在行业前列。

随着智能家居概念不断深入，凭借敏锐的商业嗅觉，好太太意识到智能时代已经到来，但是，如何切入智能家居，是众多企业面临的难题。好太太对于智能家居的理解是“方案+硬件”的交互，将所有硬件智能单品实现万物互联，让用户更便利。构建智能晾晒、智能安防、智能清洁、智能交互四大智能家居系统，全面进军智能家居领域。

智能安防，不但是各家各户“入门级”的需求，也正是好太太切入智能家居的绝佳入口。智能锁的推出，意味着好太太在晾晒市场外，开辟了第二赛道，再一次拓展了企业的发展空间。

AI智能锁是好太太第二个核心品类，公司赋予很高期望，投入大量研发力量，产品自2018年上市以来，积累了主动防御、人体生物探测、主动告警、3D地磁感应和AI自学习算法等300余项技术专利。

家，除了智能，更要健康舒适，服务机器人替代人力解放双手的价值被越来越多的用户接受和认可。在人工智能和物联网技术的促进下，智能清洁亦成为好太太智能家居的重要组成部分。构建以家庭服务机器人为核心的智能清洁生态圈，扩展智能产品在家庭场景下的功能和价值边界，围绕人和家庭环境打造人工智能技术在消费端更丰富的应用，带给用户更高的体验和价值，为消费者构建更便捷、更舒适的居家环境。

“方案+硬件”的交互正是好太太布局的智能交互系统。未来，好太太希望开锁进门之后，会呈现这样的场景：知道主人快要回家了，家里已经提前清洁完毕，主人一到家，灯光亮了，窗帘开了，空调调到舒适的温度……，主人瞬间置身于一个舒适惬意的家。只要用户愿意，家里任何一个智能单品，都能够根据需求实现智能化，完全

智能晾晒

以家庭实际需求为出发点，满足人们高标准的晾晒需求，为阳台增添了新的活力与趣味。

智能交互

实现“方案+硬件”的AI智能交互，将所有硬件智能单品实现万物互联，让家居生活更便捷、有趣。

智能清洁

围绕人和家庭环境打造人工智能技术在消费端更丰富的应用，带给用户更高的体验和价值，为消费者构建更便捷、更舒适的居家环境。

智能安防

通过主动防御、人体生物探测、主动告警、3D地磁感应和AI自学习算法等智能技术应用，为居家生活提供安全保障。

解放双手。

目前，大家对家居的理解仍然是家务，一提到家务，就会觉得是一个比较劳累和烦心的事，特别是现在都市人工作压力大，如果回家还要面临一大堆家务，很难开心起来。王妙玉说："我们希望通过智能家居，软件的交互和硬件的实现，让家务变得有趣起来。"她认为，每个人对家的理解不一样，要求也不一样，但首先要是一个温暖的家，一个充满爱的家，让所有人爱上回家。"我们希望尽自己所能，给用户提供更健康、更美好的家居生活。"

人类的未来充满了想象，好太太希望通过智能家居，让生活变得有趣起来，具有无限可能。

"未来十几年的时间里面，'新国货'会成为一个巨大的浪潮，并诞生带有强烈中国文化元素的超级品牌。"财经作家吴晓波就"新国货"浪潮提出了自己的预判。

回顾好太太20余年的发展，每一小步的改变，都在推动企业和行业的发展，从夯实基础，坚守品质到科技引领，好太太的平凡之路，有着艳丽的轨迹。

在这一路的历程中，王妙玉感悟颇多，她总结出以下几点。第一，"自主创新"要始终放在第一位，这是推动企业发展的原动力。第二，"品质"二字是任何时候都要坚持的，这是一个企业做事的原则和底线。做企业贵在一步一个脚印，把基本功做扎实，价值和回报早晚会体现。第三，面向未来，把握趋势。过去人们追求性价比，未来的市场一定是颜值与科技的结合，产品与智能的互动。第四，围绕商业的本质，服务好用户。商业的最终目的是解决用户的需求和痛点，好太太会借助数据分析等前沿技术，在用户功能上继续深挖和细化。第五，弘扬国货，走向世界。中国制造今非昔比，我们现在有足够的底气与自信在国际市场上拥有一席之地。“这是中国所有制造企业的梦想，这才能真正展现中国的力量。”

对于好太太今天的成绩，王妙玉认为现在谈成功为时尚早：“我们一直在路上，一直在前进，没有终点。”这不只是作为一个企业家的谦逊，更多是对市场、对用户的敬畏之心。

好太太从一个小衣架出发，创造了一个晾晒百亿市场，瞄准了万亿的智能家居市场。正如开创管理学的彼得·德鲁克所说，企业的宗旨就是不断创造顾客。作为一个细分领域的开创者，好太太的成功展现出一个典型的中国制造企业的生长路径。他们善于从现实生活中发现一个商机，紧紧抓住，攻坚克难，让想法成为现实，开辟出一个新市场。进而不断深耕，迭代升级，不断扩展企业的生存空间和发展边界，成长为一家大公司。

企业成长历程背后的关键要素是消费者与企业的关系。彼得·德鲁克就此分析，企业应该从人的角度来认识企业，企业是社会的器官，是为社会解决问题而存在的。基于此，企业家要从顾客的角度去感知和界定企业应该提供什么样的商品与服务。“企业只有赢得了顾客，才能真正拥有市场”。对于好太太而言，这意味着企业将始终处于一个不断奔跑和变化的过程。不断变化的背后，好太太有着自己不变的价值观——“客户为本、持续创新、共创共享”，而这，正是一个中国创新型企业20年来征战市场的辩证法。

新用户画像

他们不知，自己已走上历史舞台中心，他们不知，自己已逐成消费主流，主导新的趋势。

Z世代登场

历史是一个轮回。无论在什么年代，所有的品牌都在追逐年轻的消费者。新消费时代，也迎来了属于它的新新人类——Z世代。

生活在中国移动互联网高度发展背景下的Z世代，有着与生俱来的玩转互联网的能力；优越的生活条件下，他们培养了多样化的兴趣，也有了更丰富的消费选择；经济的发展和国家的强盛给了他们强大的安全感和文化自信……正如他们的名字一样，这样的一群年轻人，他们所带来的消费潮流的改变，比任何一个时代都更具颠覆性。

“造反”迪士尼的背后

2020年将近半年，王宁不再说自己要做“中国的迪士尼”，而是要做“世界的泡泡玛特”。在某种价值产生顺序里，泡泡玛特的成功来自“造反”了经典的迪士尼模式。2010年王宁创立泡泡玛特时，中国还没有潮玩市场，泡泡玛特做的，也是潮流用品超市，而非潮流玩具专卖店。当时，他的店里除了玩具，还有文具、箱包、配饰等百货类商品。在故事的最开端，王宁也许没有想到过，泡泡玛特走进了一个关于“IP类消费品”的中国战场。以往，大家熟知的是“IP衍生品”，在中文意思里是一个IP发挥决定作用的词汇，是一个迪士尼式的词汇。而在泡泡玛特所代表的中国模式里，消费变成了IP的起源。①

① 庞梦圆：《泡泡玛特“造反”迪士尼》，三声编辑部（ID：tosansheng），2020年12月15日

在泡泡玛特之前，这个战场已被文娱行业的大佬和投资者垂涎许久，毕竟在文娱和零售更加成熟的美国市场，更多更持久的收入来自与IP有关的消费品。长久以来，国内效仿者们对IP衍生之路的模仿也和迪士尼一样，先有作品，再有IP，之后才是IP类消费品，但几乎没有人能走完这条路。

原因很简单，相比中国，美国式的强IP强渠道的成功之路，是文娱商业发展多年沉淀的一个结果，是基于极高的IP和极强的内容产业出现的零售娱乐形态——迪士尼大概在100年前就开始做动画了。但在中国，要么没有高认可度的极富情感投射的强IP，要么拥有者没有能力推动IP的整体后续衍生。因此，任何依靠生搬或模仿的迪士尼之梦，在短期内都是失败的。

泡泡玛特走的是一条不一样的路，它以渠道出身，再用盲盒的形式给渠道带来加速、加量的效果，最终让没有故事的形象化IP倍速地触达亿万消费者。2019年，在黑蚁资本的分享会上，王宁解释了盲盒让人上瘾背后的几种社会心理，他说：**“盲盒像小时候集邮一样带来了满足感，且里面的东西像邮票一样具有一定的艺术性，又小、易收藏，还具有一定的社交属性。”**他认为，盲盒让人上瘾的关键不在于盲盒，还在于盒里的内容，它们就是中国当今时代最有消费吸引力的“IP”。

在信息碎片化的互联网时代，没有IP能像“米老鼠”一样用几年的时间去孵化。同时，**过重的故事内容会制造天然的接受门槛，没有故事的形象化IP反而更易被人接受。**

正因为如此，每个人看到这样的IP都可以加入自己的情绪，所以

“有人觉得Molly的表情是开心，有人觉得是难过”。从这样的解释看，IP的定义已经发生了变化。从故事变成形象，IP无内容，更强调设计和伴随感。这也因此产生了黑蚁资本的何愚提到的形象化IP的另一个特点，“自增强”性。

何愚认为，“Molly这样的潮玩给消费者带来的情感陪伴，会随着时间的延长而越来越深，有一种自增强效应”。简单来说，泡泡玛特将“弱IP—弱渠道”的中国IP类消费品市场推向了“弱IP—强渠道”的崛起路径，并在后续的发展中逐步加重和扩容，形成“强IP—强渠道”模式，以追求消费的壁垒和长尾。

这个过程中，泡泡玛特不仅改写了一直以来人们认为的IP应自上而下运营的方向，也阶段性地重新定义了IP的本质——**不靠讲故事驱动，而靠渠道驱动**。因此在中国，泡泡玛特将本土IP类消费品推到了从未有过的火热程度。2020年底，已成功转型潮玩领域的泡泡玛特在港股上市，成为领跑IP类消费品的一个巨头。不过，在潮玩领域占据颇高市场份额的泡泡玛特，同样要面对一个不争的事实，它与其他竞争对手并没有拉开太大的差距。市场份额颇高，销售数据也很亮眼，但在市占率上并未与其他竞争对手拉开太大距离。在泡泡马特上市前一年，其市占率为8.5%，而紧随其后的第二名的市占率为7.7%，差距仅为0.8%。[①]

实际上，从2018年国内潮玩行业以盲盒为爆点开始，就有IP衍生品综合服务商萌奇文化、艾漫等玩家率先尝试盲盒的销售模式。此后试图挤入该领域的设计方、生产商、渠道商乃至跨界创业者便蜂拥而至。

同时，当看到泡泡玛特市值的表现，一众投资者更是涌入潮玩行业，以求找到下一个泡泡玛特。 2020年5月至7月，美拆、Suplay、

① 向阳：《泡泡玛特难续高增长神话》，连线Insight（ID：lxinsight），2021年3月26日

着魔相继完成A轮融资。这意味着，更多的对手要从不同纬度，与“造反”迪士尼的泡泡马特竞食。

起初，泡泡马特以反方向靠近迪士尼，质疑与期待便一直伴随，而当有一群逐鹿者紧随其后时，关于未来的猜想则成为一种风向标。“我以前觉得玩盲盒的人都很无聊，但是第一次尝试买盲盒之后，就停不下来了。”盲盒萌新小林因为“不信邪”的好奇心入了盲盒圈，对惊喜开箱的感觉上了瘾。刚毕业工作的小孙一个人在上海打拼，每天两点一线的生活让她倍感孤独，自从入了盲盒圈，她交到了很多朋友，在上海的日子有了精神寄托。

现在，不仅仅局限于Z世代，越来越多的人开始购买盲盒，体验打开盒子的惊喜瞬间。几乎所有的商场都可以看见立在入口处的盲盒自贩机，很多精品店也被盲盒占据了最醒目的位置。盲盒消费正在从小众走向大众。

有关机构分析了2020年盲盒用户画像，结果显示超过五成的盲盒用户年龄在19—30岁之间。从职业分布来看，企业白领、在校学生、其他专业技术人员和自由职业占据了榜单前四，其中企业白领用户占比达到40%。①

为什么盲盒这一经济模式会出圈？从消费者购买盲盒时的考虑因素来看，品牌因素、外观、价格、包装分别占比63.7%、63.3%、58.3%、46%。由此可见消费者对盲盒的价格敏感度正在下降，更重视品牌IP和外观。从需求角度来看，盲盒满足了Z世代的消费偏好，即二次元文化的延伸、悦人不如悦己的心理以及对社交的渴望。从商品供给的角度来看，盲盒厂家将盲盒对标二次元手办、将外观作为主要

① 艾媒网：《2020年中国盲盒行业消费者行为分析：品牌和外观是首要考虑因素》，网易号，https://www.163.com/dy/article/G0CNKB1U0514A1HE. html2020，2021年1月15日。

卖点、将产品打造为社交货币。这样一来，供给和需求达成了“完美统一”。Z世代常常喜欢给自己贴上“孤独”的标签，其实这份孤独是相对的。比起广交朋友，他们更喜欢在自己感兴趣的圈子中寻觅知音。盲盒便是很好的社交货币，不少盲盒玩家都提到，玩盲盒让自己交到了同一个圈子的很多朋友，缓解了孤独的焦虑。渴望社交、在社交中寻求认同感和价值感的心理，正是盲盒得以通过社交裂变，在短期内完成高速增长的本因。

“一人经济”的商业画像

曾几何时，一个人去餐厅吃饭总感觉会引起周围人的注视而浑身不自在。几年之后，中国开始盛行一人文化，独自去旅行的人越来越多，一个人唱歌、下馆子也已让人习以为常。

30岁之前，何椿不想结婚。因为她相信，“在这个时代，一个人生活也能很快乐”。在中国，像何椿这样的单身青年不胜枚举。他们多出生于1985年至1995年，是中国“独一代”和“独二代”。按照媒体对这一群体的“画像”，由于父母大部分都还在职，因而他们赡养压力较小，家庭负担轻。与此同时，城市的便利性与生活压力，也延迟了他们进入婚姻的时间。

在这样的背景之下，他们的消费方式逐渐呈现出与传统观念不同的一面——不再集中于房地产、医疗和教育等产业，而是更注重“及时行乐”，更愿为“当下”买单。

这种敢消费，甚至超前消费的消费观念，催生了中国“一人经济”的起步：一人食、迷你家电和迷你KTV等囊括了各种消费场景和领域的产品，一时间备受热捧。人们不禁想，“一人经济”风何以刮到了中国，又如何改变了中国单身群体的生活态度？

19世纪，美国作家梭罗在静谧的瓦尔登湖畔搭建了一座小木屋。此后两个月，他独居于此，并写下广为流传的散文：“我就像住在大草原上一样遗世独立，我拥有属于自己的太阳、月亮与星辰，一个属于我一个人的小小世界。”彼时，“单身社会”尚是个遥远的名词。但如今，新的浪潮正到来——年轻群体正成为独居人口中增长最快的一个群体。

民政部的数据显示，2018年中国单身成年人口已经超过2亿，独居成年人口超过7700万。何椿是其中之一。24岁的她到成都一家建筑公司工作，并于2018年，在父母的帮助下买下一套房，约50平方米。“我觉得这样的生活状态挺好。”何椿称，尽管偶尔也会想谈恋爱，但在真正心动之前，一个人的生活反而更加自在。以家庭需求为首的传统观念，正在土崩瓦解。结婚生子、养家糊口不再是人生头等大事，追求个人舒适度成了他们更看重的事。他们中的很多人不再恐惧单身，而是乐在其中，热衷消费，看淡储蓄。①

人们突然发现，面向单身人群的这个市场体量庞大，并为多个消费领域提供了新的商机。

一份来自天猫榜单的消费报告显示，过去10年，从快消品、家电、家居，到美妆护肤，人们的日用品在集体变小、功能更细分：迷你微波炉销量增970%、迷你洗衣机销量增 630%……在众多品类角逐

① 黎文婕：《一人经济：孤独背后的商业狂欢》，钛媒体APP，https://baijiahao.baidu.com/s?id=1654615694045711240&wfr=spider&for=pc，2020年1月2日。

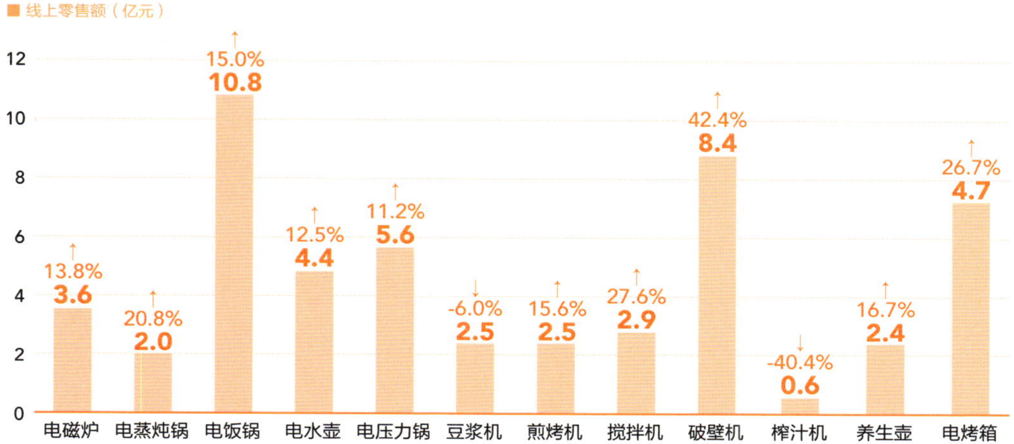

一人经济的过程中，小型家电率先抢跑，一枝独秀。《2020年“双十一”小家电总结分析》显示，“双十一”期间小家电品类实现全面增长，九阳、美的、苏泊尔等涨幅达到了4到6亿元。其中，精耕小型家电的小熊电器表现抢眼，小熊打蛋器、电热饭盒、电烤炉、煮蛋器4个品类在2020年“双十一”期间夺得了全网销售第一的成绩，多士炉、三明治机、养生壶在天猫销量夺冠，绞肉机在京东销量第一。

诞生于广东顺德的小熊电器经过5年的发展，俨然已经成为小家电的龙头品牌。从2015年到2019年，小熊电器的营收额增长了19.63亿元，净利润增长接近2亿元。令人振奋的高增长背后，小熊电器是如何成为行业黑马的？

首先，根据精准的用户和产品定位不断推陈出新。小熊电器很明智地选择了小型家电市场，并且主动避开了与美的、苏泊尔、九阳等成熟家电品牌的竞争，主打“更小巧，更好用”的产品，目标用户瞄准单身、独居又想要精致生活的人群，尤其是追求生活品质的年轻女性，并根据年轻群体的需求推出功能多样化的小家电。据小熊电器的年报统计，小熊2020年已有80个品类，400—500个SKU。并且，当时新品开发仍在加速。针对年轻人佛系养生的热潮，研发养生壶；从年轻人没空吃早餐的现象出发，推出了多款多功能早餐机和三明治机，让做早餐变得简单、便捷又有趣；火锅一直是年轻人的心头好，小熊电器又开始售卖单人火锅。

第二，把握年轻一代颜值消费的趋势。Z世代引领了颜值消费的潮流，要想让他们买单，首先得把产品做好看。细数小熊电器的产品，每一款都针对Z世代尤其是年轻女性“小而美”的审美偏好，拥有超高的颜值。丰富的色彩、圆润的外观设计、呆萌的小熊爪印logo，萌系风格已经成为小熊电器的标志外形，有着极高的辨识度。

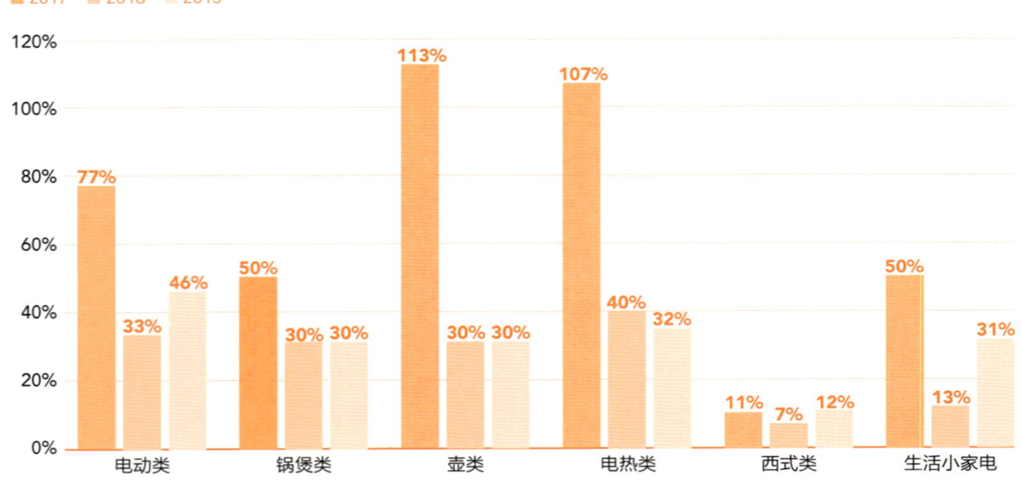

第三，强大的成本控制，低价格、高毛利。小熊电器以平价著称，大部分的产品价格在100元左右，维持低价的同时，小熊电器2019年的毛利率达到了34.62%，高于行业平均水平。维持高毛利的原因在于采取线上直销模式，省去了其他中间环节。此外，小熊电器逐渐将外协生产转化为自主生产，随着自主生产占比的提高，生产成本还将进一步压缩。

一人经济催生的品牌除了小家电，还有自热小火锅、一人KTV、一人食餐厅等等。**一人消费时的消费心理更加情绪化、感性化，对价格的敏感度更低**，这样的特定消费群体给了一人经济品牌广阔的发展空间。

消费为体验而来

春天的野山坡上，辛夷花海里，伴随着虫鸣鸟叫，一个姑娘正在地里挖野菜。一番煎炒炸煮之后，篙葱、鸭脚板儿、刺龙包等城市人听都没听过的野菜被做成各种美味佳肴端上餐桌。看着小桥流水、听着鸡鸣犬吠，每个城市里生活的年轻人都想像她一样，回归田园，真正地感受生活。这一场景中的女主角就是红遍国内外的网红李子柒。她的视频给所有看过的人营造了一个世外桃源般的美好生活，成为许多人心中梦想的归宿。李子柒也凭借观众的“羡慕之情”将与世无争恬静美好的田园生活进行到底，利用场景营销的方式将“李子柒”这个品牌打造成大IP。

借助场景营销获得巨大成功的，还有超级文和友。在长沙繁华的地段上，超级文和友坐落在与周围环境不大相符的大楼中，楼有7层，2万平方米的内部空间人群攒动，迪斯科舞厅、照相馆、理发店、泡脚城、拳皇街机都在其中，楼中的每一处还原成了80年代的老长沙，文和友在这里打造了一个市井文化浓厚的“老长沙社区”。

2020年2月，年收入超一亿的文和友获得加华资本近亿元的投资。根据NCBD（餐宝典）数据公示，文和友旗下老长沙龙虾馆在“2020上半年中国十大最受欢迎小龙虾品牌”榜中居首位。文和友的出现**重新定义了餐饮消费、市井文化、场景IP的商业边界，打造了“餐饮+文创”的新模式**。[①]在故事性塑造上，文和友邀请了20多家长沙本地经典小吃商户入驻，利用文和友成熟的品牌孵化能力，讲述传统的老手艺的故事，比如“宵夜档的草根明星——炒螺真正意义上拥有了一家店铺”“换了30次铺位的烧烤界传说——风筒辉终于扎根在这里”，这些商户的经历已经被文和友打包成故事。这样不仅可以为传统品牌赋能，实现它们的品牌化、企业化，还能帮助他们培养传承人，让经典不消失于时代洪流。

文和友创始人文宾是一个在长沙土生土长的80后，有趣的是，十年前的他还只是一个长沙路边摊的摊主。在创立文和友时，文宾一再强调文和友的文化属性，他的目标是中国文化餐饮界的迪士尼。正如财经作家吴晓波所言，**“今天在消费品市场看到的这些变化是体验大于必需，颜值大于功能，口碑大于品宣，当这些发生时，在过去二三十年中建立了自己的品牌价值的传统消费品公司完全找不到去向”**。[②]显然，以场景营销出圈的新品牌正在改变着零售行业规则。而文和友正是其中之一。

常常有人将文和友与海底捞一起对比，但是文和友上至创始人

① 紫霞仙人·牛爷：《从路边摊到年收入1亿，文和友用5年打通餐饮新模式》，新浪财经，和牛财经，https://baijiahao.baidu.com/s?id=1678174282770251670&wfr=spider&for=pc，2020年9月18日

② 吴晓波：《预见2021（跨年演讲—— 05 品类流行替代品牌）》，https://www.cnblogs.com/cool2feel/p/14217553.html

下到员工都坚信他们的竞争对手绝对不是海底捞。文和友对外一致认为，自己的真实身份是一家文化公司而非餐饮公司。[①]“海底捞被火锅定了性，非火锅的品类基本入不了海底捞（小吃例外），而文和友是开放的，哪天文和友要是推出小火锅，这在顾客看来也就是和日料店推出寿喜锅是差不多的。”这就是文和友比海底捞成功的地方。

场景营销为什么能让消费者买账？以爆红的李子柒为例，她能让消费联想到鸟语花香、自然风光、古风生活、传统美食、传统文化等美好的词汇，能让他们感受到压力之下的苦中作乐和悠闲时光。对于消费者来说，这一场景营销的力量体现下以下三个方面。

一是传统。李子柒在视频中总是身穿汉服，用天然的食材、复古的厨具和朴素的烹饪手法做出花样百出的佳肴。更让人暖心的是，她辞职回家做视频的初衷就是照顾年迈的奶奶。不管是服装、场景、工具、食材还是赡养老人的方式，其间都散发着浓郁的传统文化气息。在Z世代崛起，年轻人普遍拥有文化自信的今天，李子柒的视频完美契合了用户的精神需求。

二是乡愁。有奶奶，有各种老物件，有田里跑的狗、鸡、鸭，有满山的翠绿和野花，这样的场景是很多60、70、80、90年代出生的人的家乡的样子。央视评论说：“李子柒就是料理界的余光中，她把对家乡绵阳的爱倾注进视频里，用视频里的每一帧慰藉了屏幕前每一个人的乡愁。”消费者为李子柒IP付费的时候，其实他们或许是在弥补自己对家乡的思念。

三是冲突——晨昏不得闲的都市生活和“悠然见南山”的田园生活之间的冲突。大部分人奔波劳碌，没有像李子柒那样的幸运，可

① 筷玩思维：《超越海底捞？从迪士尼到文化公司，文和友给餐饮业的启示是？》，康波财经，https://jin.baidu.com/article/3679774.html，2020年10月9日

以回到自己的家乡，陪着年迈的亲人，过着视频里所表现的“日出而作，日落而息”的简单生活。正因如此，她的视频才吸引了众多人的驻足观看，让李子柒这个品牌成为与众不同的极具差异化的品牌。

超级文和友同样具备上述三个条件。

现代营销学之父菲利普·科特勒在《市场营销学》中给“品牌”下了一个定义：品牌是销售者向购买者长期提供的一组特定的特点、利益和服务。特点即辨识度，利益即卖点，服务即沟通。就现实情况看，目前绝大多数品牌只完成了前两个条件的建设，最后一个才刚刚开始。中国品牌正在成为推动品牌从产品符号走向品牌完全体的重要力量。庞大消费基数和高度同质化竞争下，中国消费者对体验的要求越来越高，场景品牌出现后，未来将逐步取代产品品牌。倘若回想过往，我们在购物时，一支雪糕、一台音箱……何以让我们下单？因为好的口感？为了听歌需求？这个答案在二十年前或是十年前或许是对的，但是在今天就有待商榷了。

最近几年，中国崛起了很多新锐品牌，有些前卫，有些复古，其背后都可以看到一个特定场景。场景营造的是一种主张或一种氛围，可以统称为体验。约瑟夫·派恩在《体验经济》中说道：“商品是有形的，服务是无形的，而创造出的体验是令人难忘的。”今天的消费大多是为了体验而来，而过去几年崛起的新锐品牌，都是场景品牌的前奏。

当代的白领习惯在盒马鲜生购买生鲜，因为盒马鲜生为他们省去了洗菜切菜的时间，带去便捷的同时还让他们的生活更健康、更有温度；越来越多人选择在采摘园、农家乐度过亲子时间，自己采摘、生火、做饭，寻求更多体验的乐趣；许多人聚会不爱选择又吵又闹、卫生条件堪忧的KTV，而更青睐密室逃脱、狼人杀……

毫无疑问，服务、体验成为Z世代甚至更多人消费的理由，体验经济正在逐步改造和替代传统的经济模式。

Z 世代的文化自信

2020年“五四”青年节，哔哩哔哩网站联合多家媒体推出了针对年轻消费群体的宣传片——《后浪》。视频中，有人挑战高空跳伞、有人不惧世俗眼光在街头Cosplay（角色扮演）、有人拿起行李箱开始一场说走就走的旅行……视频中的人并不能完全代表如今的年轻一代，但通过他们，可以看到更加多样化、更多选择性的人生。他们身上有着比前辈更多的自信，对民族的自信，对国家的自信。根据QuestionMobile数据显示，截至2020年11月，Z世代线上的活跃用户已达3.2亿，占全体移动互联网网民的28.1%，主要集中在一线、新一线和二线城市。Z世代是美国及欧洲的流行用语，意指在1995—2009年间出生的人，又称网络世代、互联网世代，统指受到互联网、即时通信、短讯、MP3、智能手机和平板电脑等科技产物影响很大的一代人。

Z世代每月人均互联网使用时间接近175小时，高出全网平均水平35个小时。在APP使用上，他们比平均水平多出5个，每月人均使用APP数量超过30个，涉及社交、视频、网购、音乐、团购、游戏等多个方面。在优越的生活条件下，他们的互联网消费能力和消费意愿远高于全网平均水平。**高频率、多样化、长时间的触媒习惯以及强烈的消费意愿和能力，让Z世代逐渐成为消费主力。**[①]

① Mr.QM：《3.2亿“Z世代”引爆消费潮流大迁移，如何抓住他们？》，QuestionMobile（ID：QuestMobil），2021年1月16日

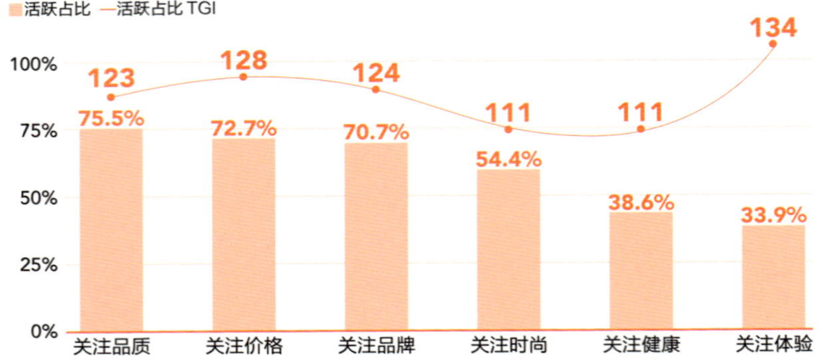

Z世代热衷小众文化。B站、二次元、游戏、汉服等小众文化的兴起，离不开Z世代的推动。在他们之前，二次元、游戏等符号常常被与“幼稚”“浪费生命”“娱乐至死”等词汇联系起来。而在Z世代走上历史舞台之后，以二次元为主要受众的B站越来越成为大众化的视频软件被更多的人接受和使用；游戏演变升级为电竞运动，成为能够为国争光的体育项目；曾消失在大众视野很久的汉服，现在越来越多地出现在大街小巷。Z世代点燃了偶像经济。追星就是竞赛，谁都不想输。相关统计数据表明，2020年中国偶像市场规模超过了1000亿，粉丝情感化消费带来的收入接近500亿。《偶像练习生》《青春有你》等选秀节目层出不穷，为娱乐市场提供源源不断的新鲜血液，维持着偶像经济热度。邀请热门明星代言品牌、冠名选秀节目等成了品牌吸引年轻流量的有效方式之一。

Z世代引领了颜值消费。对于Z世代来说，不管是什么消费品，好看很重要。调查数据显示，95%的95后消费者在选购小家电时，认为“高颜值”是自己决定购买的重要因素之一。这也让众多的品牌意识到商品颜值的重要性，其中最简单的方式就是找本身具有颜值优势的IP制作联名款。优衣库的T恤衫每年夏天都会与各大IP联名，将普通的夏季短袖卖出更多的花样，常常吸引消费者排队抢购。

Z世代乐于为体验消费买单。他们更加重视情感和精神层面的满足，重视消费体验，这让品牌有了更多的溢价空间。在新消费时代，体验经济席卷了文娱、零售、餐饮、服务等行业，已经发展成了与农业经济、工业经济、服务经济并存的一种经济形态。种种的现象表明，Z世代不仅仅是当代消费的主力军，也是小众文化的代言人，他们正在**把小众的变成大众的，把民族的变成世界的**。中华文化积淀千年的底蕴，正在靠Z世代迎来新时代的复兴。正是对小众文化的热衷，让更多的国货生产者看到了品牌重塑的契机，迎来了国货潮的井喷年代。

同时，本身具备怀旧、情怀属性的国产品牌，抓住了互联网时代的新机遇和中国新一代年轻人的深层需求，迎来了品牌生命的第二春。优秀国产品牌如果能够始终保持对品质的追求、对传统文化的传播和创新发展的决心，并且开始注重“颜值”经济和文化内涵，应用互联网“爆款思维”引领产品设计，理解年轻人，和年轻人对话沟通，这场复兴就注定不会缺席。[①]从更深层面，在国家综合实力不断提升之下，国货消费潮也是年轻人自信感和荣誉感的一种折射。90后出生于改革开放后中国最蓬勃发展的时期，一路见证香港、澳门回归，载人航天，加入WTO（世界贸易组织），举办奥运会、世博会等重大历史事件，自小受益于网购、移动支付、高铁和共享单车等中国“新四大发明”，对中国的繁荣昌盛有着切身的体会和认知。**90后新青年认同和青睐国货，就是对沉淀在国货里的品质、价值、情怀的一种文化自觉、文化认同和文化自信。**

① 《亿邦智库：文化自信视角下，B面拼多多与新国货崛起》，环球网，东方网，https://capital.huanqiu.com/article/9CaKrnKouDR，2019年12月23日

解码新国货

海外红回来的“魔头”

截至2021年，连续4年，1MORE共斩获12项CES创新奖（CES，国际消费类电子产品展览会），成为历史上第一个获此殊荣的耳机品牌。这份来之不易的荣耀，起源于一个中国企业的自主品牌梦。

“打造中国原创耳机品牌的No.1”

2013年，在“全球代工之王”富士康工作10年的谢冠宏出来创业，创立万魔声学科技有限公司，他决定走一条与纯代工不同的路——“打造中国原创耳机品牌的No.1”。他认为，中国制造了全球95%的耳机，全球市场却鲜有中国品牌的身影，这非常不合理。作为万魔创始人兼董事长，谢冠宏对自己的产品有充分的自信。他曾是美格联合创始人，也是富士康最年轻的事业群级总经理，一手主导过Apple iPod、Amazon Kindle等畅销全球的消费电子产品的设计和生产。

“不做什么比做什么更重要”，谢冠宏认为这是一个企业首要的战略选择。在创业之初，他强调“三不”原则：不做“山寨”、不做INBOX（没有技术含量，随手机等附送的低价配件耳机）、不做OEM（纯代工）。创业之初，从零起步，为了集合优秀团队，做出一款好耳机，万魔采取了一种联创模式，就是联合创业。万魔副总裁林柏青解释，我

谢冠宏参加2017年RISE大会并发表演讲

们寻找愿意跟万魔一起创业的供应链伙伴，大家一起讨论，我们的客户是谁，今年做什么产品，生产多大量，需要投入多少费用等。如果对方缺钱，万魔为其背书，向银行借钱；如果对方缺人，万魔帮忙找人；如果对方缺技术，大家一起讨论解决办法。随着耳机产品升级换代，越来越多的伙伴加入万魔的供应链体系，形成了一个生态。正是这个创业生态，保证了万魔能够不断生产出前沿优质的产品。

墙内开花墙外香

凭借对自身产品的底气与自信，万魔成立不久，便对标国际大品牌，如索尼、Bose等国际巨头，与其进行数据对比，展示自己在功能上的优势。一个初创国产耳机品牌敢于对标行业巨头，没有获得喝彩与支持，反而引来同行的围攻和消费者的质疑，甚至有人画了一个十大耳机品牌“围攻光明顶”的漫画来讽刺万魔。

人们当时对国产品牌的不自信和对海外品牌的盲目追捧，让谢冠宏不得不重新思考出路。无奈之下，他最后决定去美国开拓市场。那里是全球科技、电子竞争最激烈的地方，如果在美国能获得认可，自然能回过头来说服国人。2015年，万魔自主研发的耳机品牌1MORE正式开启了海外征程。这款耳机性能跟外资大牌差不多，但价格只有对方一半，具有超高的性价比。为了此次海外出征，万魔厚积薄发，沉淀了三年。万魔是小米生态链第一家生态链公司，公司利用三年的时间，沉淀了人才、组织和供应链，三年后，做自有品牌已是水到渠成。

谢冠宏讲述，刚开始，本来打算宣传万魔是国际团队，后来还是介绍为中国设计制造的耳机品牌。美国人对于哪国制造并不在意，只认准品质，他们试听了以后，非常惊讶：“哇，中国还有这么便宜好用的耳机。”在他们看来，这是一家来自中国的品牌，价格也不贵，并没有报太高期望，结果一测试，大大超出预期。

1MORE在海外的征程非常顺利，每一年都获得很多奖，6年获得了36项国际奖项，10多项海外知名媒体奖，媒体评价“Premium Sound Quality Affordable Price”（高端音质，平民价格）。专业测评和媒体肯定，给了谢冠宏很大的信心，当年被迫走出国门，没想到，还真闯出了一条路。

被国外媒体和机构多次评选No.1以后，1MORE在国内的用户慢慢也转变了看法。“当初骂我们最凶的那些发烧友，现在很多都用我们的产品，甚至于还反过来发了很多朋友圈和文章，推荐我们产品的音质、降噪效果。”谢冠宏颇有感触地说。

从内心深处，谢冠宏真心感谢这些当初骂的人。他们很懂行，骂得很苛刻，骂得很精准。“当我转变心态面对这些挑战的时候，每一个谩骂和挑战都是鞭策我进步的台阶。”这些谩骂者相当于成了万魔的产品经理，鞭策着万魔的技术和设计必须有独创性和领先性，最后连设计一个包装都要小心细致，绝不能跟其他任何公司一样。

王者归来

万魔顺理成章地按照当初设想转回国内市场，并开始了在国内的品牌推广。副总裁林柏青为此做了大量工作，他跨界多个领域，负责产品研发和品牌营销。在工作中，林柏青总结出做品牌的三点心得：

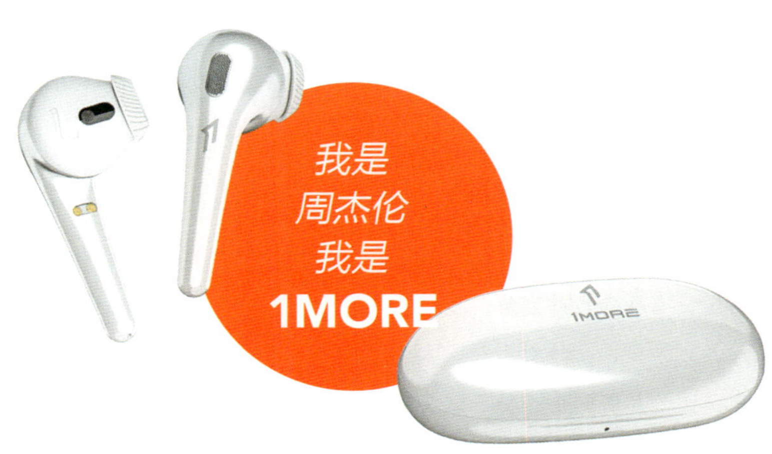

产品定位中高端；用户兼顾专业人群和年轻人群；与明星合力运营粉丝，塑造口碑。为打响品牌，公司先后找了四个人为万魔代言。

首先是调音师卢卡。来自意大利的卢卡·比格纳尔迪四次荣膺格莱美录音大师奖。2015年，万魔曾推出一款《中国好声音》联名耳机，当时卢卡是《中国好声音》的金牌录音师，第二年，万魔将卢卡从上海请到深圳，为他专门做了一个工作室，他也随即成了万魔的御用调音师和口碑代言人。

伴随着消费升级，品牌调性呈现越来越年轻的趋势。基于这样的考虑，万魔相继找到了大家熟悉的歌手周杰伦、吴青峰、张紫宁，作为万魔的明星代言。“我是周杰伦，我是1MORE。”著名歌手、原创音乐人周杰伦的这句广告语，将万魔在国内的品牌知名度推上了一个新高度。林柏青希望万魔成为华人圈新国货的代表，“必须要有与索尼、Bose对标的姿态”。他认为，目前万魔是唯一一家在音频领域能够与索尼、Bose来PK的中国品牌。7年时间，在自主品牌道路上，万魔走出了一条自己的路，目前自主品牌占三分之一以内，三分之二以上还是ODM。万魔的逻辑是：用几年时间，先将从富士康锻炼的代工能力，转化为自身的生产能力和供应链能力；再逐步积累自己的设计能力、研发能力和实验室能力；最后将这些经验酝酿出的产品能力，转化为国货品牌。

“让万魔成为最多人推荐的品牌”，是谢冠宏的远景规划，他对于新国货有着自己的理解。他表示，第一，品质要好，企业要凭良心做产品；第二，必须对得起国人支持，让他们买了感觉值，而且一定要比买国外品牌更值；第三，要能够在国际舞台上和国际大牌同台竞技，这样才不辜负国人的期待。

解码新国货

产业重构下的"莓"好消费

地处北纬31°的南京溧水，拥有国内领先的黑莓种植基地、全国最大的规模化草莓种植基地、国内最全的蓝莓种植资源圃……

良好的地理环境加上当地政府产业规划政策支持，吸引了像悠果维这样创新的新品牌。从创立至今，悠果维以打造新国货品牌为使命，凭借先进的商业模式和科研力量焕发黑莓新价值，致力成为莓类行业的领先企业。2018年，悠果维黑莓浆饮品通过248项严格检测，成为"体育·训练局国家队运动员备战保障产品"。悠果维创始人兼CEO钟良表示，获得国家体育总局训练局的认可，进一步坚定了他和团队生产、研发、推广有机健康饮品的信心和决心。

看好健康，"遇见"黑莓

作为医疗行业投资和互联网电商的从业者，钟良和团队从多年的经历中，深刻认识到大健康产业是未来发展的新兴产业方向。"每个国家在人均GDP达1万美元后，居民健康消费都会呈趋势性上涨。"钟良说。近年来，中国的健康消费增长明显。同时，人们的健康理念发生了变化，逐渐认识到防病于未然的重要性。产品只有具备独特性和优越性，才能在市场凸显价值；从一个产品延伸至企业，又该如何打造"护

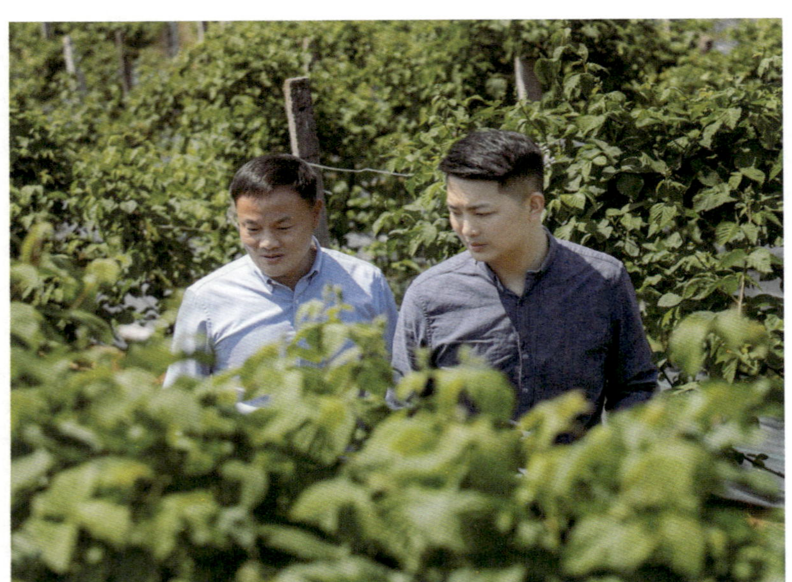

钟良（右）和基地技术人员探讨黑莓种植

城河”？当钟良遇见黑莓后，他的思绪豁然开朗。黑莓原产北美洲；两千多年前的古希腊人就已形成采食野生有刺黑莓的习俗。“西方医药之父”“体液学说”奠基人希波克拉底在著作中提及过黑莓的特点和用法。依据美国农业部相关网站的记载，黑莓富含40多种营养元素，能够帮助人体及时补充身体容易缺乏和不易获得的营养，包括植物SOD、花青素、原花青素等抗氧化营养物质以及9种人体必需的氨基酸。

中国在1986年引入黑莓，1994年开始种植推广。中国的黑莓种植一直以出口欧美为主，深加工处于不成熟状态，鲜有企业涉足其中。中科院植物研究所是最早引进黑莓的科研机构，江苏省农科院又对黑莓价值和生产加工进行长期的研究。遗憾的是，两家科研机构的研究理论成果和专利技术一直没能很好地和企业结合，应用到国内市场中。

嫁接科技，深耕产业

经过一系列的深度调研考察，钟良和他的创始团队一致认为，第一步不是急于研发和生产产品，而是寻找有机种植基地。“我们的规划非常清楚，不做保健品，只做健康有机饮品。”为保证一流的研发技术力量，钟良和中国科学院植物研究所、江苏省农科院展开全面合作。在江苏乃至全国，这两家科研机构在黑莓种植、研发上具有绝对优势，因为他们拥有黑莓生产方面的国家专利技术。

一开始，江苏省农科院的专家团队对前来合作的钟良并没有表现出太大兴趣。来谈合作的企业并不少，但真正想做又能做好的却少之又少。“我们从市场需求出发，倒推产品的规划、研发方向，再回到原料种植。我们走的是一条从后端到前端的路径。”钟良说，他的完整规划和前瞻性思考打动了江苏省农科院的专家，合作自此启动。

解决了源头种植和研发技术的难题，钟良和团队开始着手产品的研发生产。为了确保产品品质，他对团队提出近乎苛刻的要求：产品不加任何香精、色素、防腐剂。“黑莓自身就具有防腐的物质水杨酸，我们采用棕色瓶子，再在技术和研发方面反复试验，实现了在不添加防腐剂的前提下，产品保鲜9个月。”这看似简单的数字背后，凝聚的是国内外专家团队的科研力量，包括中科院植物所、江苏省农科院等众多科研机构和莓类科研专家的技术支持。

“悠果维实现了将国际前沿的黑莓研究成果应用到植物营养领域的创举。”钟良说。

从基地到客户 打造全产业链

勇于挑战产品9个月保质期的背后，悠果维的全产业链模式给予了强有力的支撑。“这条产业链包括种植、生产、研发、加工到销售。基于这样的模式，我们完全可以实现‘订单式生产’。”钟良介绍，依托全产业链和先进的IT技术，工厂可以随时分析市场需求，然后制定短期的生产计划。“客户今天下订单，他的订单产品可能正在生产中。或者，他今天下单，收到的是昨天生产的产品。”

平时钟良是全国各地飞，只要打开手机里自主研发的APP，他就可以随时了解基地的种植、生产进展、市场销售等……因为有了数字化工具，钟良可以和客户建立直接联系，第一时间知道客户的诉求，围绕他们的需求做好延伸服务。

从2016年创立至今，悠果维在莓类行业拥有了数十万的忠实果粉。“我们有足够新的理念，足够好的研发，足够强的意愿，我们要把这个行业重做一遍。”在钟良看来，黑莓是一个千亿市场，大有可为。他表示，“我们不在乎当下是否行业领先，而在意是否能建立起产品的长期竞争力”。钟良将品牌取名“悠果维”，有着深刻的含义。他说，“果”为水果，代表绿色营养，“维”是维生素，代表健康，而“悠”则是悠然的意思，代表一种生活状态。他希望通过团队的努力，让更多陷入健康焦虑的人们，不管老年人还是年轻人，都能实现“悠然见南山”的美好生活状态。当下的悠果维在行业崭露头角，被贴上了“新国货”的标签。钟良说，在产业重构的今天，消费不断升级，必须拿出货真价实的好产品才能最终实现品牌价值。

Q：国外火热的健康产业，对您创业有什么启发吗？

钟良：我们进入健康食品领域是看中了“国产替代”的机会。通过数据来看，目前跨境电商健康功能食品每年增速很快，存在大量的消费需求。如果我们深度联合国际专家做研发，使用国际先进的生产技术生产更符合中国消费者的产品，我们相信有很大的市场空间。

Q：黑莓进入中国并不晚，但一直没有成气候，您为什么如此有信心呢？

钟良：我的信心来自“创新研发”。我们发现过去大家对黑莓的认知就是一种高端的进口水果，并不了解这个水果背后的营养和丰富抗氧化成分的应用价值。我们通过将这些营养特性结合现代都市人群的健康需求进行专业产品研发，发挥了水果背后更大的食用和健康价值，也通过生产技术研发让产品的储存和运输等更加便捷，从而让黑莓成为更多消费者日常所需的健康有机食品。有多大需求就有多大市场，我们有信心从源头有机种植开始构建整个黑莓产业链。虽然目前才取得小成果，但未来可期。

Q：悠果维提出百亿目标，请问如何达成呢？

钟良：其实百亿目标更多的是代表我们对产业长期发展的决心。一方面，我们正在持续不断地夯实基础，把产业的供应链基础做得更稳固坚实；另一方面，通过不同的系列产品和品牌矩阵，实现对不同客户群的覆盖。今天的消费者越来越分层，很难用一款产品适配所有人。我们可以用不同的产品、不同的功能满足不同需求的消费人群。

新国货报告

中国的需求和供给两侧都发生了重大变化，需求决定供给。企业家生产什么样的产品、怎么定价、卖给谁这件事情是由消费者决定。新中产的崛起及他们对产品需求的不断变化，决定了国货品牌生产的商品。

正在进行中的这一次新国货运动正是中国崛起、民族自信和产业复兴共振所形成的趋势。

“国货”这一说法，在清末时期就已经出现。当时国货的兴起，是国人在遭受外来侵略的背景下，发展出民族资本主义工商业，并以此抵制经济殖民的一种方式。不过，彼时主导国货潮流的人很少，人们对国货的意识也不具有普遍性。

改革开放以来，历经现代化进程的中国快速发展，制造出的消费产品数量与日俱增。起初，这些国货产品只在数量上满足需求，并未走向国际市场。随着我国综合国力增强，逐渐走出低端市场的国货也一路发展出高优质量和自有品牌。

迈入新时代后，新国货的浪潮翻涌而来，不仅快速占领国产老牌市场，并且另辟蹊径，与国际大牌争夺零售领域的高地。随浪潮而至的还有人们对国货的态度，渐渐包含有国家归属和文化自信等内涵，并俨然升华为一种爱国情怀。

面对新国货的崛起，原有的国外名牌和早期的国产品牌也开始转变策略。不仅如此，新生的各大国货产品，也在新零售领域下足功夫，以探索品牌发展的更优解。尤为关键的是，更新换代的消费群体、消费渠道呈现出的不同特征，更是为“新国货”这一概念注入丰富多元的内容。

显然，面向新国货的未来，不论是国产品牌，还是消费行业及相关领域人士，都引颈而视，渴望看清发展中的新国货之局。

本书研究员调研与聚焦近年来的新国货发展，全面系统地回顾国货在零售领域里的发展历程，总结梳理与之相关的行业特质、企业特点、消费群体特征，并结合新零售生态下的人、货、场的特点，普及新国货背后包含的文化理念，分析新国货发展中的变化因子和不变因素，并从多个维度进行客观评论和建议，为与新国货相关的产业制定者、研究者、创业者厘清国货潮流趋势。

“消费者主权”时代

执笔 / 周孝宇

随着享受型消费时代的到来，消费者主权意识觉醒，消费“羊群效应”开始消失，从众式消费逐渐落幕，供给侧不得不通过比拼品质和服务以“谄媚”客户。

新时代中，受教育程度更高的80后、90后一代成为主流消费者，对文化、审美等提出了更高要求。而随着95后、00后成为新的消费力量，“悦己”则成为消费新风向，享受型消费进一步成熟。

在享受型消费中，消费者强调其个性和偏好，并据此选择所需商品和服务，如果没有满意的商品，他们“宁缺毋滥”。这正是“消费者主权”意识觉醒的体现，意味着中国消费者主权时代到来。消费者的呼唤被供给侧倾听，倒逼供给侧创新，甚至推动新品类的诞生。

与此同时，在国际关系事件的影响下，人们的国家意识、民族意识觉醒，更加拥护制造强国战略，呼吁高品质中国制造。随着国家文化强国战略的实施，国人文化自信不断提升，对中国文化的诉求也愈加强烈。

在中国消费者的呼唤下，2016年以来，国产品牌在市场中，尤其是线上市场中的占有率逐步提高，新国货强势崛起。

消费者大分流

进入21世纪以来，中国经济飞速增长，人民收入和消费支出水平不断提高，2019年，居民人均可支配收入已达到3.1万元，居民人均消费支出达到2.2万元。收入水平提高的同时，居民的家庭恩格尔系数[①]逐年降低。2017年中国城乡居民恩格尔系数为29.3%，首次低于30%。根据联合国粮农组织提出的标准，我国已进入最富裕国家行列，中国居民在品质消费方面拥有强购买力。中国居民消费结构变化显示，医疗保健、教育文化娱乐等发展型和享受型消费支出占比呈逐年增加趋势，而食品、衣着等生存型消费支出占比所呈趋势则逐年下降。此前的消费结构变化是在消费主力军的引领下产生的，而主导未来消费结构变化趋势的，将是潜力股消费群体。实际上，不管是当下的消费主力军，还是潜力股消费群体，他们在人口地域结构、人口教育结构、人口年龄结构、人口性别结构上都有着显著特征。

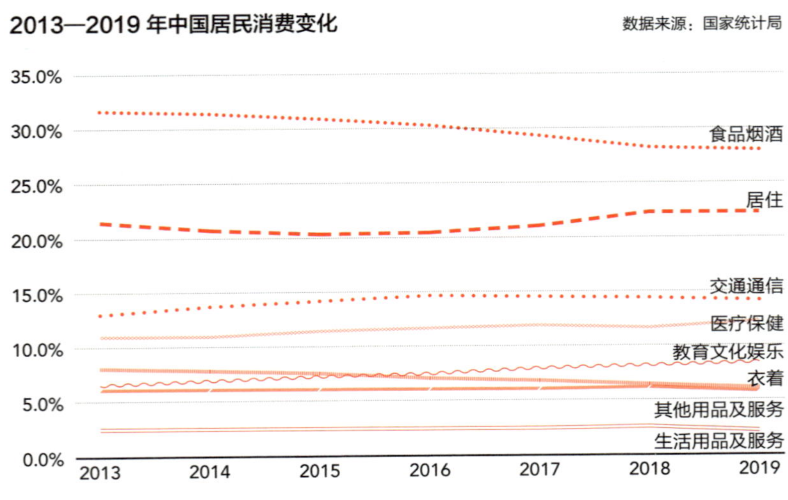

① 恩格尔系数是国际常用的一种测定贫困富裕的方法，比重越高说明越贫困，反之越富裕。恩格尔系数 = 食物支出变动百分比 ÷ 总支出变动百分比 × 100%

1. 影响消费方式的成因

消费群体随时代变化而更新，聚焦他们的年龄、性别、所处城市、所受教育等特征，影响消费方式的因素便浮出水面。

城市：一二线城市居消费主力地位，下沉市场不容小觑

一二线城市网络购买力处于领军地位。在居民收入水平、移动支付渗透率、网购普及率、物流基础设施建设等方面，一二线城市都远超下沉市场水平。

2020 年“双十一”购买金额前十城市 资料来源：星图数据

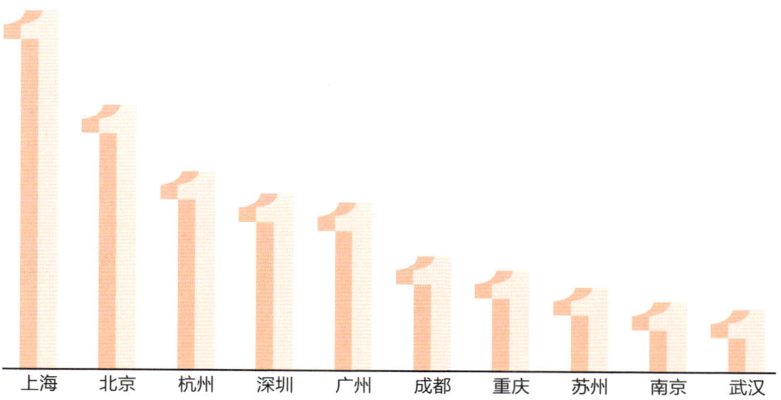

值得注意的是，下沉市场拥有巨大潜力。所谓下沉市场，是指三线及以下城市、县镇与农村地区的市场。中国下沉市场人口达到10亿，约占全国总人口的72%，但活跃性仍处于较低水平。在政府积极引导、电商平台等主体渗透下，下沉市场，尤其是小镇青年用户正在被快速激活。

京喜数据显示，2020年第二季度（Q2）移动互联网新增用户中，中国下沉市场增量占比高达86.6%。

2020 年 Q2 移动互联网月活跃净增用户规模各等级城市分布（万）

数据来源：京喜 × 亿邦动力《下沉市场再出发——2020 下沉市场新消费研究报告》

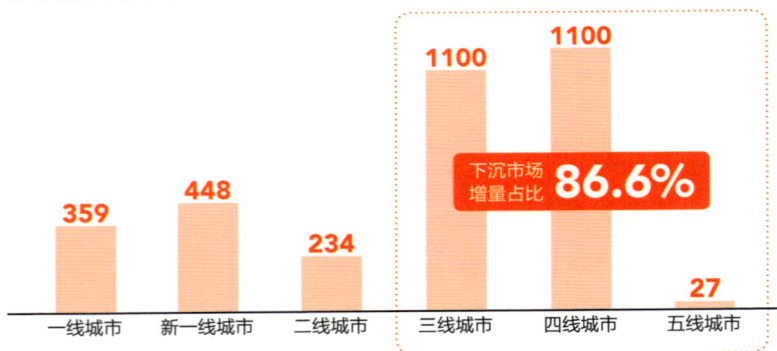

教育：高学历群体稳步扩大

高学历高收入群体强调品质生活，追求个性化，乐于尝试新事物，在消费中发挥着引领作用。根据国家统计局等机构的公开数据整理，目前我国普通本专科毕业生累计超过1.07亿人，并且正在以每年750万的数字增加。随着高学历人群不断增加，他们对消费的影响力将进一步扩大。

年龄：80后90后成核心消费用户

目前我国消费贡献，尤其是线上消费，以80后、90后消费者为主。我国拥有购买力的人群主要集中在15—64岁区间，根据国家统计局数据，我国15—64岁人口约为9.9亿，其中80后2.2亿人，90后1.7亿人，80后、90后合计将近40%。随着80后、90后成为社会中坚力量，成为消费主力也是必然。值得注意的是，40—70岁消费者的购买力仍然非常庞大。依据麦肯锡预测，2015—2030年中国消费增量约为30.6%，其中45—74岁消费者将贡献12.7%。

性别："她经济"势不可挡

社会地位的提升，让女性在消费中的贡献越来越大，并形成了巨大的女性消费市场。阿里巴巴的数据显示，阿里系在线销售额的70%由女性消费者贡献，女性在消费决策和能力上都占主导地位。据估计，当下的"她经济"规模所形成的市场价值至少在5万亿元以上。

"她群体"可按照年龄、职业等差异进行画像。

女性消费群体画像 肖明超—趋势观察

年龄范围 购物偏好 经济来源 消费案例 决策影响 营销建议

幼龄消费者 年龄范围：12岁以下 购物偏好：玩具、文具、书籍、食品饮料 经济来源：父母及家里亲人	消费案例：8岁男孩独自带着4岁的妹妹一起到一公里外的麦当劳买汉堡。这两个孩子都是麦当劳的狂热粉丝。 决策影响：其实孩子们认识品牌比大人们想象的要早，孩子对品牌的认知与情感补偿、熟悉感、味觉、嗅觉、听觉和图形都有关联。现在的小孩往往能代替大人来决策自己的消费行为。 营销建议：在儿童心中提前播种品牌记忆与情感成为了许多品牌长期发展的营销策略。特别是当社交媒体已经成了儿童获取信息的重要途径，互动感强、趣味性高的营销内容更容易获取儿童欢心，此外儿童关注的大IP也是重点关注内容，民主家庭，父母也愿意尊重孩子的想法，让孩子自己做决策。

青少年消费者 13—18岁 二次元、泛娱乐、美食 ¥ 家庭	94%的00后都有自己的智能手机，最在意的产品特性是社交性、潮流性和个性化。其次对社交产品的另一特殊需求是“连麦”。他们需要陪伴感。不管是写作业，还是吃饭，都希望有一个人陪着。 这个年龄段就是我们常说的“00后”，她们完全成长于移动互联网时代，所以她们的世界观、人生观、价值观和消费观等属性不同于其他年龄段的人群，呈现出更多元化、包容化、独立化的特点。移动互联网深深影响着他们的消费观与生活观念，恰逢青春叛逆期的小女生们对于网红、爱豆们深深迷恋，同样也影响到她们的决策。 00后更重视购物过程体验，希望与品牌建立交易关系之上的信任感和亲密感。她们对社交媒体上营销信息的接受度也明显更加开放、正面，使产品和服务提供商在社交媒体上针对消费者个性需求提升影响力方面拥有更大的发挥空间。
大学生消费者 18—22岁 美妆、娱乐、服装 ¥ 大部分来源于家庭，少部分有个人经济来源	女生在彩妆选择品牌上，呈现中高端产品结合的多元化特性。女大学生最常用的化妆品为口红，以口红为明星产品的MAC、YSL、Dior等海外大牌均进入女大学生彩妆品牌TOP10名单。 女大学生的消费呈现着个性化与从众化并存的现象，她们将个人的消费向时尚看齐的同时，也希望获得周围人的认可，也表现出一定的攀比和炫耀心理，因此商品本身的使用价值，以及蕴藏着的独特性和优越性也影响着她们的消费决策。 女大学生作为新时代的年轻女性，她们追逐时尚、追赶潮流，对美的渴望非常强烈，已经成为市场中不可忽视的重要消费群体。对于品牌来说紧抓女大学生消费心理，充分了解她们的消费行为习惯，准确地对自身品牌形象构建做出调整预判。
职场新人 22—26岁 电影、服装、旅游 ¥ 个人	相宜本草借助公众话题传递品牌理念和触达消费者，加之“你是怎样的小姐姐/小哥哥”病毒H5，配合《请叫我小姐姐》系列视频的传播，利用女性最在意的敏感点来作为沟通内容，输出品牌价值观，站队女性群体。 刚刚走出校园，初入职场的“小白”有着积极向上的生活理念和消费欲望，她们偏爱有故事、有设计感的原创品牌，对于美有着极致的追求，因此对于以颜值为切入点的品牌产品难以抵挡。 随着消费升级，许多品牌不能再重复强调自己的产品，而是另辟蹊径，玩起了走心。因此深刻的洞察才是广告能否引爆传播的关键，根据女性内心真正的需求确定广告要表达的内容，才有可能直击人心。

新锐白领 25—35岁 旅游、文学 艺术品、摄影 个人	2018年“女神节”期间天猫联合了近30个顶级品牌、100多家头部媒体、自媒体以及APP平台，解读了千人千面的“女子力”。 已在职场打拼多年的女性白领基本上具有较富足的经济条件，对于消费的选择也更加专业和精致化，她们更多追求的具有高品质和高内涵的品牌产品。 当今白领女性对自己关爱的意识已普遍存在，而且将越来越强烈，越来越成熟。品牌通过足够真实的生活化场景，以不同的情感角度切入，全面诠释白领女性的内心诉求和消费欲望才是品牌需要考虑的重点。
文艺女青年 25—35岁 旅游、文学 艺术品、摄影 个人	豆瓣APP现在已然成为滋养文艺腔们的温床，在里面可以了解独立音乐人、网络写手、电影艺术家、乐评人、书评人所做的一切，文艺腔更为国际化。 文艺女青年一般物质生活丰裕，对于文学、小清新有着独特的喜好，关于消费方面，不会过多追求时尚与潮流，能够影响她们消费决策的大多是自身的兴趣或以优质内容为主要形式的品牌产品。 对于文艺女青年来说，品牌同样需要提升“文艺范”，用个性化的设计和品牌内容营造出“小圈子”的传播氛围，既能让她们融进来又能够让她们感受到与普通大众的区别，建立起自身的品牌形象，同时还能利用电影、艺术等文艺作品的新闻效用获得精准人群的关注。
都市女强人 28—40岁 旅游、奢侈品、 高端娱乐场所 个人	“愈来愈多年轻女性的时尚意识抬头，这些人自由消费不受限制，在社群媒体上也相当活跃”，是驱动中国奢侈品消费的关键族群。 “她经济”消费尤盛。女性在职场或生活等等社会很多方面地位的崛起，“妇女节”逐渐被“女神节”“女王节”等热词代替，所以带有强烈个人特质、凸显女性独立自我风格的品牌更加受到她们欢迎。 女强人有着缜密的生活规划和工作日程，在消费理念上形成了一定的品牌依赖性，品牌就需要以高品质、精致范的理念来打动那些女性。将奢侈品穿到浑然天成的女性，本身也有着同样的气质。
圈层领袖 25岁左右 饮食、美妆 护肤、服装饰品 个人	“全球好物推荐官”薇娅，在从事直播带货之后，名列直播间销售额榜首，并连年创下纪录。至今令人记忆犹新的是2019年的“2小时带货2.67亿”，全天销售额超过3亿。 作为圈层领袖，她们更多是在帮助圈层人群尝试不同的新品和体验，因此影响圈层领袖消费的因素便是品牌出新的效率和质量。 圈层领袖有着举足轻重的话语权和引流能力，由于长时间深耕于垂直圈层领域，使得她们对于品牌产品有着独到的见解，在朋友圈中也享有相当的话语权，因此对于品牌而言就需要更加精致、优质的品牌和引人注目的潮流设计才能打动她们。

宝妈超人 28—40岁 母婴育儿、健身运动 ¥个人	“妈妈网”大力打造微网红经济，率先正式提出红人“W计划”建立妈妈网微网红矩阵；“宝宝知道”推出专家直播频道，通过直播的方式打造医生红人，进行内容生态建设。 对情感和归属的需求很强，对接受内容的场景有高要求、爱好社交和跟随，容易通过互动建立信任关系。 对母婴市场来说，单一的满足购买产品的需求还是不够的，妈妈们寻求知识、分享体验和集群社交等心理需求，推动了母婴品牌要更加积极地进行内容建设，优化品牌服务以满足新时代妈妈。
居家贤妻 28—35岁 服装、家居、运动健身 ¥个人/家庭	热播综艺《妻子的浪漫旅行》让观众看到了明星妻子的日常。其中程莉莎始终与众不同。她烫着老式的发型，穿着长款裙子，更像是我们身边的已婚女性，表达出了她不仅仅是对家庭的付出，还留出了更多时间给自己的生活。 重视外观形象，口碑传播影响力强，细节挑剔且价格敏感，对于家庭家居更加重视。 消费升级的背景下，女性的生活观、消费观都已有很大不同，居家女性也并没有因为家庭生活的烦琐而减少对于自身的关怀，越来越多的女人，享受挑战的乐趣，用色号表达每天的心情，随时切换运动模式，边养育边修炼，用智能做管家，爱上内外兼修。
经验前辈 42—60岁 家庭日用品、保健品、投资理财 ¥个人	阿里巴巴以40万的年薪招聘大龄淘宝用户研究专员，要求年龄在60岁以上，有稳定的中老年群体圈子，并且广场舞领袖优先。其实，阿里看中的是老年群体社交的高价值链，而广场舞领袖往往在社交消费中有主导的话语权。 她们在家庭中承担奶奶、母亲、女儿、妻子或主妇等角色，所以会承担比年轻女性更复杂的社会角色，也会有更丰富多元的生活经验和人生经历，因此无论是老人用品、儿童用品以及厨卫等消费家庭消费的比重往往大于个人消费比例。 在中国老龄化步伐加快的未来几十年里，“大妈经济”不会随着制度的变迁和时代的进步而消失，只能是越来越具影响力。她们的生活半径与生活方式决定了她们的信息来源途径主要是圈子里的口碑传播，或圈中某人的亲身体验，当她们认为某些产品物有所值时，易形成群体消费。

2. 消费者主力军——新中产崛起

新国货的发展离不开新中产的崛起。以新中产为代表的新一代消费者，强调消费者主权，而本土消费品企业最了解本土消费者的需求，最能满足消费者主权表达。

新中产是近年来频频出现的名词。所谓“新中产”，是指一群最近数年崛起、以80后和90后为主的新晋中产阶层，他们是互联网时代的原住民，立场鲜明、价值观坚定，将是中国中产阶层的中坚力量。

新中产年龄分布

数据来源：吴晓波频道《2020 新中产白皮书》

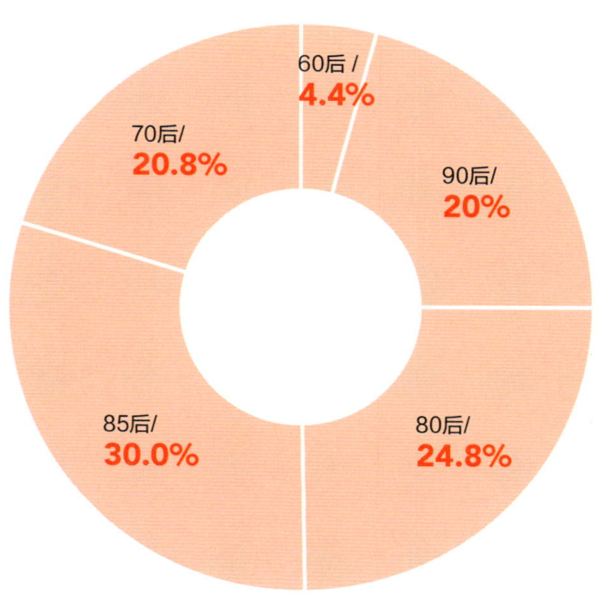

2020年，吴晓波频道发表的《2020新中产白皮书》中，定义了新中产的四大标准：

新审美： 有清晰且符合当代商业美学的审美趣味，既不人云亦云，也不崇洋媚外。

新消费： 在满足物质生活的前提下，将更多的时间和金钱投入自我修养的提升上，消费支出中与体验有关的商品、服务越来越多。

新连接： 善于使用移动互联网等工具，从物理空间走出去，找到价值观、审美观、消费观类似的爱好者，进入相应的圈层中。

家庭年收入20万—100万元。

家庭年净收入（除去各项开支）10万—50万元。

可投资资产20万—500万元。

家庭净资产100万元—2000万元。

从事专业性或者管理类工作，主要包括企业主、企业中高层和各行业的专业白领，教育工作者、媒体人、学者等文教职业从业者，公务员、事业单位编内人员等体制内成员，拥有固定收入或专业能力的自由职业者。

有较高的科学素养，接受过高等教育，或者没接受过高等教育但具有相应科学素养。

新中产阶层消费观念与消费方式特征

3. 两股消费潜力股：Z世代、小镇青年

伴随着经济增速放缓，且流量红利递减，绝大部分品牌面临如何实现新增长的挑战。此间，潜在的消费力量被撬动，物质条件富裕的Z世代和下沉市场中的小镇青年的消费潜力持续爆发……

潜力股No.1：Z世代

Z世代，是指1995—2009年出生的人口。在他们童年时，互联网已经普及到普通家庭。因为受到网络、智能手机等科技产物的巨大影响，这一代人又叫作互联网世代。根据国家统计局数据计算，中国Z世代总数约为2.6亿人，其中95后9945万。随着Z世代消费力的提升，这一群体消费者越来越不可忽视，预计将撬动5万亿的消费市场。

Z世代的多重身份特征

Z世代成长于信息时代，受到全方位多元文化的熏陶，有着独特而又个性的身份标签。“多重身份者”是Z世代的专属人设。多重身份意味着多重兴趣。在互联网的助力下，Z世代的兴趣圈层更加垂直、多元，带有个性特色。因为对各自的圈层有着高参与度和强归属感，Z世代的圈层文化所带来的相关消费潜力正不断释放。

资料来源：第一财经商业数据中心《2020Z 世代消费态度洞察报告》

Z世代的消费态度

爱国： Z世代是国潮兴起的重要力量。数据显示，在国潮服饰消费占比中，95后是最高的。《2020年95后人群国潮消费特征与偏好》消费者年龄分布中，90后、95后占比最高。

国潮，是潮流款式的外形设计，带有中国特定元素的潮品，比如衣服、鞋子、奢侈品等等。它们代表了中国的原创设计与原创产品。

偏爱被种草：Z世代格外喜欢追随偶像的步伐，对偶像经济的发展做了不小贡献。由于深度参与圈层社交，KOL的种草非常容易被认同。数据表明，30%的Z世代群体在购物前会受到明星、KOL的影响。

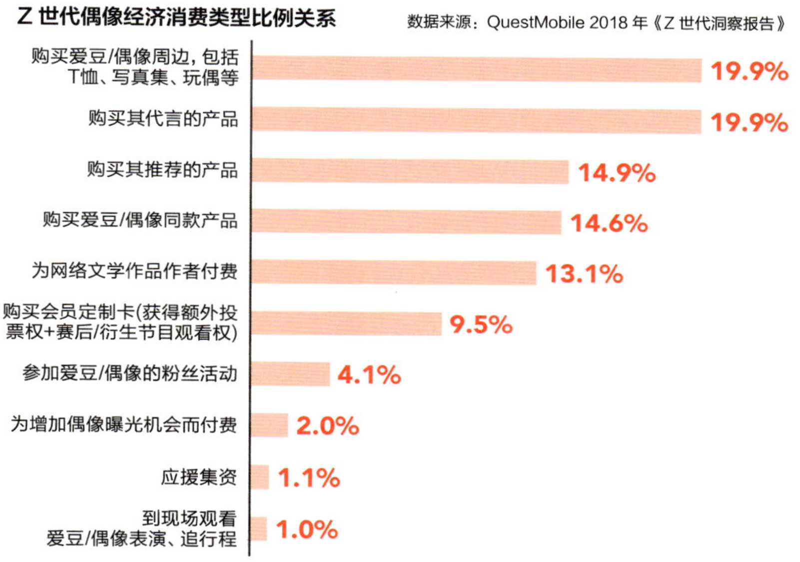

颜值狂热：Z世代热爱一切与颜值有关的事物，追捧高颜值偶像/KOL、商品及包装等，也偏爱让自己变美的美妆、护肤唇彩等。

吸宠狂魔：受计划生育政策影响，Z世代有着非常高的独生子女比例，他们独享了家庭对其投入的情感和物质。尽管如此，他们从小到大依旧经历了不少孤独，而宠物带来如友如亲的陪伴感，这对他们来说非常重要。阿里数据显示，95后线上宠物消费于2014—2019年期间不断增长。

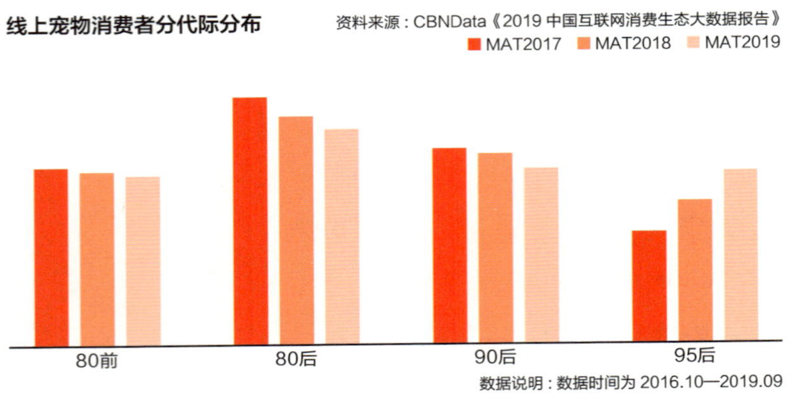

乐于尝新：Z世代认为通过不断尝新，才能找到适合自己的风格。

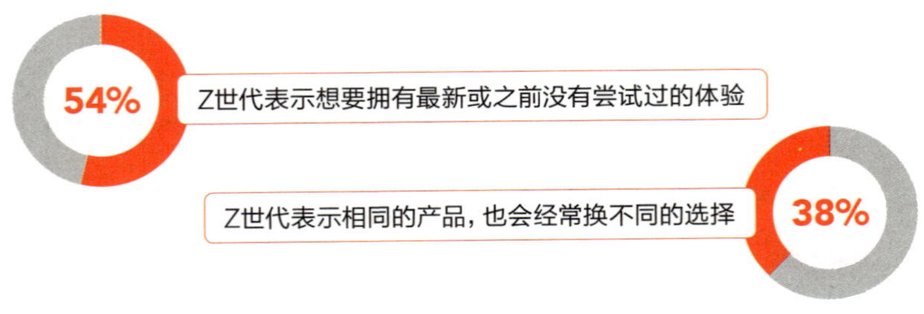

数据来源：Kantar 2018 年《Z 世代消费力白皮书》

潜力股No.2：小镇青年

下沉市场中15—35岁的小镇青年平均每月支出为2150元，与一二线城市青年的月支出差距并不大，他们在品牌、品质方面的认知度和一二线城市消费者趋近，又被称为“隐形新中产”。

国家统计局数据显示，小镇青年数量达到2.3亿人，是一二线城市（包括新一线，下同）青年的3倍以上。2018年，手淘和天猫数据已显示出小镇青年惊人的消费潜力，年成交额接近万亿。根据麦肯锡《2020年中国消费者调查报告》显示，中低线城市消费新生代成为增长新引擎。

小镇青年特征

高线趋同化：小镇新青年在吃穿用住等各方面，都释放出与一二线城市趋同的信号与需求。标准的设立及审美的要求逐步向一二线城市看齐。

★ 小镇新青年期待着自己居住的城市有更丰富的品牌选择。

★ 刷同样的剧、拔同样的草，小镇新青年的线上消费紧跟潮流，与大城市差距缩小。

★ 在营销沟通方式上，越来越多小镇新青年倾向于看到与当前观看内容相结合的广告。

熟人社会：小镇圈子相对较小，基于亲戚朋友和街坊邻居形成熟人社交网络，在这种社交中，人们彼此熟悉，互动性更强。

★ 在人情就是通行证的小镇，朋友圈代购（17%）和微商购买（14%）的比例更显著。

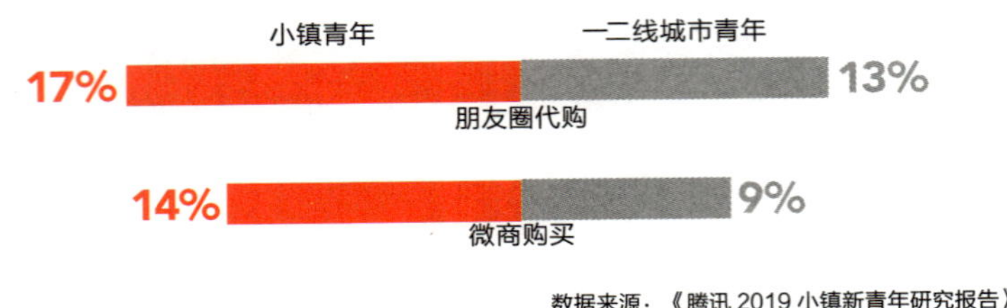

数据来源：《腾讯 2019 小镇新青年研究报告》

闲暇时间多：小镇的节奏和生活，让小镇新青年拥有更多娱乐休闲的时光。由于线下娱乐方式的缺乏，他们更多在线上度过闲暇时光。

线下活动设施的不足，让小镇新青年在休闲时间参与的线下娱乐活动，显著少于一二线城市青年。有53%的小镇新青年评价所在城市的线下娱乐为“单调”。他们期待着更多更丰富的娱乐活动。

小镇青年消费特征

把购物当作消遣方式：空闲娱乐派是下沉市场典型人群，占比接近七成，充分反应下沉市场小镇青年空闲时间长、娱乐活动少的生活现状，购物和社交是其消遣娱乐方式。

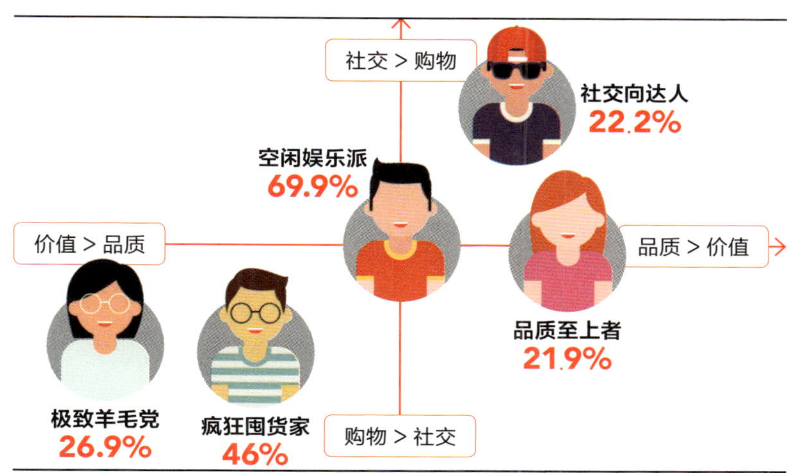

数据来源：京喜 × 亿邦动力研究院《下沉市场再出发——2020 下沉市场新消费研究报告》

不盲目跟从潮流：下沉市场消费者更看重商品质量，不盲目追求进口或者大品牌，注重产品本身的品质和内心的选择，适度消费观念更强。

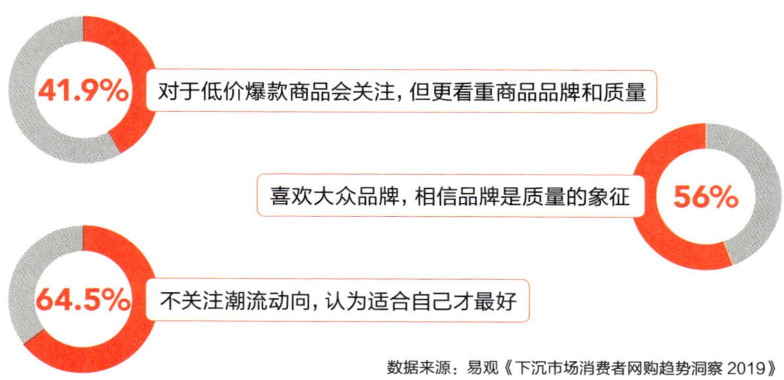

数据来源：易观《下沉市场消费者网购趋势洞察 2019》

多个领域网购需求与高线城市趋同：下沉市场消费者网购品类指数与一线、二线城市相差并不显著，并呈现出多元化发展态势。

主权觉醒下的“消费逆变”

消费者主权，即以消费者需求为导向的生产经营模式：消费者通过购买商品表达自己的意愿和偏好，生产者通过市场获得消费者的反馈信息，并基于此调整生产，最终提供令消费者满意的商品和服务。

享受型消费时代下，消费者强调生活质量和效率，追求个性化和自我价值认同，对商品属性和消费场景的适配度提出了更高要求。由此，消费“羊群效应”开始消失，从众式消费逐渐落幕，供给侧不得不通过比拼品质和服务的方式“谄媚”客户。

与此同时，市场竞争加剧，企业为了生存，必须不断创新以获得竞争优势，而企业发展方向是否正确需以消费者需求为导向。

在此背景下，消费者，尤其是新中产消费群体的主权意识觉醒。他们希望拥有更多符合自己偏好的产品，并在多个方面提出诉求。而为了倾听消费者的声音，企业则向他们提供了更多的通道和方式。

消费者诉求一
筛选便利

某些消费品类产品同质化非常严重，这样消费者很难辨别产品质量的优劣，也难以做出选择。他们迫切希望找到便利的筛选方法。

举措

选品思维：企业可能有成百上千款商品，但店铺内并不能陈列过多款的商品，商品款式多意味着增加消费者选择成本，进而导致消费者无法做出购买决策。7—11便利店的选品思维值得我们学习。按照“二八定律”，往往20%的商品会带来80%的利润。通过数据分析，企业确定并上架20%的好卖产品即可。选品思维在实体店、网店都适用。

建设品牌：以“朱炳仁·铜”为例，传统工艺品建立品牌，即为产品的认知度、美誉度和知名度提供了媒介，消费者可以通过品牌快速认识到“朱炳仁·铜”的信息，有助于“朱炳仁·铜”的产品从众多铜工艺厂家中脱颖而出。

运用KOC：“选择困难”是众多消费者购物时遭遇的难题，因为商品太多，消费者不知道选哪个，KOC正是在这种背景下应运而生。他们中有“老爸测评”等商品测评博主，有薇娅、李佳琦等好物推荐博主，通过其专业知识，逐渐成为消费者选购商品的“代理人”，解决了消费者的“选择困难症”。当品牌力不够强时，企业也可以通过第三方KOC的IP影响力，将产品直接触达至消费者。

消费者诉求二
参与生产设计

参与生产设计的诉求有两种情形。一是消费者成熟度较高，对商品生产设计过程比较了解时，会希望参与设计，设计出自己理想的产品。二是消费者强调生产过程体验，组装类、DIY类产品深得这一类消费者的欢迎。

举措

消费者价值共创：消费者参与商品生产设计的一种形式，企业与消费者不再是简单的买卖关系，而是双赢的关系。如小米手机创始之初，小米与消费者在社区形成互动，消费者提出了很多宝贵的建议，小米按照消费者的意见进行设计，不断迭代，最终为消费者提供满意的手机。

种子用户社群：企业会向种子用户寻求样品的反馈，通过反馈意见进行调整，不断迭代确认最终产品。还有些国货产品则是通过“免费试用”方式，将样品给到消费者，消费者只需提交体验报告，企业通过消费者反馈的体验报告对商品进行优化。

消费者诉求三
表达个性

个性是新中产的显著特征，他们看中自我风格的表达，因此在商品消费方面强调个性化和差异化。

举措 对大多数企业来说，研发精力有限，很难设计出多款风格迥异产品以满足消费者的个性化需求。以服装穿搭为例，“基本款+潮款”是很多消费者的个性化表达方式，这种方式同样适用于品牌，品牌只需要对商品的局部进行个性化设计。

实现个性化设计的方式有两种推荐：

1. 消费者自己完成个性化环节的设计。这种方式的代表是江小白的瓶身文案。江小白的瓶身文案是消费者参与创造的，这种方式调动了消费者参与生产设计的积极性，因而取得了良好的效果：江小白实现了多种个性化风格，不同消费者的个性需求得到满足。
2. 融入更多生活中的元素。这种方式的代表是泡泡玛特。以玩具品牌泡泡玛特Molly系列为例，同一姿势的Molly拥有很多个性化的商品，它们之间或者有服饰的不同，或者有头发颜色的差异。Molly的新服装、新头发颜色的设计来源于日常生活中女性的穿搭，通过这种方式，Molly款式实现了多样化，很可能其中一款穿搭满足了消费者的个性化需求，让消费者下定决心购买。

消费者诉求四
社交功能

不少产品具有社交属性或话题属性，消费者希望借助此类产品，加强与他人的社交关系。

举措 拥有社交属性的商品更能俘获消费者，尤其在直播电商中，拥有社交属性意味着商品将能够被更广泛传播。企业在进行产品设计时，应注重产品的内容生产力，增加趣味性设计，吸收如文化元素、影视形象、热点话题等元素，加强产品的社交属性，以满足消费者社交诉求。

冰激凌品牌钟薛高在社交方面无疑是成功的。从2018年成立开始，钟薛高就借助各种社交平台进行多维度传播，通过口味创新、跨界联名等方式，不断发出新声音、打造新话题。品牌始终以一个平辈的身份，与用户建立对话和沟通，吸引越来越多消费者的关注。

消费者诉求五

情感诉求

相较于散落在城市中的多元的个性化需求，一些扎根于消费者群体里情感诉求似乎更具普遍性。而这些共性的情感诉求，往往十分普遍、接地气，却又非常强烈。为了统一而又强烈的情感诉求，消费者会购买带有情感属性的商品。

举措 情感化设计能够让消费者感到亲切和安全，进而赢得消费者，是很多品牌青睐的一种方式。不少品牌通过最朴实而又普遍的情感设计，打造出直指人心深处最底层的情感化场景，获得了成功。

“父亲的水稻田”，传播的正是用最古朴的耕作中亲近土地与自然，共享劳作与成果的理念和情感。一片可以体验诗意与美好的田塍，正是如今在城市中忙碌得身体几乎“悬空”的人所希望踏踩的真实土壤。这一品牌理念的打造，不仅发现农耕价值，加强了城市与乡村的互动，还积极探索了一个乡村振兴的新模式，让本就根植着“乡土中国”文化基因的消费者为之共鸣。

父亲的水稻田

国货意识引领机遇和未来

长期以来，中国制造业产能过剩，产品同质化严重。2015年，中国开始实施“制造强国”战略、自主品牌建设发展工程，“中国制造”开始向“中国质造”转变。近些年，“三星爆炸门”等外资品牌质量问题、杜嘉班纳辱华事件接连发生，国人爱国意识被激发，对外资品牌的好感度有所下降。与此同时，消费者渐渐发现华为手机等一批中国制造的产品拥有更高品质，国货意识开始觉醒。

此外，党的十八大以来，文化自信战略逐步落实，社会主义核心价值观广泛普及，文化产业快速发展，人民的民族意识、传统文化意识逐渐觉醒，从而对高质量传统文化诉求日益强烈，对高质量文化产品供给的需求日益增大。数据显示，中国消费者国货意识正在增强。如微信指数和微博微指数均显示“国货”热度在较高水平，尤其是微博平台，指数数据显示“国货”的热度已经超过了“中国制造”；《2020新国货白皮书》数据显示，90.1%的受访者愿意支持国货；尼尔森《2019年第二季度中国消费趋势指数报告》显示，68%的中国消费者倾向于购买国产品牌。故宫文创能够成为超级IP、李宁能够火爆，其实是中国消费者国货意识的体现。中国消费者国货意识的觉醒进一步为中国品牌带来发展机遇。

增长机遇

随着国货意识觉醒，认可和喜欢新国货消费人群不断增加，尤其是年轻一代消费群体，将为新国货品牌带来增长红利。

苏宁易购《2020国货消费趋势报告》数据显示了年轻一代对国货的认同程度：2020年1—4月，90后在国货消费人群中的订单量占比35.7%，00后在国货消费人群中的订单量占比16.4%；90后、00后国货消费人群订单量占比合计超过50%。国货意识觉醒还会促使消费者自发传播和宣传新国货，为新国货增长再献一份力量。

创新机遇

文化自信和国货意识觉醒，为中国品牌创新发展提供方向和动力。以彩妆品牌花西子为例，利用中国传统微雕工艺对口红外观进行创新，设计出雕花口红，并获得消费者认可，从2019年4月—9月，雕花口红月销量达10万多件。花西子成立3年就实现了销售额近30亿，这与它坚持国风创新有很大关系，根据天眼查数据显示，截止2021年年中，花西子拥有专利信息55条。利用中国传统文化和技艺推动产品创新，彰显的是中国文化自信，迎合了国民的国货意识。

人才机遇

民族意识和国货意识的觉醒，有助于推动创业人才开创新国货品牌，有助于鼓励高级技术人才、高管等高层次人才加入中国企业，为中国品牌发展做贡献。2018年，贝恩与领英联合发布的《2018年中国商界领导力报告：最新征才洞察》显示，在中国激烈的顶尖人才争夺战中，跨国公司的表现一再输给中国本土企业，过去五年间，在中国本土企业新入职的领导者中，有约40%来自跨国企业。

解码新国货

实业强国，亿田掀起一场“厨房革命”

亿田位于浙江嵊州的智能厂区，“创建无害厨房环境”的使命标语，非常醒目。如果说过去的国货人以“实业救国”为初心，那么，亿田的创立，则体现了孙伟勇等一代新国货人的朴素情怀，那就是实业强国。这是一步步从荆棘田野走向平坦大道的过程，如鱼饮水，甘苦自知。

“品牌+技术”升级之旅

在孙伟勇和爱人共同创业的早期，他只能和这个蜗居于浙中洼地的嵊州一样，小打小闹，做点代加工的生意，三四块钱一个的减压阀，只赚几毛钱。好歹有了点积累，在1995年之后，孙伟勇开始做灶具，一台能赚几块甚至几十块钱，但因为没有品牌意识，还是游击队的打法。外国的很多品牌比中国造的值钱，并不是因为它们产品有多好（很多是中国代工），而是强在了“软实力”，也就是品牌上。到了2003年，孙伟勇觉得不能小富即安，大头都被老外赚了，而且市场竞争加剧，没有品牌力和技术力的产品迟早会被淘汰，要想生存，一定要做研发，要做品牌，于是便有了亿田。从那时起，孙伟勇便有了“让亿万家庭都用上亿田，让亿田能更好服务亿万家庭”的雄心。

事实证明，这是恰如其时的转型升级。中国经济的发展，以及国人对居家生活的要求提高，让亿田融入了这个时代，也让这个时代更好地成就了亿田。通过技术研发，亿田在2007年推出了侧吸下排集成灶。这让亿田一下子挺直了腰杆。这种颠覆式技术逆转了传统排烟的链路，带来的巨大好处是，油烟不过人体呼吸道了，油烟吸净率可高达99.95%，让开放式设计在中国重油重污的厨房环境也成了可能。今天的亿田集成灶，爆炒辣椒也不呛人。

改变人居空间

但孙伟勇对此并不满足。他接下来想要实现的，是无害。为此，亿田跟中科院和浙江理工大学等合作，打造“吸进去的是油烟，排出

亿田“时尚之星”蒸烤独立集成灶，99.95%油烟吸净率，上炒煮下蒸烤，15分钟完成十菜一汤。荣获2020AWE艾普兰优秀产品奖

去的是空气”的集成灶。据有关数据，中国大气当中的PM2.5雾霾，约有11%多来自家庭的灶台。在配套上，亿田造出了不锈钢橱柜，避免了木质橱柜年久易损，会染油烟变形，而且零甲醛，无虫害……亿田希望通过自己的努力，为国家的环保做点贡献。

这个情怀不仅改变了中国的厨房，更改变了中国人的人居空间。以前的厨房，笨拙、占地方、油烟滚滚，需要有墙壁将其与客厅隔开，但今天，集煮、炒、蒸、烤于一体的集成灶，不仅为厨房腾出了更多的空间，而且可以打通厨房和客厅，在形成一个更大开间的同时，整体性更强，而厨房也会因开放变成“社交性厨房”，我们可以一边做饭，一边和家人互动，增进亲子间的感情。

正是在亿田等品牌的带动下，今天的嵊州，面貌全新。从以前的越剧之乡、领带之乡，以及喇叭之乡，一跃成为今天知名的中国厨具之都。截至2020年，已第三次连任嵊州市厨具行业协会会长的孙伟勇，更希望在未来的日子将嵊州打造成中国智慧厨房之都。为了实现这一目的，他将再次投巨资对亿田进行升级，从无烟无害再到无人，也就是说，当你堵在路上的时候，可以通过手机遥控打开集成灶，等你归家之时，就有热气腾腾的饭菜等着你。

某种意义上，亿田乃至整个嵊州的成功，体现了中国制造从弱到强，从为人作嫁到自主研发，从追随到突破的进程。国家的进步，正是像亿田这样的企业，一点一滴通过实业强国而积累出来的。

与此同时，它也给了亿田再次腾飞的空间。就在亿田厂区那条使命的标语前，还有一条大红标语：撸起袖子加油干。这无疑是一种激励，更是相信未来的底气。

亿田集成水槽洗碗机，净洗杀菌除残渣，“解放”双手，“净享”生活

Q：为了进一步转型升级，以及更好地应对市场变局，亿田接下来准备如何做？

孙伟勇：我们要做到四个方面的提升。第一，品牌提升。通过跟各大线上线下平台，以及抖音、高铁等渠道合作，拉高品牌力。第二，产品提升。要追求“一直被模仿，但从未被超越”。以前我们研发出侧吸下排，现在又研发出了蒸烤独立。此外还实现了电机下置，这样让产品既有空间格局，又能降低噪音。第三，管理提升。从生产、研发、经销，到市场等各个端口，通过人工智能以及云管理，有效提升业务水平，同时注重引进人才，通过人来优化管理。第四，渠道提升。注重对线上、线下、电商、家装、工程等各个细分领域的渠道对接。总而言之，我们将创新发展作为企业的一个永恒主题。

Q：公司未来的发展方向是什么？

孙伟勇：未来的发展方向是：智慧、智能、无人。

Q：您如何看待厨具产业在嵊州的发展？

孙伟勇：首先要感谢当地政府对产业的支持。到今天，厨具已经是我们当地的主导产业了，有400多家企业，满足5万多人就业。在我担任协会会长之前，中国五金制品协会要给嵊州授予中国厨具之乡，后来我们觉得这个“乡”太小了，干脆一步到位：中国厨具之都。到今天，这个“之都”已经名副其实了。未来，我们还要往中国智慧厨房之都发展。

品牌方法论

执笔 / 周孝宇

在多个消费品领域中，不断涌现的新锐国货品牌和重新焕发活力的传统国货品牌。这得益于新国货品牌对中国企业在了解中国消费者方面的优势，也得益于中国企业对新业态新模式的积极探索。

在多个消费品领域中，不断涌现的新锐国货品牌和重新焕发活力的传统国货品牌，有着不输于国际大牌的品牌竞争力。

一个个新国货品牌的崛起，带动了中国品牌影响力和市场份额的不断提升。阿里研究院《2020中国消费品牌发展报告》数据显示，2019年中国品牌市场占有率已达72%，国货美妆市场份额已超过半数。我们总结了下新国货品牌崛起的原因，有以下四点：

一是中国品牌强国战略需要。

自主品牌是中国经济转型升级、引领时代的希望。只有培养和造就一批享誉世界的中国自主品牌，才能激发迈向形态更高级、结构更合理全新发展阶段的更强动力，才能具备在白热化的区域和全球竞争中占领先机、赢得优势的更足底气。随着2008年金融危机爆发，中国工业制成品出口逐年下降。有科技能力的自主品牌示出强有力的竞争力，中国开始意识到自主品牌的重要性。

各地纷纷出台自主品牌建设扶持政策，如2012年上海市出台《关于本市加强品牌建设的若干意见》（沪府办〔2012〕93号），2014年浙江省出台《浙江省人民政府办公厅关于打造“浙江制造”品牌的意见》（浙政办发〔2014〕110号）等。2016年国务院办公厅出台《国务院办公厅关于发挥品牌引领作用推动供需结构升级的意见》（国办发〔2016〕44号），将自主品牌建设上升到国家战略层面。我国开始着力补齐自主品牌发展短板，鼓励发展品牌经济。

2001–2019 年出口货物分类金额及增长率

资料来源：国家统计局

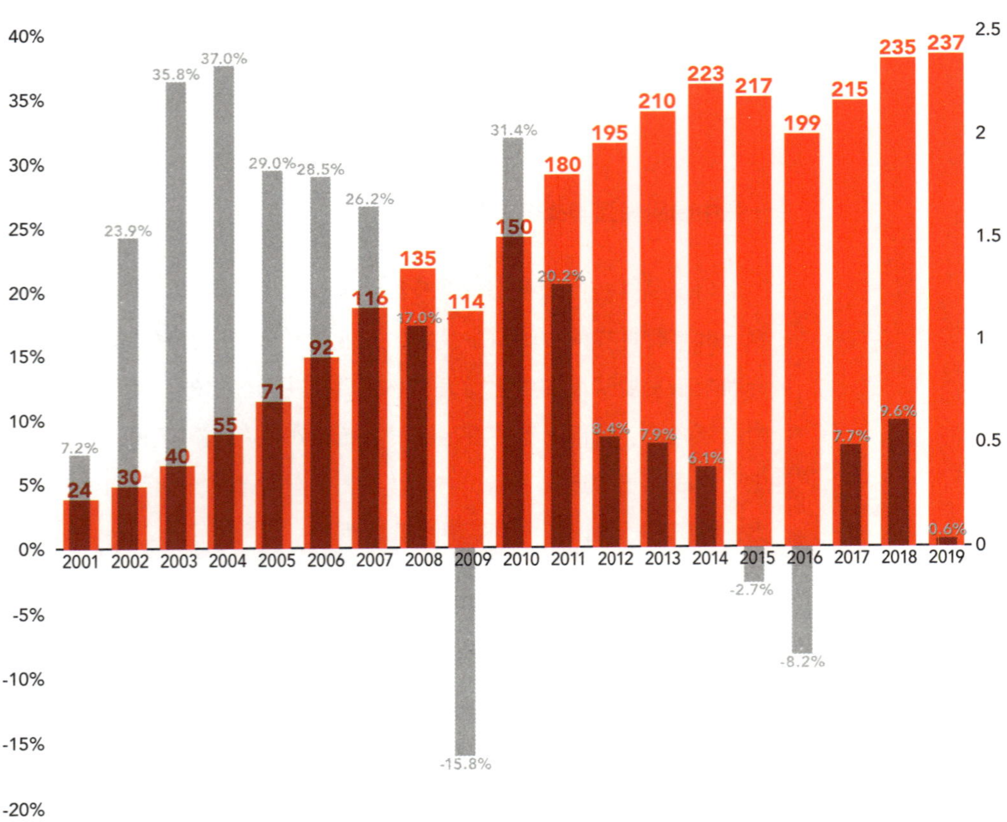

二是消费者结构诉求。

以新中产为代表的80后、90后等新一代消费者，对“美好生活”有着强烈诉求，随着他们民族意识、爱国意识逐渐觉醒，文化自信不断提升，他们迫切希望出现越来越多满足他们个性化诉求的高品质国货品牌出现。

三是外资品牌“神话”破灭。

近年来，不少外资品牌因质量、服务态度差等问题被曝光，致使中国消费者对其品牌的好感度持续下降。环球舆情调查中心《2018年中国消费者对外资品牌的好感度调查报告》数据显示，中国消费者对外资品牌的负面印象持续增加，外资品牌消费不断下降，相应的国产品牌消费在不断增加。

四是得益于新国货品牌的努力。

中国企业在了解消费者方面越来越占据优势：首先，中国企业更能了解中国居民的消费诉求；其次，中国企业在对消费者研究方法不断完善，分析工具不断丰富，中国企业对大数据、人工智能等新技术工具的创新和运用，已经走在世界前列。《2019年人工智能发展白皮书》显示，全球人工智能企业TOP20中，中国企业占7家。同时，中国企业更懂得运用新技术和新方法，如中国企业是探索社交电商、直播电商、新零售等新模式新业态最早的企业，最早成熟运用这些新模式新业态的就是新国货品牌。同时，在技术创新、品类战略、设计创新、营销传播战略等方面，形成了一系列方法论。

全球人工智能企业 TOP20

信息来源：中国科学院大数据挖掘与知识管理重点实验室《2019 年人工智能发展白皮书》

公司	研发方向	领域	国别	成立时间
Microsoft（微软）	计算机视觉技术、自然语言处理技术等	办公	美国	1975
Google（谷歌）	计算机视觉技术、自然语言处理技术等	综合	美国	1998
Facebook（脸书）	人脸识别、深度学习等	社交	美国	2004
百度	计算机视觉技术、自然语言处理技术、知识图谱等	综合	中国	2001
大疆创新	图像识别技术、智能引擎技术等	无人机	中国	2006
商汤科技	计算机视觉技术、深度学习	安防	中国	2014
旷视科技	计算机视觉技术等	安防	中国	2011
科大讯飞	智能语音技术	综合	中国	1999
Automation Anywhere	自然语言处理技术、非结构化数据认知	企业管理	美国	2003
IBM Watson（IBM沃森）	深度学习、智适应学习技术	计算机	美国	1911
松鼠AI1对1	智适应学习技术、机器学习	教育	中国	2015
字节跳动	跨媒体分析推理技术、深度学习、自然语言处理、图像识别	资讯	中国	2012
Netflix（网飞）	视频图像优化、剧集封面图片个性化、视频个性化推荐	媒体及内容	美国	1997
Graphcore	智能芯片技术、机器学习	芯片	英国	2016
NVIDIA（英伟达）	智能芯片技术	芯片	美国	1993
Brainco	脑机接口	教育、医疗、智能硬件	美国	2015
Waymo	自动驾驶	交通	美国	2016
ABB Robotics	机器人及自动化技术	机器人	瑞士	1988
Fanuc（发那科）	机器人技术	制造	日本	1956
Preferred Networks	深度学习、机器学习技术	物联网	日本	2016

技术创新，以量变带质变

按程度不同，技术创新可分为颠覆式创新和渐进式创新。

颠覆式创新是“从0到1”开拓全新型技术，以打造全新品类的产品，打破传统企业的竞争优势，构建新的行业市场格局。鲜炖燕窝技术就属于颠覆式创新，它打破传统燕窝罐头、干燕窝的市场格局，创新了燕窝的加工技术和供应模式，让消费者下单后24小时内可以吃到新鲜、高品质的即食燕窝。再如，匹克体育于2016年与西安理工大学团队联合，成功研发“P4U+EVA”的智能鞋材弹性体，并命名“态极”，一举打破了国际技术壁垒，填补了国内市场空白。渐进式创新是“从1到1.1”不断改进现有技术，以优化提升现有产品、生产工艺等。匹克在2018年推出“态极”之后，2019年又推出态极2.0、跑步版本态极2.0Pro等基于态极科技研发生产的跑鞋、拖鞋、篮球鞋、休闲鞋。态极2.0即是渐进式创新。

颠覆式创新需要渐进式创新不断完善，而渐进式创新的不断积累，又将由量变引起质变，引发颠覆式创新。按应用不同，技术创新可以分为以下几类：

1. 开发新产品

通过采用新技术，如新生产工艺、新型原料或新配方，开发更高品质的新品，甚至开创全新产品。

三顿半	拥有发明专利《一种便携式咖啡萃取装置》（专利号：CN201820207738.9）。采用无损风味萃炼系统LABS*，利用冷萃技术，以及微批次和定制智能干燥技术，开发出高度还原咖啡香气的冷萃即溶咖啡。
小仙炖鲜炖燕窝	拥有亮相发明专利《一种燕窝提取物及冰糖燕窝的加工方法》（专利申请号：CN201711441326.8）、《一种燕窝提取物及其提取方法》（专利申请号CN201711438989.4）。创新研发360°旋转180次模拟手工炖煮，保证燕窝炖煮时受热均匀、水燕不分离，确保水和燕窝充分融合，既保证了燕窝口感浓稠爽滑，又留存了燕窝营养。
薇诺娜	拥有发明专利《一种含马齿苋提取物的功效性护肤品及制备方法》（专利号：201210263777 8），成功将马齿苋提取物等能够有效护理肌肤敏感的成分运用于护肤品。

2. 缩短产品研发、生产周期

通过信息化建设，优化市场需求反馈机制，企业将提高信息传递的效率和准确性，从而提升市场响应能力，及时满足消费诉求，赢得先机。与此同时，推行敏捷制造，利用新技术对生产设备改造，将提高生产效率，缩短产品生产周期。

元气森林	通过自建工厂方式增强产品创新能力，提升新产品测试与工艺优化效率，将研发周期控制在3—6个月。饮品传统开发周期，以可口可乐为例，根据消费者反馈开发产品并在小城镇做测试，这一过程需要2-3年。
太平鸟	采用快速反应的供应链，1年投放市场的新品达到上万件，零售门店每1-2周上新，线上门店每周上新。
小仙炖鲜炖燕窝 钟薛高	小仙炖鲜炖燕窝由顺丰全程冷鲜配送,最快次日送达。钟薛高则依靠全程-22°冷链车运输，并加密泡沫箱+干冰，确保48小时内产品无忧送达。

解码新国货

产业升级下，一个中国智造的样本

2021年1月16日，九牧30周年全球卫浴直播节盛大开幕。数据显示，直播节全渠道销售额达19.5亿，全平台观看量超3600万人次，这展现了一个民族品牌的强大号召力。

在过去的30年，九牧从小到大，一路发展。2020年品牌价值450.25亿，连续9年蝉联行业榜首。2018年，九牧成为冬奥会主会场鸟巢独家卫浴供应商，2019年入选北京大兴国际机场卫浴供应商，这意味着九牧打破了国际品牌对高端工程的垄断，同年，九牧入选新华社民族品牌工程，并再次入选亚洲品牌500强。

2020年，国潮盛行，九牧深知国潮火爆的背后对应的是中华文化的复兴，只有植根在文化的基础上，国潮才能延续它的火爆趋势！九牧重新定义"新国潮"，开启古建进驻之旅，先后进驻故宫、长城、布达拉宫、敦煌、云冈石窟等文化地标，并以450.25亿跻身中国品牌价值500强。

九牧创立于1990年，是一家全球布局、全产业链自主创新、集科研、生产、销售和服务于一体的综合性整体卫浴品牌。全球拥有8000多家高端卫浴店、30万个销售网点，年销售保持两位数增长。产品销往120多个国家和地区，累计销量超30多亿套，实现了中国第一，世界第四。2020年"双十一"九牧全渠道销售额15.6亿，比两年前将近翻一番。

“推动制造业的高质量发展，让世界爱上中国智造是一种情怀，更是一种责任。”九牧董事长林孝发表示，中国企业要坚持自主创新。在新时代，九牧顺应经济转型升级的趋势，抓住新一轮科技革命和产业变革的机遇，建立起完善的技术创新体系，转化为市场竞争力，成为民族品牌的一个榜样。

中国制造的创新公式

“新中国制造=（高品质+核心技术）×圈层消费”，这是著名财经作家吴晓波总结的新中国制造公式。

核心技术是一个企业甚至是一个行业的命脉所在，其不可能靠购买或转让获得，唯有自强自立。九牧创办之初，中国的卫浴行业方兴未艾，面对国际巨头的竞争，在一些同行选择贴牌代工之路时，九牧坚定走民族品牌之路，注重研发投入。

2019年，九牧成为北京大兴机场独家卫浴供应商

作为公司带头人，林孝发十分重视产品的研发。为了解决智能马桶盖的水质问题，他曾多次前往国外考察，住了120多家酒店……经过团队反复研究，最后受核潜艇精工技术的启发，通过技术嫁接和创新，在行业内首次研发出电解除菌技术。

整合全球资源，博采众长，为己所用，是九牧的创新方法。九牧通过分布在全球各地的研究院，根据不同国家的优势特征和资源进行学习和设计。“我们学习了德国的技术和设计工匠精神、米兰的设计、俄罗斯的算法和东京的智能电子产业。”林孝发讲述，九牧将这些结合起来，在浴室柜，智能马桶、智能淋浴花洒等多个产品中应用。比如，九牧的智能淋浴花洒，自动除垢技术全球领先，就是利用涡轮增压的压力，该产品后来获得德国红点奖。

2020年1月底，新冠疫情暴发，人们的生命安全受到威胁，国内实行严格管控措施，大多企业难以及时复工，生产经营受到较大影响。在此背景下，九牧仅用了短短两个月，便利用高效的研发机制推出全球首款智能消毒马桶。“不创新，就有危机。”林孝发认为，创新就是靠技术。而技术的背后意味着长年的专注和持续的投入。目前，九牧已获得12000多项专利技术，在全球拥有30个研究院，60多个实验室，技术创新人员超过5000名。

全球首家5G陶瓷工厂

在生产端，九牧也走在行业前列，率先打造了5G云制造数字化工厂。在九牧永春智慧制造产业园区101智慧工厂，AGV小车在车间有序

九牧永春5G智慧产业园内，码垛机器人正在工作

来回穿梭，立体仓储、搬运机械手、MES系统随处可见。通过MES系统检测合格产品自动传输至智能存储区，如检测出异常，MES系统会报警，提醒返工或报废，相关的生产信息、品质信息都会通过各车间的5G智慧看板、质量报表实时反馈，分检报备。根据测算，通过5G+智能视觉检测，一条视觉检测产线可替换掉原有5条人工检测产线，节省25个人工成本。

“整个工厂的设备上，‘镶嵌’了1000多个各类传感器”。在操作台上，六部高倍摄像机，对着一只陶瓷马桶进行360度的拍摄，图像传到云端进行计算，可以在35秒之内，完成全部的表面质量检测，效率是人工的十倍。

永春智慧产业园是九牧与华为、电信、西门子等跨界合作，运用5G、MEC 边缘计算、人工智能等信息技术而建造的一座符合工业 4.0和工业互联网要求的智慧工厂。通过5G云制造，九牧构建了“以用户为中心”的智慧制造新模式。用户通过手机端可随心定制，实现1小时设计好，24小时制造好，从设计、技术、品质、收款、交期，全部实现物联数字化。

“站在产业做企业，产业发展和转型需要5G、数字化、人工智能等新一代信息技术的助力。”林孝发介绍，目前，九牧在5G智能制造方面处在第四代，今年会把5G数据功能应用到智能马桶，其属于第五代，应用范围更广。比如，一个智能马桶有将近600个零部件，只有靠5G信号采集、进行数据化测算，以及自动化配送到每个装配部门。

作为一个创新变革者，九牧通过积极拥抱新技术实现智能生产，在降低成本和提高效率方面大幅领先同行。

做卫浴行业的数智化先行者

5G数据化并不代表只是应用于工业场景，消费场景的应用更广阔。近年来，九牧实现从“传统产业”到“智能家居”再到“大健康产业”的转型升级。人工智能和科技物联的融合，改变了卫浴行业，也改变了人类生活空间和生活方式。比如，九牧将IOT物联等尖端科技与卫浴、家居产品相结合，实现如厕、洗漱、沐浴的全场景“自动化”。九牧智能健康镜柜可以帮助监测身体、鉴定肤质。下一步，九牧会实现5G数据产品化，比如，数字水龙头可以看水质、水压、水温，以及用水量，还有防漏水装置，一旦发生漏水，马上通过手机告知用户。

在未来，不管是中国还是全球，健康消费将成为消费新体验。九牧一直在思考如何挖掘这些消费新体验，满足新的消费群体和未来消费增长。推动健康研究、颜值研究和智能研究，是九牧一直在做的事情，这些是消费升级的新场景和新业态。2015年，人们为了买一个马桶盖而远赴日本；2021年，人们不出国门就能享用高科技带来的卫浴革命。通过创新赋能，卫浴行业将变成科技行业、朝阳行业，而不是一个传统行业。

林孝发认为，卫浴行业会重塑消费新体验，九牧从设计、制造、研发全部要升级。比如，新制造要有新技术赋能，企业要掌握关键制造，关键技术和关键质量。在他看来，中国企业的技术转化，技术、质量的可靠性和制造效率，不比国外差。中国品牌要自信、自强，凝聚中国制造力量，提升整个制造行业的质量和效率，中国制造才能对标世界，抢占国际市场话语权。

中国制造企业智能化水平的提升，不仅是人们生活水平不断提升的原动力，更是一个国家发展壮大的压舱石。吴晓波表示，中国产业经济要走向产业智能革命的“未来列车”，需要更大的忍耐力、更大的投入、更长远的视野和更大的耐心，来完成这一轮产业升级。

“我们30年只做一件事，再30年还是只做一件事，就是做卫浴，我们的梦想是10年1000亿，实现世界第一。”林孝发说，我相信中国品牌很快会竞争国际化，要让全世界看到中国的品牌，不仅在中国消费，而是在全球消费。“中国品牌要多一些在世界上的声音，我们卫浴行业要做一个先行者。”

精益品类，人无我有，人有我优

不少崛起的新国货品牌，如薇诺娜、乐歌、极米，都长期聚焦发展某个或者几个高度关联领域，在细分品类中不断积累优势，将品类做到极致，形成了强有力的品类竞争力。通过差异化战略，聚焦细分品类，能够避免企业同质化竞争，将品类做到极致则为企业构筑了竞争壁垒，企业更容易获得成功。

在高品质、个性化成为消费趋势的今天，做精品类更容易满足消费需求。通过做精品类实现品质的升华，高品质消费需求能够得到满足。而为满足个性化需求，新国货品牌做到了精而“多”，围绕聚焦领域开发多样化产品。

极米	根据应用场景不同，推出家用娱乐、便携娱乐、激光电视、商务系列等四种类型投影仪。	薇诺娜	根据护肤功效不同，推出舒敏保湿、极润保湿、透明质酸、清透防晒、清痘净颜、柔润保湿等系列。
钟薛高	推出特牛乳、清煮箬叶、酒酿玫瑰等超过10多款雪糕。	猫王收音机	拥有小王子、原子唱机、raidooo波普等系列，每个系列下有多种不同颜色的款式。

随着人们消费能力的提升和消费态度的转变，个性化“小”需求，也能够发挥长尾效应，形成“大”市场。这为企业确定细分市场定位提供了依据。

做好设计，满足审美和情感

随着经济水平提升和消费升级，新中产消费者对产品品质提出了更健康、更舒适的要求，设计生产解决健康问题、满足舒适体验的产品更有市场机会。例如无钢圈内衣对女性身体更为健康，消费需求逐年增加，正逐步取代有钢圈内衣。截至2018年，天猫平台中无钢圈内衣已占到60%的份额，这也推动了Ubras等无钢圈内衣品牌的迅速崛起。

新中产消费者也不满足于功能性和实用性的需求，他们会乐于发现颜值高、更个性、有温度的产品。他们欣赏产品和包装的颜值，与产品的文化底蕴产生共鸣，享受营销传播带来的体验，由此，将审美、文化、情感作为选购商品重要标准的消费者日益增多。与此同时，不少国货品牌的崛起，都得益于其产品颜值，并注重外观设计知识产权的保护，在产品设计上构筑了坚固壁垒。

花西子	将彩妆与传统中国东方美学结合，避开美妆领域被过多使用的文化IP，避免同质化问题，成功打造雕花口红、东方佳人妆奁彩妆套装等多款经典产品。
猫王收音机	猫王收音机采用复古风和科技风设计，赢得了不少消费者的喜爱。早在2017年，猫王与洛客共享设计平台合作，在全球征集设计合伙人，设计了一系列符合当代年轻消费者个性化审美的产品。
故宫文创	故宫文创将故宫文化底蕴、流行时尚等元素创造性地与箱包、服饰、首饰等产品结合，把馆藏艺术品及其文化内涵通过形形色色的创意形式传达给公众。

随着中国居民文化自信不断提升，中华优秀传统文化、历史文化日益受到追捧，蕴含中国文化的产品受到国内消费者喜爱。中国传统文化与商品的结合需要深入了解中国文化内涵，在此基础上与商品进行创造性结合，而不是中国文化元素与商品的简单联名。消费者通过商品能够感受到中国传统文化的价值观，如自强不息、知行合一、德性修养等。相较于外资企业，新国货企业对中华文化的了解上具有优势，更懂得将中华文化与商品完美结合。前面提到的花西子和故宫文创都是新国货与传统文化结合的典型。

此外，在产品设计中，新国货企业普遍开始建立种子用户，让种子用户参与到产品设计环节当中。种子用户即具有主要目标用户特征的一群人，愿意为企业设计出满意的产品提供支持，经过种子用户的不断反馈，产品向种子用户满意的方向迭代，设计出来的最终产品更容易获得普遍认可。小米手机天使用户即其种子用户，小米在前期收集天使用户进行测评，针对用户测评的反应进行在开发，不断磨合产品进行数据分析，最终快速迭代到与市场需求情况相匹配。

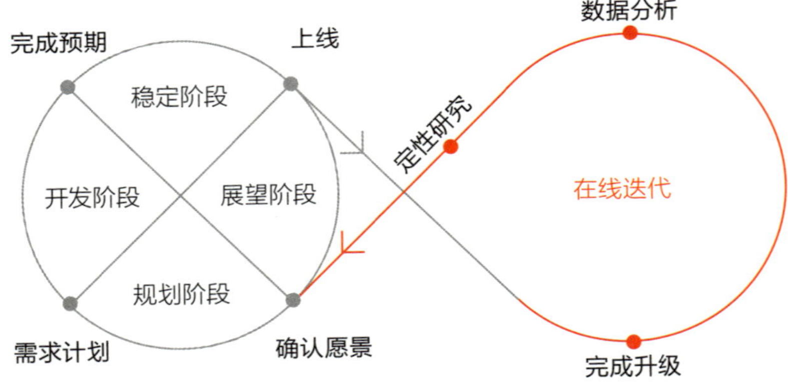

图片来源：张旭《基于移动智能设备的互联网产品设计迭代》

新国货品牌做好设计可以从三个方面着手：

加强文化底蕴

在消费者本土意识不断苏醒的今天，加强产品文化底蕴，尤其是东方美学、中国传统文化，将会受到国内消费者青睐。值得注意的是，对传统文化的照搬，简单的“卖情怀”，可能并不适用，尤其对年轻消费者来说，这样做会被认为“老土旧”。继承传统文化，要接当今文化的“地气”，对传统文化进行再造，设计好传统文化在今天的适用场景，赋予传统文化、历史文化新的活力，也只有这样，才能真正做到弘扬发展。今天崛起的新国货，都注意到了这一点。

李宁	吸纳街头潮流与中国文化特色，重新定义国潮文化。
朱炳仁·铜	专注挖掘传统文化的历史内涵，做好铜文化的传承与创新，通过每一件产品传递东方人自然和谐的哲学思想。
十三余	融入现代风格元素，结合古韵与中国文化，让汉服变得更加贴近于现代。

增强互动性

在市场竞争激烈的今天，只能满足消费者基本需求的品牌很难生存下来，品牌需要加强与消费者的链接。如果产品具有互动性，能够为消费者获得参与感、舒适感和愉悦感的体验，品牌更容易占领消费者心智，从众多竞品中脱颖而出。增强产品互动性，有两种方式可以尝试。一是设计社交属性，通过产品定位、话题设计，提供谈资、展示个人地位或个性，帮助建立社会关系。较为典型的是茅台、喜茶等社交货币产品。二是设计情感属性，这种方法关注目标用户潜藏的情感需求，有针对性地设计产品，让用户在消费产品时容易获得情感体验。设计情感属性主要为产品人格化设计，赋予拟人化形象和价值主张。很多新国货品牌的产品，既实现了社交属性，也被赋予情感属性，如因瓶身营销而走向成功的江小白，瓶身文案既是社交话题，也能给消费者带来强烈情感共鸣。

气味图书馆	通过凉白开系列、大白兔系列等中国人记忆味道的香水，引发年轻一代关注，并通过热词效应，引起更多的人尝试。
褚橙	创始人自带故事经历：在70高龄，失去亲人，疾病缠身的情况下，包垦荒山，创下褚橙。褚橙被赋予了创始人褚时健的不服输的奋斗精神，深深感染着消费者。
Insta 360	构建社区,利用群体认可的拍摄文化促进社交互动，挖掘更多的insta360全景相机玩法，更好地记录和分享生活。

圈层突破

随着人们物质生活和精神生活的丰富，多元化圈层成为社会发展趋势。由于圈层成员画像鲜明，聚焦圈层为企业发展带来了一定好处，但由于圈层群体数量有限，为企业的发展带来了限制。如果目标圈层市场接近饱和，将进一步阻碍企业发展。这个时候，企业应该寻求圈层突破，挖掘其他潜在用户圈层，按其消费特征改进产品设计，以满足新的圈层的消费需求。不少新国货品牌都是一个圈层突破的经典案例。如猫王在发展遇到瓶颈时，目标用户由发烧友小众圈层扩展到了规模更大的年轻群体。大疆无人机、小熊电器，都是在市场竞争白热化的背景下，向小型化方向转移，扩大了消费群体。此外，近年比较火的跨界联名合作，也可以帮助企业扩展圈层，引入新的流量。新国货品牌完美日记、钟薛高便是当中佼佼者。

张小泉	在了解到电商平台刀具消费呈现年轻化、颜值化、品质化趋势后，为扩展年轻消费者，有针对性地开发出淳木等系列刀具。
生和堂	创新传统龟苓膏，将传统健康与健康相结合，在口感上创新研发，开发半液态化可吸的龟苓膏，开拓使用场景和销售渠道，拓展90后、00后为主、品质为先的消费人群。
拉面说	2020年与999感冒灵推出‘暖心鸡汤’联名礼盒，借助999感冒灵的国民度提升拉面说的品牌认知度。

玩转营销，链接人货场

营销过程是建立消费者认知的过程，品牌通过一系列营销方式，将消费者的已有认知与产品使用场景连接起来，逐步赢得消费者心智。信息技术的发展，提供了新的营销路径和工具：首先是营销触点不断丰富，微博、微信、抖音、快手等成为品牌与消费者的新接触点。其次是体验场景不断创新，如出现了无人便利店、VR试衣间等。再次是营销形式也在不断创新，短视频营销、直播营销、社群营销、跨界营销、社区营销等模式兴起，并得到广泛应用。为了推动品牌崛起，响应品牌强国战略，中国品牌不断加强品牌营销，崛起的新国货品牌，个个都是营销好手，有些品牌形成了特有的营销模式，成为很多品牌争相学习的榜样。

解码新国货

“香”傲群芳

2021年1月15日，继长沙站后，“阿道夫高铁助力把爱带回家”高铁品牌专列广州站首发仪式鸣笛起航。

“通过中国高铁完善的平台搭建，成功地让全国的消费者对阿道夫品牌有了更深的了解和认知，未来阿道夫将继续以更高的品质，更大的研发投入，坚定做好国货洗护品牌。”阿道夫总裁李志珍在首发仪式上说，爱的味道一辈子忘不了，希望阿道夫这班高铁可以让所有乘客共同把爱带回家。“让阿道夫成为令国人骄傲自豪的民族品牌。”

提及阿道夫，时尚爱美的人都知晓。这些年，阿道夫发展迅猛，年销售超百亿，仅用10年时间，在线下开通5万多家销售网点，2020年成为线上平台国货洗护销售冠军，令很多初次知悉的人大为惊叹。

“香氛+高端”，走出差异化道路

李志珍早年从事化妆品OEM，承接俄罗斯、东南亚、欧洲等地区和国家客户的加工面膜、彩妆和洗发水等订单。

“在接对外订单的时候，我发现，东南亚国家客户的要求就是要便宜，而俄罗斯和欧洲的客户，拿着日本的产品来要求我们生产同品质产品，定价虽然高一些，但都不能打一个中文字，不然卖不出去，中国的化妆品在国际上没有任何地位。”谈及创立阿道夫的初衷，李志珍坦言，“国外品牌纷纷进驻并大打广告占领中国市场，中国人为什么不能创立自己的品牌呢？”

当时，国内洗护市场被数家国际日化巨头牢牢霸占，国产品牌长期以来只能在低端领域竞争。李志珍的研发团队前往西方发达国家，了解他们高品质产品的核心价值，开展一系列市场调研后，阿道夫找到了自己的细分定位——选择以“香”为产品差异化的记忆点。

为了研发出消费者喜爱的香气，阿道夫品牌联合创始人陈殿松开启在世界各地的寻香之旅。陈殿松是一位评香爱好者，基于对香味的热忱和对评香的热爱，多次前往香水盛行的欧洲，凡是出名的香精香料原产地都探寻过。最后来到西班牙，与西班牙调香师阿道夫·马丁斯·甘宁共同调制出阿道夫独特的香味，并独创出“5感香调”与48小时专业留香技术。而此时，大多数洗护发用品还停留在追求柔顺、去屑等功效需求上。

找到产品差异化的同时，阿道夫将品牌定位为高端香氛洗护。李志珍解释，当时我们要和国际公司竞争，不能跟国内产品拼价格战。基于对市场消费升级趋势的洞察，阿道夫秉着品质改变生活的使命，提升消费者精神需求和感受，切入了需求更高的市场，选择引领中国洗护走向更高端的品牌道路。为保障产品品质，阿道夫在产品研发和原料选择上不惜投入，寻找全球最好的供应商，选用每个国家最好的原料，与欧洲多个国家的知名研发机构开展合作。

“我们最先推出的洗发产品就是高于国际品牌同类型产品的。”李志珍说，生产高品质的产品是她一贯的坚持，品质好、香味好、包装高端等产品特性也是她赋予产品的价值理念。在她看来，将头发洗干净，护理好，变得柔顺，这只是基本要求，阿道夫的高端体现在给用户带来一种精神上的愉悦。

在市场上，阿道夫的定价比同类国际品牌要高出几十块，有的甚至高出一倍。作为一个初创的新品牌，定价如此之高，引来大家的质疑："凭什么这么贵？"刚开始，市场接受程度确实不高。初期没有投入广告费，做的是体验式营销，公司准备了大量的袋包，到每个商场、每个超市、每个街道，给每个消费者试用。一部分高端消费者用了觉得好，就介绍给朋友，然后朋友介绍朋友，亲戚介绍亲戚，慢慢扩散，形成口碑。"慢慢地，回头客多起来，发出10个袋包有8个回头客。"

市场的良好反馈给了李志珍极大信心，2013年，阿道夫独立出来成立公司。"大胆去做，一定要勇敢地前行。"李志珍表示，"我们一开始就立志做国际化的品牌，希望它能够代表中国，走向全球。"

2017年，阿道夫奠定了在洗护领域的高端香氛领导地位，成为洗护国货品牌的榜样。此后，他们一路向上，外资企业后来还学习阿道夫的一些接地气的市场营销做法。

"线下＋线上"，创新营销奠定领导地位

阿道夫以一个袋包撬动整个市场，凭借技术、实力和服务，在线下开疆拓土，发展出5万多家渠道终端，这些渠道包括沃尔玛、家乐福和大润发等。卖场特别支持阿道夫，阿道夫在沃尔玛、家乐福做活动

的时候，产品堆头经常十连堆，一字排开，气势庞大。而其他商品只能拿一两个堆头位置，价格还很贵。其中的原因是，阿道夫品质好、销量好、自带流量，能够吸引和带动卖场人气。

2020年上半年，疫情严重，卖场萧条，阿道夫在行业里面第一家做大型活动。

大概4、5月份，家乐福联合阿道夫做了一场大型活动。当时，没有商家敢做，因为经济不好，还要投入大量人力物力。但阿道夫选择主动出击，大家推着车出去发袋包，行政办公的员工也都出去跑市场，还有一些待在老家没来总部的员工也纷纷响应，跑到当地的乡下搞活动。

2020年，随着疫情下消费者消费习惯的改变，阿道夫的线上电商

团队主动拥抱变化，把线下导购搬到线上，自建直播团队，在和各大达人主播合作的同时，培养多个直播团队进行全员营销PK赛，一场直播下来，能卖出20万单以上，全年直播销量3个多亿。这是品牌效益也是品质保障下的成绩。

“品牌+国际化”，梦想照进现实

阿道夫连续两年蝉联“天猫美妆届奥斯卡——天猫金妆奖”，并稳居天猫、京东国货洗护榜首，还曾被评为中国化妆品唯美年度杰出品牌。2020年，阿道夫作为洗护领域唯一代表，获得了央视“新中国成立70周年70品牌”的崇高荣誉。

过去，阿道夫从未做广告，主要靠品质靠渠道拉动销售，靠口碑传播品牌。现在企业发展到一定阶段，计划着从行业品牌转向消费者品牌，让更广大的人群熟知。2018年下半年开始，阿道夫逐渐做一些品牌广告，增加与消费者沟通。2020年疫情期间，很多热门电视剧里都可以见到阿道夫的身影，比如热播剧《三十而已》《二十不惑》《流金岁月》，以及综艺节目《乘风破浪的姐姐》等。2021年开年的高铁品牌专列“阿道夫 把爱带回家”，也是阿道夫品牌公益推广的一个重要活动。

李志珍认为，作为一个消费者品牌，必须有足够多的人知晓，可能现在全国有50%的人知道阿道夫，但还有50%的人不知道，空间还很大。前不久，《人民日报》举办一个推国货的活动，在每一个行业领域里选一个最强的品牌合作，接触阿道夫的时候，一查项目数据，吓了一跳：阿道夫这么强，以前居然不知道。

近日，凯度消费者指数发布了《2020亚洲品牌足迹报告》，报告通过消费者真实的购买量、购买频次来评估消费者触及数（CRP），反映了消费者对品牌的偏好。阿道夫在健康与美容类中消费者触及数增长率高达73.4%，以高于第二名近6倍的实力，荣登健康与美容品类榜首（数据来自尼尔森）。

做一个国际洗护品牌，一直是李志珍的追求，也是当初创业的梦想。在李志珍看来，国际市场的人群比中国还是要多得多，虽然有些是小国家，面积、人口还不如中国一个省，但它们加起来的分量还是很大的。中国的通信、高铁、无人机等，享誉全球，中国品牌正在被世界上更多的人信赖。

李志珍表示，阿道夫力争成为国际知名品牌，目前海外市场占比不多，任重道远，但他们的目标不变，希望未来海外占比能达到50%。“中国的化妆品品牌目前在国际上还没有显著地位，我相信未来五年，这种局面一定会改变。”

条条渠道通国货

执笔 / 郭脉

不论时代如何更迭，渠道依旧为王，无非是变得更多样，再无法全部垄断。它带给消费者更多的想象，也带给品牌方更多的挑战。每一次渠道的变迁，都是对原有消费路径的变革，新国货品牌想要抓住消费者，就要需要看懂全渠道后蕴藏的机遇。

新国货的高速发展，离不开这些年来中国渠道端突飞猛进的变化。渠道的发展都经历了从单一到多元的过程，特别是互联网渠道为新品牌创造了史无前例的时代机遇。天猫数据显示，2019年“双十一”、2020年618年中大促、2020年“双十一”，成为行业销售TOP1的新国货品牌节节攀升，分别是11、26、357个。如今，零售渠道主要分为有形店铺、无形店铺和信息媒体三种类型。

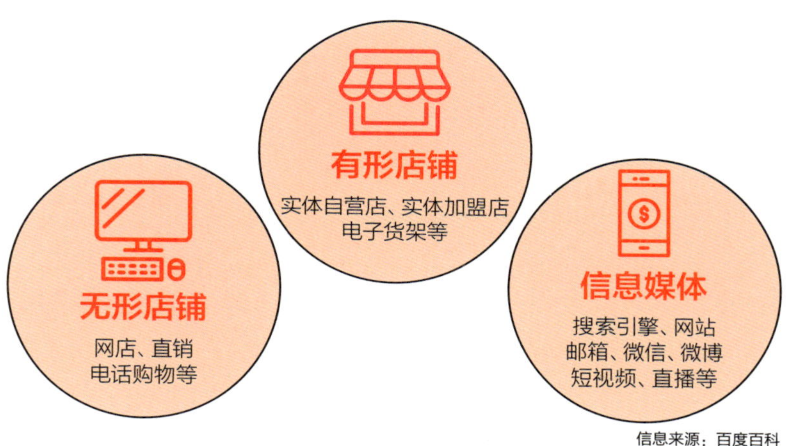

信息来源：百度百科

在传统的渠道体系中，构成品牌的基础是广告垄断和货架垄断，当消费者不知道买什么时，会选择去买广告打得响、货架上位置显眼的品牌。因为品牌无法与消费者直接建立连接，只能获得渠道方的间接反馈。而在今天，信息技术的发展帮助品牌方实现直接触达消费者，并深入了解他们；同时多个渠道之间探索跨界整合，形成合力，为品牌方与消费者的连接提供优质服务。

随着跨渠道整合走向成熟，品牌方可以通过不同零售渠道类型，满足用户消费、娱乐和社交等综合体验需求。作为新消费的背后推手，全渠道时代应运而生。

全渠道的形成并非一蹴而就。

全渠道，是指企业为了满足消费者任何时候、任何地点、任何方式购买的需求，采取实体渠道、电子商务渠道和移动电子商务渠道整合的方式销售商品或服务，提供给顾客无差别的购买体验。从第一家百货商场到如今超市、便利店、会员店、C2M等多种业态并存，时间过去了120年。进入2000年后，互联网逐渐兴起，中国零售业也发生了巨大变化。以淘宝为首的各类电商平台陆续诞生，也带动了线下零售的革新。之后进入新零售时代，新零售融合线上与线下业态，用数据和科技洞察用户个性化需求，提高用户体验。

全渠道模式能为消费者带来便利舒适的购物体验，更容易得到消费者青睐。因此，这种模式也成为品牌方与渠道方探索的热点。一方面，全渠道要求品牌方做好消费者的精细化运营，及时了解消费者反

全渠道变迁图

资料来源：《中国零售百年变迁史》

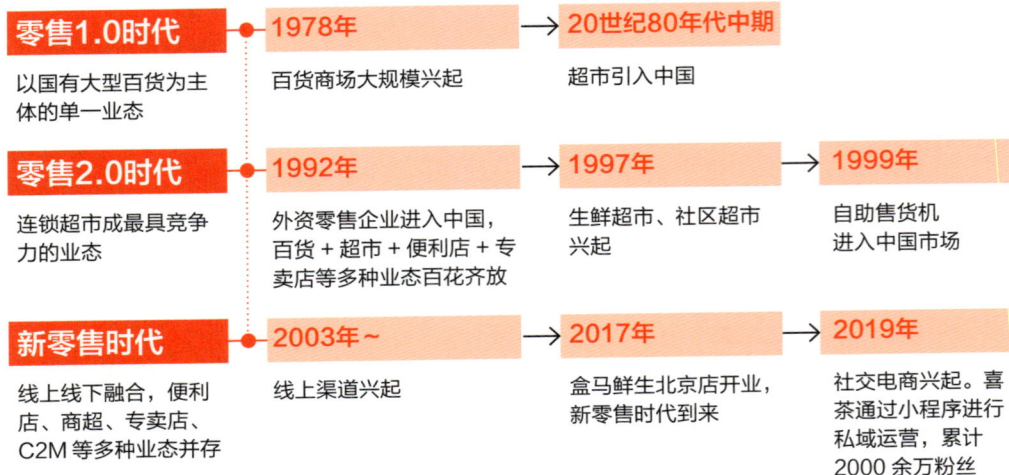

零售1.0时代 以国有大型百货为主体的单一业态	**1978年** 百货商场大规模兴起	**20世纪80年代中期** 超市引入中国	
零售2.0时代 连锁超市成最具竞争力的业态	**1992年** 外资零售企业进入中国，百货 + 超市 + 便利店 + 专卖店等多种业态百花齐放	**1997年** 生鲜超市、社区超市兴起	**1999年** 自助售货机进入中国市场
新零售时代 线上线下融合，便利店、商超、专卖店、C2M 等多种业态并存	**2003年~** 线上渠道兴起	**2017年** 盒马鲜生北京店开业，新零售时代到来	**2019年** 社交电商兴起。喜茶通过小程序进行私域运营，累计2000 余万粉丝

馈，与消费者深入互动。由于文化差异等原因，新国货品牌更容易获得消费者的支持，具有发展优势。另一方面，渠道方需要通过不断的创新服务，以更多样的形式链接双方，将消费的时间空间进行重构。新渠道的诞生，无疑为可以不断试错、小步迭代的新国货品牌带来了时代性机遇。

曾经拥有大量线下店铺的传统国货品牌，也开始向线上转型。曾占领各大商场的本土服装品牌JNBY，2015年便开始实行“同步售新，同款同价”的电商策略，后借力时装周在天猫线上平台开启“即看即买”模式，现在电商销售占比已近10%。而钟薛高这样的新兴品牌，在线上突围的2年后，也开始向线下渠道渗透，先后开出快闪店、商场体验店及地铁站内的自动售货机等，并不断借力跨界联名，通过小红书、直播等全新的传播渠道，拓展市场。显然，全渠道的合力正在为国货品牌打开新的销售局面。

流量驱动的线上渠道

2016年11月11日当天，新兴电商品牌三只松鼠仅仅用了3分钟，销售额就突破1000万，不到半小时便突破1个亿，全天销售额高达5.08亿。而在2012年的成立伊始，其“双十一”的成交金额即使创造了当时中国互联网食品销售额的历史奇迹，但也仅有800万元罢了。从800万到5.08亿元的背后，是线上渠道中流量的“滚雪球效应”。这三只可爱的松鼠，是纯电商时代的现象级品牌。也正是在这一年，太多的新国货品牌方瞄准了这一神奇的线上赛道，希望通过中国特有的“互联网+”，孕育不一样的品牌。

从这个角度看，新国货品牌正在成为线上渠道兴起的代表性作品。它意味着品牌与消费者新的连接方式，线上渠道为新国货品牌打上了标志性的“互联网化”烙印，而互联网的神奇，便在于这样的流量聚集。

1. 电商平台的流量红利

电商时代的核心特质就是流量。借力电商平台，通过流量的转化实现线上交易与商品的高效流转，淘宝、京东等互联网巨头就是在这样流量红利当头的时代，成就了一代传奇。流量电商大概经历了两个阶段：

第一阶段是综合平台。这一阶段诞生了C2C、B2C等大型互联网平台。其中C2C的代表为淘宝平台，是针对消费者日常用品的大综合平台，它以较为低廉的价格和方便的物流，在线上渠道的空白期，收割了极大流量。而作为B2C代表的京东平台，则以家电及3C类进行切入，通过供应链的品质保证和高效送达，占领了高端线上市场。现在这两大综合平台已渗透在人们的日常生活中且为大家耳熟能详，其他大型综合平台很难再超越其龙头地位。

第二阶段是垂直细分平台。巨头难以超越，细分市场则应运而生。在这一阶段，诞生了主打特卖的唯品会、主营服装饰品的蘑菇街和海外直购的洋码头等。从第一阶段到第二阶段，仍是背后的流量驱动。

2. 社交电商时代的流量奇迹

2015年，在众人喊着互联网流量红利结束的同时，以社交流量为风、低价拼购为帆的拼多多踏浪而来，创造了新的流量奇迹。拼多多的商业模式可以概括为：以拼购玩法为核心，从低价爆款商品切入，凭借微信社交流量实现裂变式传播与交易闭环，构建“用户—平台—商家”三者的全新生态。拼多多的成功，源自其对社交网络的构建。用户在选择商品后，可以仅支付拼单价格，随即将其发送到社交平台上与好友进行拼单，分享人数达到要求后便完成一次拼单。与此同时，平台还经常举办折扣活动，同样也仅需分享即可参与。以拼团模式为核心的拼多多倚仗微信等大型社交媒体的流量资源，压缩获客成本，形成裂变式传播，用了仅不到三年的时间，便成功在美国纳斯达克上市，成为中国社交电商第一股。本质上，拼多多收到如此追捧的原因是线上渠道对流量资源的高度依赖。

拼多多的商业模式

资料来源：拼多多 APP、天风证券研究所

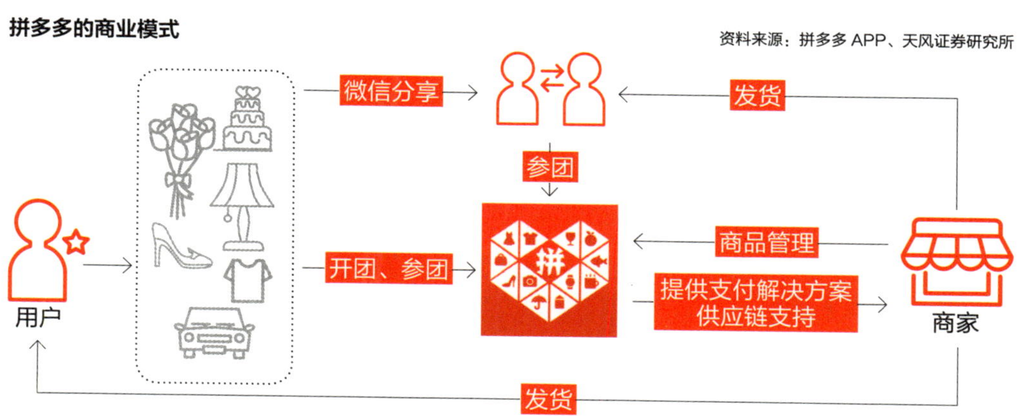

目前来看，社交电商大体可以分为三大类别，分别为导购型、内容型以及拼购型。社交电商在传统电商的基础上，拥有发现式购买、去中心化、场景丰富等独特优势，将用户资源转化为推广资源，挖掘其更广阔的流量价值。小红书，钟薛高、完美日记等的成功离不开这一社交阵地。

小红书的用户有着很明显的共同表现，以高质量的内容为核心，吸引用户关注、引导其购买，进而实现流量的裂变传播。这与消费升级浪潮下新国货的高品质特性不谋而合。

根据小红书数据，截至2019年6月底，关于国货的笔记数量同比增长116%，发布与国货相关的笔记分享的用户已超过500万用户人次。小熊电器、谷雨、三顿半等国货品牌，早期便凭借小红书上真实的用户笔记积累了第一批用户口碑，再通过高颜值的图片，引发粉丝的主动传播。这也使得更多品质优秀、设计巧妙的新国货进入青年消费者的视野，并通过口碑传播走红网络，进而成为中国制造的新名片。

三顿半掀起的成图率

“成图率”这一概念，是由峰瑞资本副总裁黄海提出的。他指出，品牌能够激发用户的分享意愿，最直接且成本最低的方式就是让用户主动拍照分享。因此，成图率应该作为产品是否能成为爆款的关键考核指标之一。能够诱发晒照的内容型产品，容易在社交电商平台中形成鲜明的标签。而一旦形成社交媒体上的热点，就可以回流到电商平台，同时带热搜索词，这样就形成了“浏览/购买—成图晒照—回流购买”的完整闭环，而且这种传播引流是无须付费的。

3. 积极构建私域流量

私域流量近两年大火，本质原因便是线上渠道的社交红利再次被收割殆尽。流量是有限的，当需求量增加，买流量需要支付的费用越来越高，获取流量的成本就变高了。竞争越来越激烈，线上渠道的流量成了稀缺资源，越来越贵。怎么办？解药之一便是私域流量。

2000万私域流量的数字化奶茶

据官方数据统计，截至2019年底，喜茶会员系统内已有2199万会员。与此同时，“喜茶GO”小程序在2019年全年新增用户1582万，用户总数达到2150万。“HEYTEA喜茶”这一公众号约有185万关注，阅读量也接近100万。两千万是个什么概念？上海市总人口约2424万，喜茶的2000多万流量相当于一座世界上数一数二的大都市的人口总量。布局私域电商是建立自有的数字化用户资产，这样品牌不需要再额外购买流量，只需要通过私域流量，便可以建立与消费者长期、稳定的关系，助力品牌的长远发展。疫情期间，喜茶的主要盈利来源正是以自有小程序商城为核心并发展出来的外送业务以及喜茶品牌相关周边的零售业务。

私域流量沉淀用户聚集流量池

所在省市	姓名	用户信息采集 →	喜茶GO	私域数字化运营 →	挖掘细分需求
会员等级	性别				推出独特新品
卡内余额	出生日期				千人千面推送产品
使用会员服务的日期与频率	年龄				营销更个性化与定制化
送餐地址	收入				分析消费者心理诉求
购买的产品名称 / 金额 / 日期	电话号码				专属定制化服务
登录时你的地理位置信息	电子邮箱				灵活的奖励政策
设备信息	工作				精准的用户喜好预测
	教育背景				用户喜好引导产品研发
	偏好语言				优惠推送
					售后服务 ……

私域流量，就像是会员管理，目的是培养和用户的深度关系，从而实现流量的长期拥有。每一个商家都应该经营自己的用户群并进行长期维护，和用户建立信任，并且可以直接触达用户。特别在用户数量够多、边际成本变低时，更能体现私域流量的价值。而这份价值，是需要靠前期固定成本投入、时间投入慢慢累积，如此，才能使品牌在日趋垄断的互联网平台间拥有一定的话语权。

除去在小程序和APP渠道构筑私域流量以外，品牌还需要不断进行更深度的运营，通过数字化构建私域流量、自主的高频触达，吸引用户。通过个人IP深耕私域流量，或成为每个品牌未来的必经之路。

完美日记私域流量的深度运营

完美日记的技术团队自行开发的微信管理系统进一步拉近了商家与用户的关系。这个系统上会定期发布新产品，推送相关美妆视频，与用户进行长期互动。同时还可以通过市场调研以便产品迭代、深耕用户并延长用户的生命周期。这种与用户近乎零距离接触而产生的私域流量，是传统品牌没有重点关注过的。完美日记还进一步设立了“小完子”个人号，并引导所有流量添加，通过个人IP进行深度维护，同时在深度流量的构建上可以获得更多成功的机会。

线下渠道：被倒逼的变革

随着消费者主权的不断加强，新渠道的作用更在于拉近生产者与消费者的距离，因此渠道将会在更贴近消费者的公共空间或虚拟公共空间中诞生。受互联网普及和电商冲击等因素的影响，线下实体销售的增速基本上都限制在10%之内，和电商零售动辄40%以上的速度相比存在较大差距。不过实体店零售没有消亡，根据阿里研究院数据，2020年网购占社会零售比例不到20%，线下仍有超80%的巨大市场。只是线下渠道的空间地理布局、技术手段和商业模式将会发生重大变化。

1. 连通虚与实的智慧门店

智慧门店是时代的产物。智慧门店可以将原有随机客流变为有数据记录的有效客流，继而通过顾客信息的数字化，实现线上与线下的连通。

智慧门店数字化链路

资料来源：人人都是产品经理

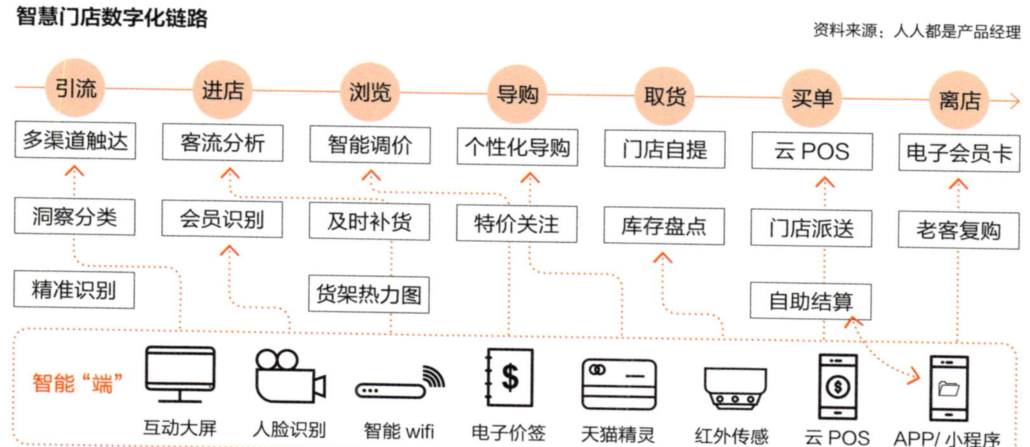

智慧门店的改造主要从软、硬件两方面进行体现：

硬件方面，门店拥有智能摄像头、人脸识别、电子价签、智能互动设备等，记录消费者的信息，以及其从到店、进店、浏览、购买、交易、离店的行为及偏好；软件方面，门店通过智能硬件记录的数据，进行较为精准的客流分析、竞争分析、顾客动线分析、商品互动分析等。基于这些分析结果，品牌能够优化动线引导、实现个性化营销、优化选品、调整商品陈列来提升销售，优化经营管理，并将每一个步骤打造成“体验+互动+数字”一体化的应用场景。

2. 服务用户的全新体验场

线下门店在新模式下会继续存在，但卖货的作用越来越小，线下逛、线上买的比重，会越来越大。传统线下渠道更多地会成为承接用

苏宁的直播金字塔

信息来源：苏宁易购公开资料

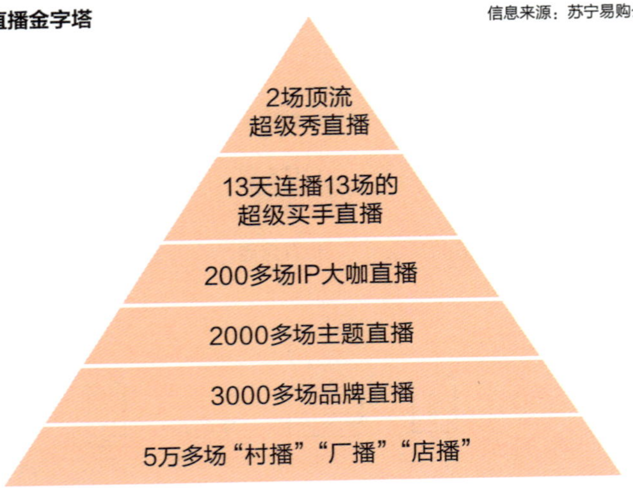

户服务的重度体验场，实现渠道服务化。通过数字化及升级迭代，给品牌商提供体验店的服务，或者给消费者提供更丰富、更专业的增值服务体验。

2020年9月30日，苏宁易购全球首家可以在线逛的潮流直播门店“趣逛逛”正式开门纳客。区别于传统门店，“趣逛逛”整合了当下直播销售和主播孵化，没有销售人员，没有货品陈列架，只有逛播主播，给消费者带来所见即所得的购物体验。苏宁的这种“1+1+1”全新模式，就是将官方旗舰店、线下场景展示销售和直播官方旗舰店三合一、拓展为以门店为支点的直播形式，让线上线下更加融合的同时，也为用户带来更多便利。

如果说直播行业的探索多是“平面化”的，那趣逛逛则是“门店+直播的立体模式”，也代表了零售业对线上线下智慧零售最新一代的探索。其紧紧围绕用户体验的提升，深挖双线融合、全场景零售的潜力——利用直播间直播、逛播店播、到家到店的服务等，把线上零售和线下零售各自的优势无缝融合，形成一块更为突出的长板，或者说是在融合效应之下，创造出一种全新的体验。线下门店不应该变成一个线上店的复制品，而是应当变成一个品牌的孵化器、新体验的感知器和新技术的试验场。

3. 打破最后一公里的社区店

社区便利店不仅极大降低了大型店铺的重金投入和选址风险，其与生俱来的新零售基因，凭借距离消费者近的优势，为消费者提供

“即买即得”的极致购物体验。消费者通过手机客户端一键下单，订单直导附近门店，由门店极速配送上门，自然而然地将线上和线下深度融合在一起。由此将线上流量源源不断引到线下，提高了门店的销售额。于是，传统商超率先扩张社区店的业态，“大店换小，商圈到社区”正成为传统商超的趋势。永辉超市旗下mini店超500家，进入调整期；大润发在江苏南通试点首家小润发MART—mini；盒马两家mini店在京正式开业。

新零售势力和社区生鲜电商同样主动出击，京东七鲜生活社区店2019年底在京落户；苏宁小店全面开放加盟，计划3年达到1万家。每日优鲜、生鲜传奇、叮咚买菜和美团买菜等平台，以前置仓或社区团购的形式加码线下业务，甚至黄光裕刚接手的国美，也跨界开了一家社区生鲜超市。

这些占据街头巷尾、服务社区用户的线下社区店，为的绝不是更小，而是要离消费者更近，覆盖更广泛的人群。同时它们精简品类范围，挑选最高频的消费品类，走精致严选路线。它们是对社区场景的补充，是在用户需求与供应商的剩余服务能力之间建立精准匹配，是同一模式下多个品牌的整体运营效率之争。通过提供高度标准化、高性价比的生鲜和熟食产品，用线上线下全渠道的服务，降低周边用户购物的时间成本，满足消费者便捷到家到店的消费需求。

新连接：新传播中的内容变化

新连接，是指要找到跟消费者形成交互关系的新连接方，意味着新的传播方式和更高的零售效率。其中，最明显的变化就是新的传播方式为品牌带去了与消费者的全新连接，实现从原来的“人找货”，到现在的“货找人”。这一信息技术带来的革命，让品牌与消费者连接的广度和深度都有了极大提升。短视频和直播这类新兴的传播方式，不再仅仅是原来的广告意义，它同时被赋予了销售的任务，有了更多更丰富的内容变化。

1. 内容传播下的带货生意

随着科技发展，传播形式也发生了巨大的变革，内容带货的形式也在不断更迭，由早期的报纸杂志“小广告”演变成了如今的短视频、直播带货。信息媒介之所以成为重要的传播渠道，本质原因就是背后引发的巨大流量。

内容带货的形式变迁

资料来源：艾瑞咨询

印刷传播时代	电子媒介时代	互联网时代
• 内容生产模式：BGC（品牌生产内容） • 内容载体：报纸杂志等 • 内容形式：图文 • 典型带货形式：产品图片、文字、刊载	• 内容生产模式：PGC（专业生产内容） • 内容载体：广播、电视等 • 内容形式：音频、视频等 • 典型带货形式：影视剧、综艺、音频节目的硬植入和软植入等	• 内容生产模式：PGC & UGC（用户生成内容） • 内容载体：互联网 • 内容形式：图文、音频、视频、直播等 • 典型带货形式：图文短视频种草、直播带货

只要是有“流量”的地方，就有商家营销的硝烟。联名、IP、主播带货、深度种草、文化背书、数字化精准营销……各种新型营销方式也花样迭出，归根结底都是希望通过营销将品牌与消费者建立深度联结，通过新消费习惯和新消费场景的塑造与传播，刺激消费。

从初期社交媒体小红书、微博和微信公众号的图文种草，到现在爱奇艺、B站的视频软植入，“淘快抖”的直播带货，不断塑造消费的新习惯和新场景。即时通信的微信也从公众号迈入全新的视频号功能，传播渠道正在被商家全面攻陷，纷纷被赋予带货功能。

2. 从视频娱乐到视频娱购

如今，人们不再满足于单纯的娱乐，通过网上一边娱乐一边购物更能达到消费者的娱乐消遣目的。而随着技术的发展，原本在线下实体商场中的“逛吃”模式，在线上也有了实现的可能。抖音、快手、淘宝等直播形式，能让我们足不出户就感受线下商场的热闹气氛和抢购氛围。主播们对商品360度全方位展示，让人身临其境。渠道也不断与人们日常生活高频使用的微信、抖音等应用融合，成为新的营销渠道。特别是视频时代的到来，给了品牌360度全方位展示产品的机会。原本以内容传播为主的视频平台，开始向直播电商过渡。

2019年全国直播电商总成交额超过4000亿元。2020年规模可达到9610亿元，较2019年翻一番；在2021年将达到25000亿元，较2020年再翻一番。人们在直播过程中的消费行为偏好正日趋从原有的主播打赏到内置外链的商品购买。其中通过外链购买的人数达

变化	图文时代	视频时代
链接	消费者搜索店铺时，第一眼见到的是商品，是“货to人”的模式	消费者搜索店铺或者直播时，第一眼是拿着商品的主播，是“人to人”的模式
服务	消费者需要搜索不同顾客的评论，从而对商品进行衡量，遇到问题和疑惑也可询问客服	消费者能够直接与主播进行互动，提出疑问或发表意见
宣传	上架旺旺只能通过一张张好看的照片来宣传	上架能够立体即时地展示商品

51.6%，通过内置链接购买的顾客达到48%。

新榜数据显示，短视频的种草效果要明显优于图文，其种草效果超过后者的两倍以上。一方面是高效的种草能力，另一方面是吸引消费者的突出能力，使得短视频内容这场“娱乐购物”潮水汹涌来袭。直播抹平了不同类型品牌之间的优势差异，减少了消费品的渠道链路。品牌的价值不再是比拼谁的声音大，而是回归产品本身的价值，在娱购功能的催生下，播品牌应运而生。

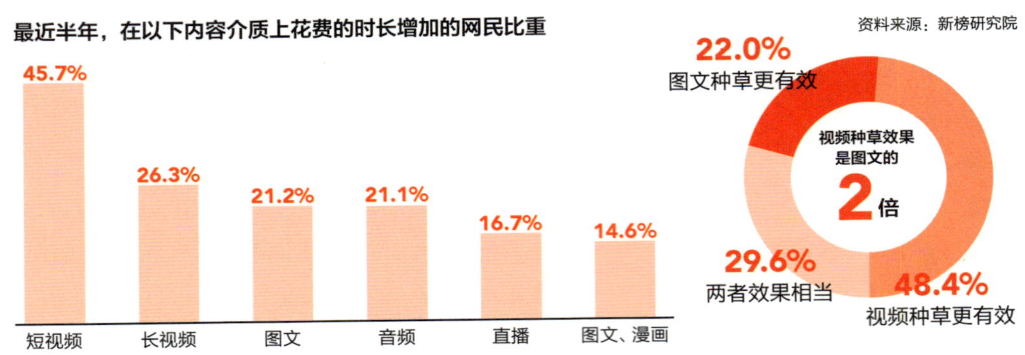

以“为直播而生”的品牌玉泽为例，其近95%的月销都来自直播间。玉泽隶属上海家化，但放着母公司的线下渠道能力不用，也不关注天猫旗舰店传统的日销成交，而是深耕节假日小规模的直播玩法。日常在各渠道疯狂“种草”提升认知稳定价格，之后在节日中各头部主播们的直播间价格大放水，通过价格差集中进行销售转化。正是在节日大促中一度超过雅诗兰黛等巨头的亮眼业绩表现，玉泽迅速在众多品牌中脱颖而出。

播品牌的四种成长路径及特征

资料来源：淘榜单、中信证券

	投放头部主播	投放腰部、素人主播	签约孵化主播带货	店铺自播
投入	单位时间内投放成本高	投放成本相对低	投放成本转化为内部运营成本	提供讲解、答疑、售后服务，投放成本为人力
产出	品宣和销量打爆的效果都非常明显，适用于大促和上新造势	具备深度讲解产品的能力，适合深度种草、销售转化	直播排期、选品可更密集、灵活	线上店铺运营的新渠道新手段，甚至是标配；也是一种更深度的店铺客服
价值	有助于打造爆品，清扫库存	通过信任关系促成黏性粉丝购买	MCN业务可为其他品牌带货并获得收入	门店直播，可强化线上体验感

3. 主导购买欲的“新品类杀手”

传统零售中有一种现象叫“Category Killer”（品类杀手），这类店基本专注做某个商品类别，这里面我们比较熟悉的有国美、苏宁，都是以卖电器为主，中国最大、最早，覆盖率最广的品类杀手店——新华书店，则是图书类目的品类杀手。

而现在，用户不再需要依赖这些大型零售渠道。随着电商直播和社交媒体的发展，头部主播和KOL正在成为新兴的经销渠道，消费者往往先熟悉他们，再对其种草和推荐的品牌进行认知和购买。这样不仅增加产品销量，还可以拉进品牌与消费者的距离，增进与用户的联系。正如一个李佳琦影响了无数中国女孩的口红购买，这些主播和KOL正在成为新的品类杀手。

网红主播的厉害之处便在于，其可以凭借独特的人格魅力和极强的粉丝号召力，无限缩短种草路径，实时成交实现“种草即卖货”。这一特点使得视频直播成为新国货崛起的最强推动力。同时顶级流量主播/KOL的价值也将持续提升，并持续对行业赋能。2020年的5月10日的“中国品牌日”，朱广权、李佳琦再度联手进行“国货正当潮・美出新高度”的直播带货，把“国货潮”带出新高度。这一“央视背书+头部主播”的新方式，体现出了国家对国产品牌及直播这一新渠道的重视，预示着直播带货将成为新国货成长的重要平台。这一释放国家信号的行为，也透露了新国货品牌的崭新机遇。

2020年4月1日，“数码产品发烧友”的罗永浩下场带货，瞄准了直男粉丝群体。同年6月29日，财经作家吴晓波开启了他的“新国货

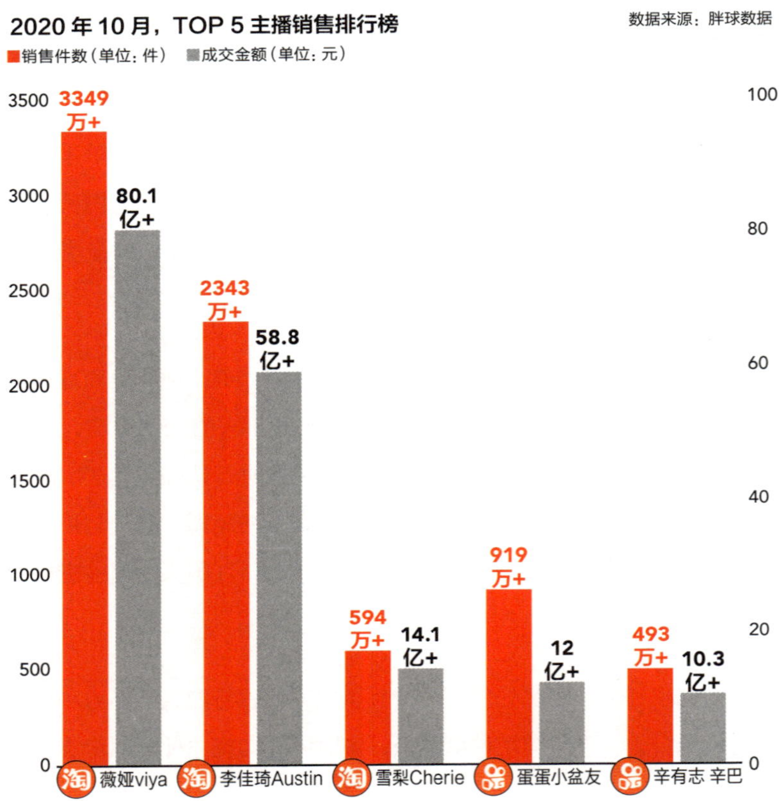

首发”淘宝直播首秀，希望将直播渗透至原知识付费的精英群体。上述例子都预示着直播带货将开始分层化，就像当年的淘宝发展到一定阶段，必然要分离出淘宝和天猫2个平台以满足不同的消费需求一样，直播带货也将会分为不同的消费阶层，不同的主播群体，不同的垂直领域，往精细化运营方向发展。

这些不同的垂直领域中，还会出现千千万万个“李佳琦”，通过体验式的产品分享，为消费者带去与品牌的信任新连接。

全渠道的未来新增长

不论是线上、线下还是传播渠道，核心都是通过不断迭代，对流量和客户资源进行吸引、连通和最优配置，与用户建立以信任为导向的长期关系。下面也为新国货品牌方们带来了两种增长路径：

一是通过改变消费者的生活方式，带动裂变式传播，提升品牌影响力。

国货的裂变式传播路径 资料来源：QuestMobile

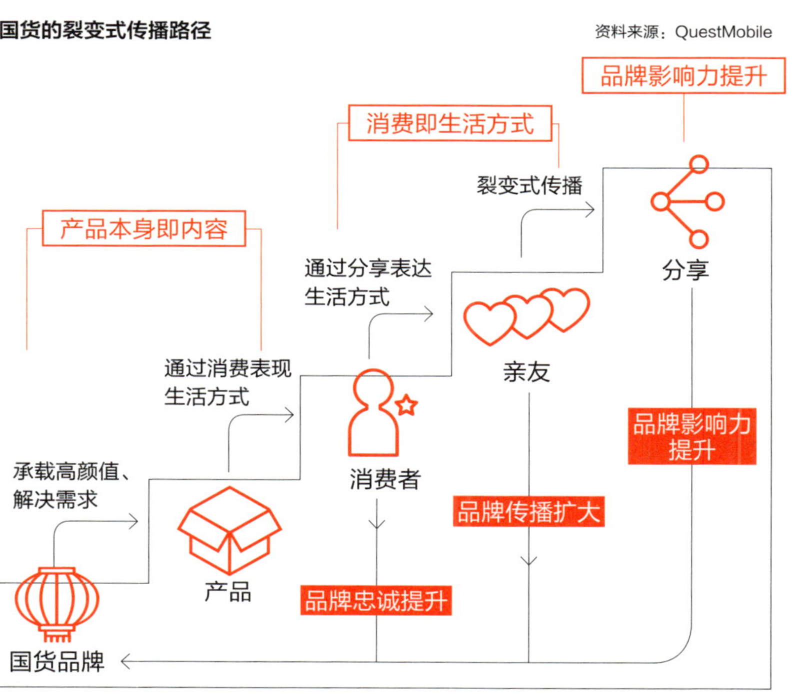

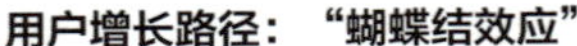

用户增长路径："蝴蝶结效应"

资料来源：硅谷蓝图

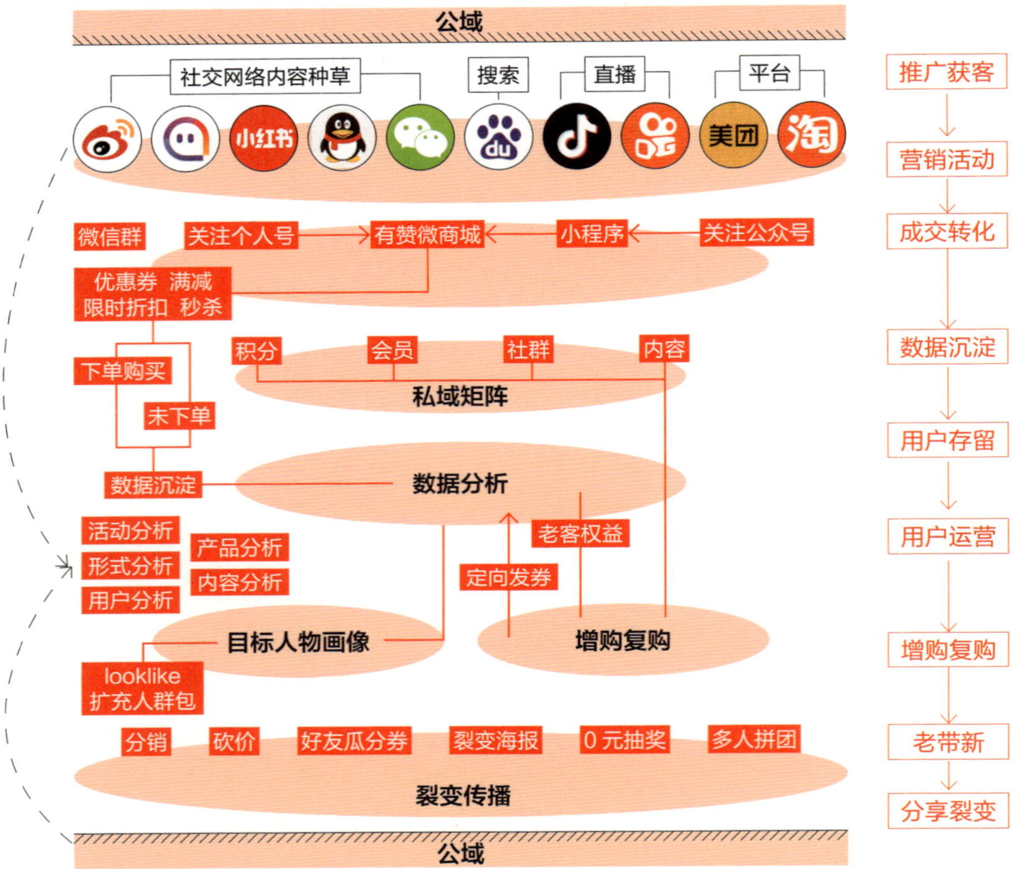

二是通过关注消费群体的复购和增购，使得每一个人都不再是一个话题的终点，而是话题传播节点甚至是话题的共创者，把"漏斗效应"放大成为"蝴蝶结效应"。

上述的新增长方式，核心都是使销售的每一环节都成为导入下一渠道的新增长点，实现全渠道的赋能。

《新国货浪潮 · 商战里的中国史》MOOK团队

吴晓波 总顾问

著名财经作家，“890新商学”“蓝狮子”出版创始人，常年从事中国企业史和公司案例研究。他创作的《大败局》《激荡三十年》《激荡十年，水大鱼大》《历代经济变革得失》《腾讯传》等作品均跻身畅销书行列，作品两度入选《亚洲周刊》年度十大图书之一。近年致力于发起倡导与研究新国货运动。

何 丹 主编

商业史学者、出版人。策划“标杆100”中国著名企业书系，编著有“企业变革三部曲”——《新制造时代》《从+互联网到互联网+》《改革方法论》以及《极简企业史》《大国出行》《中国基本盘》等多部图书，专注转型史研究。

杨忠琦 策划

品牌策划人，具有品牌咨询、互联网营销12年从业经验，曾监制吴晓波频道、腾讯视频于2019年联合出品的《新国货》纪录片，致力于营销战略推动新国货品牌的崛起。

王雪娇 策划

图书策划人，商业出版策划十多年经验，曾主编美好书系以及策划出版《名创优品没有秘密》《造物之美》等畅销图书，致力于记录出版中国商业优秀案例。

王千马 执笔人

蓝狮子签约创作研究员，中国企业研究者，“吾球商业地理”主理人。著有《重新发现上海1843—1949》《盘活：中国民间金融百年风云》《新制造时代》《大国出行》《宁波帮》等十多部作品。

闻 涛 执笔人

蓝狮子签约创作研究员，专注于公司研究和商业观察，已出版多部财经作品。

徐 军 执笔人

蓝狮子签约创作研究员，财经作家，企业案例研究者，长期专注公司研究，著有《尚品宅配凭什么？》（合著）、《疯狂的征途》等。

周孝宇 执笔人

浙江工商大学管理学硕士，撰稿人，长期专注于消费行业发展研究。

郭 脉 执笔人

浙江大学管理学硕士，兼任新匠人新国货促进会内容研究员，撰写《2020新国货白皮书》并开发解码《2020新国货白皮书》系列音频课程及数据解读视频。

项 侃 编辑

蓝狮子图书资深编辑，策划出版《向美而生》《一辈子只为一颗珍珠》《大国出行》《天空之城》《立：一个中国民族品牌的奋斗史》等多部图书。

宋甜甜 编辑

蓝狮子图书策划编辑，策划出版了《浙商古道行·第三辑》《小数据战略》等多部图书，乐于观察中国商业、发现品牌故事。

廖文就 编辑

蓝狮子图书策划编辑，项目管理工程师。曾参与《中国工业史—电力工业卷》等工业历史题材的图书撰写，以及口述历史、档案历史等类型的图书策划。爱好古文写作。

葛 昊 编辑

新匠人新国货促进会研究员，新国货消费赛道观察者。撰写2019、2020两年的《新国货白皮书》，编制“新匠人100”指数。

内容与商务请洽：qiyechuban@lanshizi.com 0571-86535644 15858206358

声 明

由于本书所用图片涉及范围广，部分图片的版权所有者无法一一取得联系，请相关版权所有者看到图书后，与蓝狮子图书联系，以便敬付稿酬。

联系邮箱：qiyechuban@lanshizi.com

电话：0571—86535644